Susan Boos

Fukushima lässt grüßen

Susan Boos

Fukushima lässt grüßen

Die Folgen eines Super-GAUs

Mit einem Nachwort von Tomoyuki Takada

In Zusammenarbeit mit:
WOZ – Die Wochenzeitung
Greenpeace Schweiz
PSR / IPPNW Schweiz – Ärztinnen und Ärzte für soziale Verantwortung/zur Verhütung eines Atomkrieges
Schweizerische Energie-Stiftung SES
Gewaltfreie Aktion Kaiseraugst / EnergieExpress

Rotpunktverlag

Verlag und Autorin danken für die finanzielle Unterstützung:
- Greenpeace Schweiz
- PSR / IPPNW Schweiz – Ärztinnen und Ärzte für soziale Verantwortung/ zur Verhütung eines Atomkrieges
- Schweizerische Energie-Stiftung SES
- Gewaltfreie Aktion Kaiseraugst / EnergieExpress
- PROWOZ

MIX
Papier aus verantwortungsvollen Quellen
FSC® C083411
www.fsc.org

www.rotpunktverlag.ch

Umschlagbild: KEYSTONE AP Kyodo News
Druck und Bindung: CPI – Clausen & Bosse, Leck

ISBN 978-3-85869-474-4
1. Auflage 2012

Inhalt

TEIL II

EIN SUPER-GAU AN DER SCHWEIZERISCH-DEUTSCHEN GRENZE?

TEIL III

ZURÜCK IN JAPAN

Vorwort

»Fukushima lässt grüßen«, der Satz stammt von einem Behördenmitglied, einem Schweizer Strahlenschutzexperten. Wir hatten uns zu einem informellen Gespräch getroffen, er ließ dabei diesen Satz mehrmals fallen, um deutlich zu machen: Fukushima hat vielen die Augen geöffnet – das vermeintlich Undenkbare ist erneut eingetreten und hat über Nacht ganze Notfallkonzepte zu Makulatur gemacht, weil sie zu simpel waren. In diesem Buch wird nachgezeichnet, wie man mitten in Europa mit einer großen Atomkatastrophe umzugehen gedenkt. Wie würde man evakuieren, wie dekontaminieren? Vor Fukushima glaubte man, alles im Griff zu haben. Seit Fukushima gestehen sich viele Verantwortliche ein, dass man nur beschränkt gerüstet ist. Denkblockaden sind gefallen – Tschernobyl hat das nicht geschafft. Atomlobby wie Behörden versteckten sich hinter dem Argument, das Sowjetsystem sei am Unfall schuld gewesen, mit westlicher Technologie wäre es nie zu einem Super-GAU gekommen. Nun demonstriert Fukushima Daiichi das Gegenteil. Es ist ein US-amerikanischer Reaktortyp, der auch in Europa anzutreffen ist. Und in Japan lässt sich live verfolgen, wie eine demokratische Industrienation mit einem großen Atomunfall umgeht. Plötzlich realisiert man: Die Sowjetunion hat zwar vieles falsch gemacht, doch in wesentlichen Punkten schützte sie die betroffene Bevölkerung nach dem Super-GAU besser, als man das nun in Japan tut.

Auf zwei Japan-Reisen haben wir mit Repräsentanten der Anti-AKW-Bewegung und Vertretern von Tepco, mit Behördenvertretern und mit Wissenschaftlern gesprochen, aber auch mit Menschen, die aus den kontaminierten Gebieten vertrieben wurden. Von außen gesehen hat sich die Lage rund um die havarierten Reaktoren beruhigt. Die mediale Aufregung hat sich gelegt, die breite Öffentlichkeit kümmert sich nicht mehr sehr um Fukushima Daiichi. Für die Atomexperten hält das Drama aber still und leise an. Sie schreien es nicht hinaus, doch sie wissen: Ein solches Inferno hat es auf Erden noch nie gegeben. Keiner kann in die Nähe der geschmolzenen Reaktoren, ohne sich tödliche Strahlenverbrennungen zuzuziehen. Und das wird noch jahrzehntenlang so sein. In Fukushima geht es um viel mehr radioaktives Material als in Tschernobyl, das sich weder aufräumen noch wegräumen lässt. Dieser Unfall hat kein Ende.

»Bei der Kernenergie gibt es nur zwei Gruppen von Leuten: Kernenergiegegner und Leute, die nicht genug nachgedacht haben.« Mit diesem Zitat von Dennis Meadows begann mein Buch *Strahlende Schweiz* (1999). Vermutlich geht es aber weniger ums Nachdenken als um Vorstellungskraft. Man muss sich vorstellen können, was ein Super-GAU in unmittelbarer Nähe mit der eigenen Welt anrichten würde. Wie es wäre, wenn man alles zurücklassen muss und nicht mehr nach Hause darf. Wenn die Kühe im Stall verhungern, weil keiner mehr da ist, der sie füttert. Wenn die Kinder nicht mehr draußen spielen dürfen.

Seit Fukushima Daiichi braucht es keine Fantasie mehr, sich das vorzustellen. Man muss nur hinschauen. Und das versucht dieses Buch.

St. Gallen, im Januar 2012

TEIL I

IN JAPAN

Ankommen

Freitagnacht, über Sibirien. Das Dosimeter schrillt los, penetrant holt es einen aus dem Schlaf. Das Gerät zeigt 20 Mikrosievert pro Stunde an. Draußen stehen Sterne im schwarzen Nichts und die roten Lichter am Flugzeugflügel blinken. Wir gleiten auf zehntausend Meter Höhe durch eisige Kälte. Unten muss Sibirien sein. Japan ist noch weit. Nach Sekunden verstummt das Gerät, die Strahlung ist wieder gesunken.

Das Dosimeter ist eigentlich ein Gerät für Leute, die beruflich mit radioaktiver Strahlung zu tun haben, zum Beispiel Angestellte von Atomkraftwerken. Das kleine schwarze Ding beginnt zu pfeifen, um vor gefährlich strahlenden Stellen zu warnen. Es sagt den AKW-Männern, dass sie sich nicht lange an diesen Orten aufhalten sollen.

Fliegen ist auch nicht ohne, vor allem wenn man via Nordwestpassage entlang des Polarkreises von Europa nach Japan fliegt. Es wäre kein Ort zum Leben. Unter anderem auch deshalb, weil man da oben an gewissen Stellen wesentlich mehr Strahlung abbekäme, als der Mensch ertragen könnte. Wir können auf der Erde nur leben, weil die Atmosphäre die Strahlung aus dem Kosmos von uns fernhält.

Doch diese Reise gilt der menschgemachten Strahlung.

Es hat am Freitag, dem 11. März 2011 um 14.46 Uhr Ortszeit begonnen. In Japan bebte die Erde, wenig später überrollte ein Tsunami einen ganzen Küstenstreifen.

Die Welt schaut am Fernseher zu. Das Wasser scheint ruhig aus dem Meer zu steigen, schiebt sich langsam auf die Dörfer zu, hebt Häuser hoch, trägt Autos weg. Die Menschen schreien und weinen und sehen ohnmächtig zu, wie die Welle alles zermalmt.

Man hört die Nachrichtensprecher sagen, es gebe Probleme mit einem Atomkraftwerk. Der Tsunami habe die Kühlung beschädigt. Noch am Freitag wird der Atomnotstand ausgerufen, aber es wird auch versichert, Radioaktivität sei nicht ausgetreten.

Am Samstag ordnet die Regierung an, die Anwohner in einem Umkreis von zehn Kilometern um die Reaktoren von Fukushima Daiichi* müssten evakuiert werden, weil erhöhte Strahlenwerte gemessen wurden. Die westlichen Medien berichten ununterbrochen. Die Informationen sind bruchstückhaft. Es heißt, die Kühlung von Reaktor 1 sei ausgefallen. Experten mutmaßen, was noch passieren könnte. Die einen sagen, eine Kernschmelze sei möglich – andere beschwichtigen.

Gegen fünf Uhr abends berichtet das staatliche japanische Fernsehen, in Block 1 von Fukushima Daiichi sei es zu einer Explosion gekommen. Wenig später sieht man die Bilder, diese große graue Wolke, die sich über den Reaktoren ausbreitet, aus großer Entfernung aufgenommen. Man erfährt, drei Arbeiter seien verstrahlt worden.

Während Tagen herrscht Informationschaos. Der Leiter des Kabinettssekretariats und Regierungssprecher Yukio Edano stellt

* »Daiichi« heißt auf Japanisch »das Erste«, oft auch als »Nummer eins« übersetzt; dieses Atomkraftwerk hat sechs Reaktorblöcke. Zwölf Kilometer südlich liegt eine weitere Atomanlage, Fukushima Daini, »daini« bedeutet »das Zweite« oder »Nummer zwei«; diese Anlage hat vier Reaktoren.

sich regelmäßig vor die Presse. Er hat blaue Arbeitskleider übergezogen wie alle Regierungsleute auch. Das tue man so in Japan, um seine Verbundenheit mit den Arbeitern zu signalisieren, heißt es. Er sieht müde und kaputt aus, als er in die Kameras sagt, »die Lage ist vermutlich sehr ernst«.

»Diese schrecklichen Bilder von Fukushima, sie erinnern böse an Tschernobyl. Und das Drama nimmt kein Ende«, schreibe ich in jenen Tagen in einem Artikel: »Seit bald zwanzig Jahren beschäftige ich mich mit Atomenergie. Ich stand mehrere Male vor dem geborstenen Reaktor in Tschernobyl, habe mit unzähligen Leuten gesprochen, die aus Pripjat evakuiert worden waren, oder mit Liquidatoren, die dorthin mussten, um aufzuräumen. Dutzende von Texten und zwei Bücher sind entstanden. Das Unvorstellbare kam darin immer mal wieder vor. Wenn es um die hiesigen AKW ging, endete ein skizziertes Unfallszenario manchmal mit der Bemerkung: Sollte dieses oder jenes passieren, ›ist eine Kernschmelze nicht mehr aufzuhalten, und die Situation wird unkontrollierbar‹. Wenn ich ehrlich bin: Ich habe selber nie geglaubt, dass es jemals passieren würde – es war abstrakte Logik, die einem sagte, dass es passieren könnte. Und die Vorstellungskraft, die einen nötigte, kritisch zu sein – weil ein Super-GAU in einem Schweizer AKW uns zwänge, das halbe Land zu räumen. Irgendwie schrieb ich im irrationalen Glauben, es würde nie und nirgends passieren, solange man sich dem potenziellen Schrecken stellte und ihn beharrlich benannte. Es half nicht. Und es ist schrecklich, recht zu bekommen, wo man nie recht haben wollte.«

Die kommenden Tage elektrisieren. Man weiß nie, ob die Meiler noch ganz in die Luft fliegen. Die großen Fernsehanstalten ziehen ihre Leute ab, das tun sie sonst nicht einmal, wenn ein Krieg ausbricht.

Alle rechnen mit dem Schlimmsten.

Das Schlimmste tritt nicht ein, das Schlimme schon. Doch daran gewöhnt man sich.

Tepco hat inzwischen begonnen artig zu rapportieren. Tepco, das ist die Tokyo Electric Power Company, die Fukushima betreibt. Wochen später stellt Tepco dar, wie der Unfall ihrer Meinung nach abgelaufen ist: Gleich nach dem Beben schalten die Reaktoren automatisch ab, wie es sein soll, danach kommt der Tsunami. 4 Stunden und 40 Minuten nach der Schnellabschaltung beginnt das Unheil, weil offenbar der Reaktorkern nicht mehr gekühlt ist. In der Tepco-Präsentation ist der Reaktorkern als Viereck gezeichnet, die Brennstäbe sind als vertikale Bänder dargestellt – darin steckt das Uran. An zwei Punkten in der Mitte des Vierecks werden die Brennstäbe auf der Grafik gelb, hier hat offenbar die Kernschmelze begonnen. 5 Stunden und 5 Minuten nach der Schnellabschaltung, am 11. März abends zehn vor acht, ist das halbe Viereck gelb, die Kernschmelze breitet sich aus. Die Brennstäbe schmelzen wie Kerzen und rutschen als glühender, zäher Teig auf den Boden des Reaktorbehälters. Das ist nach Meinung von Tepco am Morgen des 12. März in Block 1 geschehen. In Block 2 passierte am 16. oder 18. März Ähnliches – so genau will sich Tepco nicht festlegen. Bei Block 3 war es etwas früher, genau will sich Tepco auch da nicht festlegen. Und vielleicht, so hofft Tepco, ist in diesem Block nicht der ganze Kern kaputt.

Wenn man das so liest, wirkt es logisch. Jetzt sind die Meiler eben kaputt, Dinge gehen nun mal kaputt. Aber vermutlich sieht es dort drin ganz anders aus. Denn Tepco hat vom sicheren Schreibtisch aus gerechnet, nachschauen kann ja keiner.

Ähnlich ist es in Tschernobyl. Auch da weiß man bis heute nicht, wie viel Kernbrennstoff rausgeflogen ist, als der in der Nacht auf den 26. April 1986 explodierte. Die offizielle Version besagt, es seien nur einige Prozente gewesen – andere Wissenschaftler, die im Gebäude unterwegs waren, behaupten, der Reaktor sei fast leer, es seien an die neunzig Prozent des strahlenden Inventars nach draußen katapultiert worden.

Eigentlich hatte ich genug von Reaktoren, Halbwertszeiten und Krebskranken.

Dann kam der Verlag und fragte, ob es nicht möglich wäre, ein Fukushima-Buch zu machen. Damit war es geschehen. Es ist ein bisschen wie über den Krieg zu berichten. Die Leute fragen einen, bevor man geht, ob man keine Angst hat. Man sagt Nein und traut sich selbst nicht. Man antwortet, dass es ja vor allem für die Leute schwierig sei, die dort leben müssten, was zweifellos stimmt. Und dann treibt einen die Neugier und die vielen Fragen.

Dieser Krieg ist weder laut noch blutig – er ist wie ein böser Geist, der unhörbar, unsichtbar ganze Landstriche annektiert, die Menschen vertreibt und sie nicht mehr wiederkehren lässt. So ist es rund um Tschernobyl. Viele leere Dörfer – eine Welt ohne Menschen, still und scheinbar friedlich.

Und jetzt in Japan? Was tut Japan? Was täte die Schweiz? Was Deutschland?

Das Tohoku-Beben und der Tsunami

Kansai Airport, morgens um acht Uhr. Vor der Wechselstube hat alles seine Ordnung. Die Kundschaft sieht verschlafen und zerknittert aus, zieht große Koffer hinter sich her und stellt sich in die Reihe. Ein Bankangestellter in Hemd mit blauen Ärmelschonern fragt »Change, change?« und will, dass man ihm das Geld zeigt. Er verbeugt sich, nimmt ein Formular, kritzelt etwas darauf, reicht es einem zweiten Mann, der einen Anzug trägt und wenige Meter von ihm entfernt an einem kleinen Tischchen steht.

Dieser Mann schreibt weitere Zeichen auf das Formular und

bedeutet einem, wo genau man sich hinzustellen hat. Am Schalter selbst steht ein dritter Mann, wieder in Hemd und mit Ärmelschonern. Er bekommt das Formular und nimmt das Geld entgegen, schiebt es durch den Schlitz zu dem Mann, der hinter der Glasscheibe auf der anderen Seite sitzt und eine weiße Atemschutzmaske trägt. Alle drei vor dem Schalter haben das Geld gezählt, der Mann hinter der Scheibe lässt es noch durch eine Zählmaschine rattern. Am Ende schiebt er ein rotes Plastikkörbchen mit Yen in Noten und Münzen durch den Schlitz. Man verbeugt sich. Der nächste Kunde gibt seine Euros ab. Sie arbeiten flink und es geht zügig voran, doch wozu vier Männer, wo einer reichen würde?

In Japan leben 126 Millionen Einwohner, das Land gehört zu den größten Volkswirtschaften der Welt, nur die USA, Deutschland und China sind noch mächtiger. Japan ist anders, das sagen alle, die einmal da waren.

Vom Flughafen fährt ein Schnellzug via Osaka nach Kyoto. Alles hier ist klug eingerichtet, selbst Leute, die kein einziges japanisches Schriftzeichen lesen, sind in der Lage, am Automaten ein Ticket zu lösen und den richtigen Zug zu erwischen.

Auf den Perrons gibt es kein Gedränge, weil auf dem Boden genau eingezeichnet ist, wo man sich in die Reihe zu stellen hat. Da steht man nicht einfach rum und versucht sich vorzudrängeln, wenn der Zug einfährt. Alles hat seine strenge Ordnung. Das kann nerven, macht aber das Leben leicht und verständlich, vor allem, wenn man fremd ist und sich stets fürchtet, alles falsch zu machen.

Die *Japan Times* berichtet an diesem Morgen über die Scheidungsrate in der Tohoku-Region. Tohoku, das ist der Nordosten Japans, die Gegend, die durch das Erdbeben und den Tsunami zerstört wurde. Das Erdbeben vom 11. März 2011 wird deshalb umgangsprachlich oft als Tohoku-Erdbeben bezeichnet.*

* Offiziell heißt es Higashi-Nihon-, also Ost-Japan-Erdbeben.

»Die Zahl der Ehepaare, die Beratung gesucht haben, weil sie sich scheiden lassen wollen, ist seit April massiv angestiegen«, schreibt die Zeitung und zitiert einen Eheberater, der berichtet: »Die meisten Frauen beklagen sich, ihre Männer seien zu selbstbezogen und weigerten sich, Hausarbeit zu leisten. Die Männer hingegen möchten sich trennen, weil ihre Frauen psychisch unausgeglichen geworden seien.« Das Blatt mutmaßt, die Leute hätten beim Umgang mit der schwierigen Situation bei ihren Ehepartnern Charakterzüge neu entdeckt, die sie offenbar abstoßend fanden.

Die Zeitung berichtet auch, der Fischfang in der Tohoku-Region sei um 85 bis 99 Prozent eingebrochen. Die Fischer gaben vor allem dem Unfall im AKW Fukushima Daiichi die Schuld. In anderen Regionen werde der Fisch gut verkauft, obwohl er in denselben Gebieten im Meer gefangen worden sei. »Unseren Fisch kaufen sie einfach nicht, weil er das Label Fukushima trägt«, klagt ein Fischer. Was in dem Zeitungsartikel nicht steht: Es gibt um die geborstenen Reaktoren ein Fischfangverbot mit einem Radius von etwa hundert Kilometern. Die Herkunft des Fisches wird aber nicht nach dem Ort des Fangs deklariert, sondern nach dem Hafen, in dem er an Land kommt. Da haben die Häfen an der Küste in der Nähe der Anlage keine Chance. Selbst wenn sie ihren Fisch weit weg gefangen haben.

Der Zug braust durch eine endlose Stadt. Viele graue, kleine Häuschen mit großen Autos davor. Dicht an dicht stehen sie. Ein Mensch kann grad zwischen den Häuschen hindurchgehen, denn sie sind nicht zusammengebaut. Jedem sein Plätzchen.

Weit hinten im grauen Dunst erheben sich die zackigen Hügel dieses geologisch jungen und ungestümen Landes. Hier ringen Ost und West miteinander.

Die Welt steht auf Platten, die auf einer glühenden Masse schwimmen. In Japan treffen gleich vier Platten aufeinander: Die

Pazifische Platte schiebt sich von Osten unter die Eurasische, von Süden drückt die Philippinische Platte und von Norden die Nordamerikanische. Tief unter der Erde spannen sich die Krusten an, und wenn es zu viel wird, entspannt sich das Ganze mit einem kleinen oder großen Ruck. Japan ist sich das gewohnt, in vielen Regionen bebt die Erde jeden Tag, zumeist mit kleinen oder geringen Schäden.

Ganz anders das Tohoku-Beben. In den Tagen danach konnte man überall lesen, was sich 130 Kilometer vor der japanischen Küste abgespielt hatte: Die große Pazifische Platte rückt mit gigantischer Kraft gegen Westen vor. Die Eurasische, die von der anderen Seite kommt, weicht nicht zurück. Also schiebt sich die Pazifische Platte langsam darunter und drückt die Eurasische Platte gleich einer Sprungfeder zusammen. Das geht langsam vonstatten, sehr langsam, die Pazifische Platte legt pro Jahr nur knapp einen Zentimeter zurück. Die Kraft, die darin steckt, ist aber unermesslich und hat sich am frühen Nachmittag des 11. März entladen. Laut den Geologen begann die Entladung um 14 Uhr 46 Minuten und 23 Sekunden 32 Kilometer tief im Meeresboden. Der Meeresgrund brach wie eine Gletscherspalte auf. Dreieinhalb Minuten lang raste der Bruch durch das Gestein. Am Ende klaffte auf 400 Kilometer Länge ein Riss, der von der Oberfläche des Meeresbodens 60 Kilometer in die Tiefe reichte.

Die oben liegende, gestauchte Platte war plötzlich befreit vom Druck der Pazifischen Platte – und so geschah, was auch mit einer angespannten Feder passiert, wenn der Druck plötzlich weg ist: Sie springt nach oben und entfaltet sich. Das tat auch die Platte: Sie schnellte auf einen Schlag 27 Meter nach vorn, also Richtung Osten, und 7 Meter nach oben. Das löste die wirklich große Erschütterung aus. Vermutlich war es eine der heftigsten Plattenbewegungen, die je gemessen wurden.

Ursprünglich glaubte man, es habe mit einer Stärke von 8,8 gebebt. Inzwischen geht man aber von 9,0 aus. Übrigens nicht nach der »nach oben offenen Richterskala«, sondern nach der Momenten-Magnituden-Skala, die zwar theoretisch gegen oben offen wäre, praktisch aber bei 10,5 endet, weil darüber die Erde auseinanderbräche. Stärkere Beben als 9,5 soll es jedoch gemäß den Geologen nicht geben, weil sich rein physikalisch die Erdkruste nicht stärker spannen könne.

9,0 reicht, um ein Gefühl von Weltuntergang zu vermitteln: Das Tohoku-Erdbeben hat auf einen Schlag so viel Energie freigesetzt wie der Einschlag eines mehrere Hundert Meter großen Meteoriten. Und die Welt wird nie mehr sein wie zuvor: Honshu, die japanische Hauptinsel, wurde um 2,4 Meter nach Osten geschoben, die Erdachse hat sich um 10 Meter verschoben, seither dreht sich die Erde etwas schneller, der Tag ist fortan zwei Mikrosekunden kürzer.

Das Beben selbst war das eine. Noch schlimm war jedoch der folgende Tsunami. Ein solcher entsteht jeweils, wenn das Epizentrum eines schweren Bebens unter dem Meeresgrund liegt.

Für gewöhnlich gehen Wellen nur durch die oberste Wasserschicht. Das Wasser darunter bleibt ruhig. Ein Tsunami baut sich aber auf dem Meeresgrund auf, bringt tiefste Wasserschichten in Wallung und setzt gigantische Wassermengen in Bewegung. Auf hoher See nimmt man die rollenden Wassermassen kaum wahr. Doch Japan steht wie eine Mauer im Meer. Dreißig bis fünfzig Minuten nach dem Beben knallte die Superwelle an die Küste, die steil ins Meer abfällt, das Wasser bäumte sich auf und wälzt sich übers Land. Insgesamt wurden 460 Quadratkilometern überflutet, offiziell wurden 16 000 Tote gezählt, fast 3700 gelten sieben Monate nach der Katastrophe als vermisst. Es sind die Menschen, die man nicht gefunden hat, weil die zurückrollenden Fluten sie vermutlich mit in den Pazifik nahmen.

Der Tsunami vom 11. März 2011 war gigantisch, aber nicht einzigartig in Japan. 1896 bebte die Erde etwas weiter nördlich, an derselben Küste, ein Tsunami von 38 Meter Höhe donnerte damals auf die Insel, 22 000 Menschen starben. 1933 wurde ein weiteres schlimmes Beben verzeichnet, die Welle war diesmal 28 Meter hoch und tötete erstaunlicherweise nur 3000 Menschen.

Naturkatastrophen haben nichts mit Natur und viel mit Zivilisation zu tun. Denn solange »die Natur« allein und weit ab jeder Besiedlung bebt und stöhnt und Wellen wirft, spricht niemand von Katastrophe. Erst wenn Menschen sich dort niederlassen, wo Wind, Wasser oder Erde ihre wilden Kräfte entfalten, kann die Natur zur Katastrophe werden – Menschen sterben, aber weniger, weil die Natur gnadenlos ist, sie sterben, weil Menschen schnell vergessen und sorglos glauben, die Natur zu beherrschen.

Doch hier, zwischen dem Flughafen Kansai und Kyoto gibt es ohnehin nicht mehr viel Natur. Man weiß nicht, wo Hineno, Tennoji oder Osaka anfangen. Die Bahnhöfe sagen, dass es einstmals einzelne Städte waren. Inzwischen sind sie zusammengewachsen zu einem Megadorf mit über 17 Millionen Menschen. Ein formloser Siedlungsbrei, der sich endlos über das flache Land ausbreitet.

Hiroshima und Nagasaki

Sonntagmorgen im Palace Side Hotel in Kyoto. Takada Tomoyuki ist eingetroffen. Ohne ihn wäre ich hilflos wie ein Kleinkind. Takada ist der Nachname, in Japan steht der Familienname immer vorne, was zu Peinlichkeiten führt, wenn man nicht weiß, was Vor- und was Nachname ist und eine wichtige Person unhöflicherweise mit dem Vornamen anredet.* Die Regeln der Höflichkeit wirken

* In diesem Buch werden die Vornamen trotzdem vor die Nachnamen gestellt, um keine zusätzliche Verwirrung zu stiften.

auf Ausländer ohnehin wie eine Bedrohung, alles kann man falsch machen. Das beginnt bei den Essstäbchen. Takada ist dies schon bei unserem ersten Treffen angegangen, als er spätabends noch einige japanische Leckerbissen zubereitete. Man klaube nicht einfach die Stäbchen vom Tisch, hat er gesagt. Die Stäbchen liegen quer vor einem, die Stäbchenspitzen auf einem kleinen Bänkchen platziert. Man fährt mit der linken Hand unter die Stäbchen, hebt sie auf und nimmt sie in die rechte Hand. Es bewegt sich danach nur das obere Stäbchen, das mit Daumen und Zeigfinger geführt wird, das untere ruht fest in der Senke zwischen Daumen und Zeigfinger. Wenn man nicht isst, legt man die Stäbchen vor sich auf das Bänkchen, parallel ausgerichtet – und nicht irgendwie, irgendwo auf den Tisch. Es kann einem bange werden, ob all der Dinge, die sich nicht gehören.

Takada ist etwas über fünfzig, hat Germanistik und Japanologie studiert und lebt seit dreißig Jahren in Deutschland. In Düsseldorf betreibt er eine Sprachschule und ein Übersetzungsbüro.

Aufgewachsen ist er in einem der schönsten alten Quartiere Tokyos. Seine Mutter starb, als er zehn war. Sein Vater war im Zweiten Weltkrieg bei der Marine und sei fast ein Kamikazeflieger geworden, sagt Takada. Kamikaze ist japanisch und steht für »göttlicher Wind«. Vor vielen Jahrhunderten suchten die Mongolen Japan heim. Sie kamen mit Schiffen und 30 000 Soldaten. Die japanischen Streitkräfte wehrten sich mit allen Kräften, drohten jedoch zu verlieren. Da zogen sich die Mongolen auf ihre Schiffe zurück, vermutlich aus logistischen Gründen, aber auch weil die Saison der schweren Stürme anbrach. Tatsächlich zog ein mächtiger Sturm auf, der den größten Teil des feindlichen Heeres versenkte. Dieser Taifun ging als Kamikaze in die Geschichte ein, als der göttliche Sturm, der die Japaner rettete. Der Begriff erlebte im Zweiten Weltkrieg eine Renaissance. Als die japanische Armee

1944 arg in Bedrängnis geraten war, stellte sie Sonderfliegertruppen auf. Die Piloten griffen mit ihren Maschinen Kriegsschiffe der US-Marine an. Sie hatten nur Treibstoff für den Hinflug, es gab kein Zurück. 3000 Kampfpiloten kamen so ums Leben und versenkten drei Dutzend Kriegsschiffe.

Der Vater von Takada überlebte, weil er vor seinem Einsatz lange krank war und nicht losfliegen konnte.

Takada hatte schon vor der Reise gesagt, das Land habe in der jüngeren Geschichte zwei große Umbrüche erlebt, die man kennen müsse, wenn man begreifen wolle, was heute in Japan los sei. Auch der Super-GAU in Fukushima habe viel damit zu tun. Fukushima sei nicht einfach ein Unfall, bei Fukushima gehe es um viel mehr, da zeige sich, wie es um die Gesellschaft wirklich stehe.

Der erste Umbruch, den Takada anspricht, betrifft die Meiji-Restauration. Bis in die Mitte des vorletzten Jahrhunderts lebte Japan abgeschottet in feudalistischer Selbstzufriedenheit. Der Shogun als oberster Befehlshaber beherrschte das Land. Daneben gab es noch den Tenno, der gerne als Kaiser bezeichnet wird. Er hatte politisch nicht viel zu sagen, galt aber als Shinto-Gott und stand damit weit über dem Shogun. Sein Amt war eher mit dem des Papstes als mit einem weltlichen Kaiser vergleichbar.*

Japan war ein streng geordneter Ständestaat. Die Bushi stellten den Kriegeradel.** Daneben gab es einen Bauern-, Handwerker- und Händlerstand. Diese Leute versorgten das Land, durften aber politisch nicht mitbestimmen. Die Mächtigen wussten ihre Pfründen zu schützen.

Ab dem 16. Jahrhundert drangen die Europäer immer aggressi-

* Erst nachdem Japan 1945 kapituliert hatte, bekannte der damalige Tenno offiziell, dass auch er ein Mensch und kein Gott sei.

** Im Westen hat sich für den japanischen Kriegerstand der Begriff Samurei eingebürgert, ein Samurei ist aber im Japanischen ein herrenloser Ritter. Der Kriegeradel hieß Bushi.

ver nach Osten vor und unterwarfen ein Land nach dem anderen. Die japanischen Mächtigen sahen Mitte des 19. Jahrhunderts, was mit ihren Nachbarländern passierte, selbst das Riesenreich China konnte sich den westlichen Mächten nicht widersetzen und wurde unter anderem gezwungen, seine Märkte zu öffnen. Eine schlimme Demütigung.

England, Preußen und Russland nötigten Japan auch erste erniedrigende Verträge auf. Da begriff ein Teil der jungen, revolutionären Bushi: Wenn sich das Land dem Westen nicht freiwillig öffnete, würde es dasselbe Schicksal wie China erleiden. Sie stellen sich hinter den jungen Kaiser Mutsuhito und forcierten letztlich die Abschaffung des Ständestaates.

Es folgte eine sehr bewegte Zeit, in der die jungen, westlich orientierten und die traditionellen Bushi um die Macht rangen. Es kam zu mehreren heftigen Schlachten. Am Ende siegten die jungen Bushi und übernahmen die Führung des Landes.

Offiziell endete das Feudalsystem 1868 mit der Inthronisierung von Mutsuhito, er erhielt den Namen Meiji-Tenno verliehen, was so viel bedeutet wie »lichte Herrschaft« oder »kluges Regieren«. Die Kriegerkaste wurde am Ende aufgelöst und ging in der Bevölkerung auf. Der Tenno zog, nachdem die letzte Schlacht geschlagen war, von der alten Kaiserstadt Kyoto nach Edo um. Der Shogun hatte früher dort residiert, Edo wurde danach in Tokyo umbenannt, was »östliche Hauptstadt« heißt. Bis heute residiert der Tenno in Tokyo, auch wenn die Leute von Kyoto überzeugt sind, er werde eines Tages zurückkommen.

Mit der Meiji-Restauration kam die Industrialisierung ins Land. Eisenbahnen und Fabriken wurden gebaut. Der Kaiser hatte seine Getreuen nach Westeuropa geschickt und sie die westliche Kriegskunst studieren lassen. Danach führte er die allgemeine Wehrpflicht ein, womit das Land erstmals über schlagkräftige

Truppen verfügte, die sich schon nach wenigen Jahren aufmachten, fremde Länder zu erobern.

Hatte man vorher 250 Jahre lang die Fremden vom Land ferngehalten und sich selbst genügt, hieß das Motto fortan »Ein reiches Land durch eine starke Armee«. Das Jahrhundert war noch nicht zu Ende, da hatten die japanischen Truppen einen Sieg über China im Kampf um die Vorherrschaft in Korea errungen (Chinesisch-Japanischer Krieg 1895). 1905 wurde Korea ein Protektorat von Japan und 1910 offiziell annektiert. Auch die Mandschurei gelangte unter japanischen Einfluss, der sich zunächst auf die Ausbeutung der reichen Rohstoffvorkommen dieser Region im Nordosten Chinas beschränkte. Japan selbst ist mit Rohstoffen nicht gesegnet. Nicht zuletzt deshalb wurde das Land als einziges in Asien wohl auch immer davon verschont, Kolonialherren dienen zu müssen. Gleichzeitig schaffte es mit der Meiji-Restauration binnen wenigen Jahren den Sprung in die Moderne und wurde Asiens erste Industrienation.

Die Expansion ging beharrlich weiter. In den 1930er-Jahren paktierte die japanische Regierung mit Hitler-Deutschland. Deutschland hatte es den Herrschenden in Japan schon seit jeher angetan, viele der Erneuerungen, die in der Meiji-Ära eingeführt worden waren, waren vom preußischen Deutschland inspiriert. Die militärische Disziplin und die deutsche Monarchie passten sehr zum Selbstverständnis der neuen japanischen Elite. Bald stand Japan mit seiner Mischung aus Gehorsam, Disziplin und Effizienz im Ruf, »Asiens Preußen« zu sein.

1940 schloss Japan mit Nazi-Deutschland und dem faschistischen Italien den Dreimächtepakt. Bis 1942 hatte das Land nebst Korea die Mandschurei, die Innere Mongolei, aber auch Thailand, Vietnam, Burma, Malaysia und die Philippinen besetzt.

Die japanischen Kriegsherren hatten zwar einen Hang zu »Blut und Boden« und zu einem überdrehten Nationalismus – Faschisten im Sinn der Nazis waren sie aber nicht. Als Besatzer waren sie allerdings mindestens so grausam. Den Koreanern ging es ganz besonders übel unter japanischer Herrschaft. Das japanische Kriegsministerium zwang Hunderttausende von Koreanerinnen und Koreanern, unter schlimmsten Bedingungen in Bergwerken und Fabriken für die Besatzungsmacht zu arbeiten.

Im Sommer 1945 kämpfte die japanische Armee noch allein gegen die Alliierten – Hitler und Mussolini waren zu jener Zeit bereits beide tot, der Krieg in Europa war zu Ende. Die japanische Militärregierung hatte keine Verbündete und wusste natürlich, dass der Krieg nicht mehr zu gewinnen war. Aber vermutlich wusste sie nicht, wie man ohne Gesichtsverlust aufgibt. Und das kam den USA gar nicht so ungelegen, hatte sie doch so viel Geld in das Manhatten-Projekt gesteckt. Die klügsten Männer der Welt waren während Jahren unter strengster Geheimhaltung damit beschäftigt gewesen, eine Atombombe zu entwickeln.

Am 24. Juli 1945 war es dann so weit, der US-Kriegsminister gab den Einsatzbefehl für die Superbombe. Zwei Tage später ließ man Japan wissen: »Wir rufen die japanische Regierung auf, die bedingungslose Kapitulation aller japanischen Streitkräfte zu erklären. Die Alternative ist die unverzügliche und vollkommene Zerstörung Japans.« Man sagte der japanischen Militärregierung nicht, was es mit der »vollkommenen Zerstörung« auf sich hatte.

Am 6. August fiel die erste Bombe auf Hiroshima, sie trug den Namen »Little Boy«. Die genaue Zahl der Todesopfer konnte nie ermittelt werden; eine ordnungsgemäße Zählung war nicht mehr möglich, da nach der verheerenden Atomexplosion die Verwaltung zusammengebrochen war. Ein Jahr später schätzte man, dass »Little Boy« 122 000 Menschen getötet hatte. Nie zuvor hatte eine einzige Bombe so viele Menschen getötet.

Drei Tage später, am 9. August, wurde »Fat Man«, der fette Mann, über Nagasaki abgeworfen. »Fat Man« war eine Plutoniumbombe und deshalb noch verheerender als »Little Boy«, weil sie aber ihr eigentliches Ziel um einige Kilometer verfehlte, kamen »nur« 80 000 Menschen ums Leben.

Selbst militärisch gesehen, war diese Bombe sinnlos – die Kapitulation Japans war bereits unausweichlich. Moralisch betrachtet, waren beide Bomben ein Verbrechen.

Die USA nutzten die Gelegenheit, um aller Welt zu demonstrieren, welche Macht sie in Händen hielten. Damit begannen der Kalte Krieg und die Aufrüstung. Um die 30 000 atomare Sprengköpfe dürften heute weltweit vorhanden sein, alle wesentlich potenter als die Prototypen von 1945. Genug jedenfalls, um die Erde in eine unbewohnbare Hölle zu verwandeln.

Die Ironie ist aber: Vieles was man heute über die Folgen radioaktiver Strahlung weiß, weiß man dank Hiroshima und Nagasaki, doch davon später.

Japan hat es geschafft und gehört seit Jahren – trotz hartnäckiger Rezession – zu den stärksten Wirtschaftsmächten der Welt. Manche sagen, Japans kometenhafter ökonomischer Aufstieg nach dem Zweiten Weltkrieg habe damit zu tun, dass in Japan die Konzerne aufgestellt seien wie früher die Armee. Eigentlich habe sich gar nichts geändert, die ganze Kriegslogik habe sich einfach in die Produktion verlagert. Japan befinde sich immer noch im Krieg. Nur stünden die Soldaten heute in den Unternehmen. Deshalb werde niemand entlassen, Soldaten kündigt man nicht. Daher die Loyalität der Angestellten ihrem Betrieb gegenüber. Man wechselt seine Stelle nie, so wie man früher seinen Kriegsherrn nie gewechselt hätte. Daher die Furcht, sich kritisch gegen die Obrigkeit zu äußern. Im Krieg ist Kritik nicht gefragt.

Kann sein, dass da etwas dran ist. Schaut man sich an, wie die japanische Atomindustrie in den vergangenen Jahren agierte, scheint es nicht abwegig. Da wurde vertuscht und betrogen – vieles getragen und gedeckt von einer Regierung, die glaubt, einem höheren zu Ziel dienen.

Nun reißt Fukushima den Nebel auf und Mythen brechen ein. Sicherheit ist in Japan ein hohes Gut. Viel wird getan, um das alltägliche Leben sicher zu gestalten. Und plötzlich entpuppt sich die Sicherheit als Trugbild. Sie nennen es Anzen-Shinwa, den Sicherheitsmythos, der jahrzehntelang gepflegt und in Fukushima Daiichi pulversiert wurde.

Hamaoka

Wir waren uns im April 2011 in Berlin an einer Konferenz zum ersten Mal begegnet. Es ging dabei um den 25. Jahrestag von Tschernobyl. Tomoyuki Takada übersetzte an der Konferenz für Katsumi Furitsu, eine Ärztin aus Osaka, die mit Hiroshima- und Nagasaki-Überlebenden arbeitet, sich seit Jahren mit den Folgen von Tschernobyl beschäftigt und Mitglied bei den Ärztinnen und Ärzten für die Verhütung des Atomkrieges (IPPNW) ist.*

Einen Monat nach den Kernschmelzen von Fukushima hielt Furitsu an dieser Tschernobyl-Konfenz eine bewegende Rede. Sie sprach leise und beschämt. Sie sagte, sie habe von befreundeten Wissenschaftlern, die in die Präfektur Fukushima gereist seien, Kontaminierungsdaten bekommen. Die Regierung sage, es sei alles nicht so schlimm. Aber das stimme nicht, wenn sie diese Daten anschaue. Es sei ganz schwierig. Sie müsste doch den Leuten sagen,

* IPPNW steht für International Physician for the Prevention of Nuclear War. 1985 erhielt die Organisation den Friedensnobelpreis. IPPNW Deutschland: Internationale Ärzte für die Verhütung des Atomkrieges, Ärzte in sozialer Verantwortung. PSR/IPPNW Schweiz: Ärztinnen und Ärzte für soziale Verantwortung / zur Verhütung eines Atomkrieges. OMEGA/IPPNW Austria: Oesterreichische MEdizinerInnen gegen Gewalt und Atomgefahren.

wie gefährlich die Situation sei. Aber wenn sie das tue, heiße es, sie schüre Panik. Panik sei das Letzte, was man brauchen könne.

Furitsu sagte, sie wolle nicht die Regierung schlechtmachen, aber sie müsse doch den Leuten sagen, wie gefährlich es sei. Man sah Furitsu an, wie sehr sie mit sich rang.

Dazu muss man wissen: Der japanische Zweig von IPPNW Japan setzt sich zwar seit Jahren für eine atomwaffenfreie Welt ein, hat sich aber gleichzeitig für die zivile Nutzung der Atomenergie ausgesprochen – im Gegensatz zu den Sektionen in der Schweiz und in Deutschland, die atomkritisch sind. An der atomfreundlichen Haltung der japanischen Sektion hat sich bis heute nichts geändert. Furitsu war hingegen stets gegen AKW und ist es heute erst recht. Aber das laut zu sagen, kostet Mut.

An jener Veranstaltung ist Tomoyuki Takada auch aufgestanden. Er sagte mit bewegter Stimme, er sei nur als Übersetzer hier, dennoch möchte er auf etwas hinweisen. Dann verteilte er Flugblätter, auf denen stand »Hamaoka Stopp!«. Er sprach nicht lange, er sagte, Hamaoka sei weit gefährlicher als Fukushima, Hamaoka sei aber immer noch am Netz. Wenn Hamaoka hochgehe, wäre Japan verloren. Es klang ein bisschen panisch.

Kaum jemand im Saal wusste, wo Hamaoka liegt. Man hatte erst gerade gelernt, dass Japan nach den USA und Frankreich mit 54 Reaktoren weltweit die drittgrößte der Atomnationen war, bevor drei dieser Reaktoren durchschmolzen.

Die Furcht von Takada war berechtigt. Denn Hamaoka liegt dort, wo gleich drei tektonische Platten aufeinandertreffen. Drei Reaktorblöcke waren im Frühjahr noch in Betrieb, zwei alte bereits stillgelegt, ein Neubau geplant. Die Anlage liegt etwa zweihundert Kilometer westlich der Megacity Tokyo und in dicht besiedeltem Gebiet, nicht weit vom Vulkan Fujiyama entfernt. Die beiden ältesten Blöcke hätten für viel Geld nachgerüstet werden

AKW-Standorte in Japan

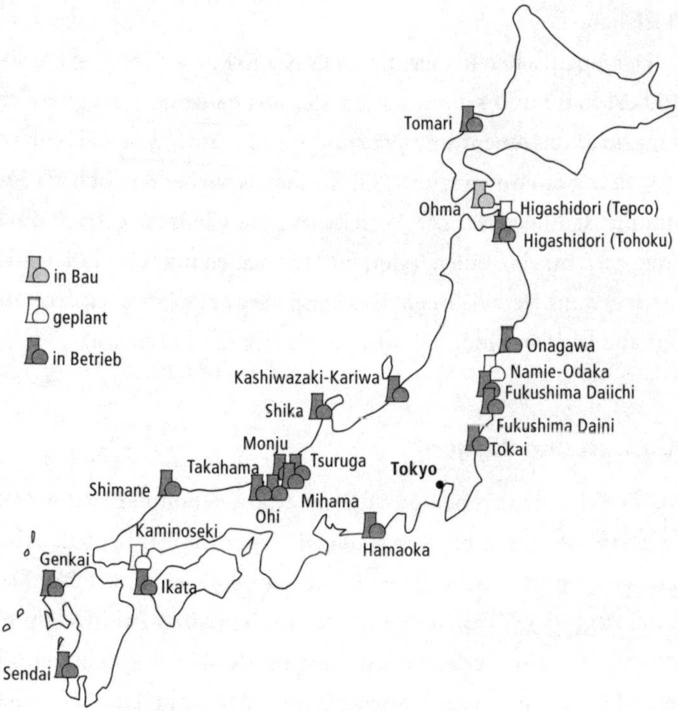

Anfang 2011 waren in Japan 54 Reaktoren in Betrieb, zwei waren in Bau und zwölf in Planung, wobei einige kurz vor Baubeginn standen wie zum Beispiel Tsuruga III und IV, Higashidori (Tepco), Kaminoseki und Sendai. Die Neubauten wurden nach dem Unfall in Fukushima Daiichi sistiert. Bei der Anlage Fukushima Daiichi sollte 2012 mit dem Bau von zwei neuen Reaktorblöcken begonnen werden, diese Projekte wurden gestrichen.

Quelle: World Nuclear Association

müssen, weshalb der Betreiber entschied, sie 2009 endgültig vom Netz zu nehmen – man wollte aber eben als Ersatz einen sechsten Block bauen.

Der japanischen Regierung unter Naoto Kan – der selbst Physik studiert hatte und sehr wohl wusste, was da droht – reagierte erstaunlich konsequent und erzwang im Mai 2011, dass die Anlage vom Netz genommen wurde. Ob sie jemals wieder den Betrieb aufnimmt, ist ungewiss. Die Betreiberin, die Chubu Electric Power Company, möchte einen Tsunami-Wall bauen und dann die Anlage wieder ans Netz nehmen. Das kann aber noch Jahre dauern, vorderhand ist also mindestens die Gefahr Hamaoka gebannt.

»Umwelt und Bürger«

Tomoyuki Takada möchte an diesem warmen Sonntagnachmittag noch etwas von seinem Kyoto zeigen, das er inniger liebt als seine schrille Geburtsstadt Tokyo. Kyoto ist gediegen und leise. Das Hotel liegt gleich neben dem Park mit dem alten Palast, den der Meiji-Kaiser 1868 verlassen hat. Leer und abweisend steht der hölzerne Prunkbau zwischen alten Bäumen. Manchmal darf ein wichtiger ausländischer Staatsgast im Palast nächtigen. Für die Bevölkerung bleibt er verschlossen.

Es ist warm, fast heiß, kein Hauch von Herbst. Die Sonne brennt auf Ginkgobäume, die mitten im Oktober noch grüne Blätter tragen. Wir fahren mit dem Rad durch enge Gassen, einen Fluss entlang zum Shinto-Schrein Kamigamo-Jinja. Die Japanerinnen und Japaner kennen nicht den einen allmächtigen Gott, sie pflegen gleich zwei Religionen, den Shintoismus und den Buddhismus – und das tun sie mit großer Innigkeit. In Kyoto hat es 1600 buddhistische Tempel und 400 Shinto-Schreine, alle mit größter Sorgfalt gepflegt.

Der Kamigamo-Jinja ist einer der ältesten Schreine Kyotos. Er liegt an einem kleinen Fluss, unweit der Hügel, die Kyoto umgeben. Es ist ein sanfter Ort und wunderschön anzuschauen, mit den kunstvoll gebauten, leuchtend roten Toren, den lichten Altären mit den geschwungenen Dächern und den kleinen Bogenbrücken, die über klare Bäche gespannt sind.

Es sind viele Hochzeitspaare da. Alle sehen sie gleich aus: Er im dunklen Kimono, sie im prächtig weißen Seidenkimono und mit einer großen weißen Haube. Die beiden stehen reglos, während mehrere Frauen jede Falte und jede Haarsträhne perfekt hinsetzen. Die Hochzeitsgäste warten geduldig aufs makellose Bild. Der Shinto-Priester wird das junge Paar rituell reinigen und segnen. Der Gatte wird einen Eid ablegen, dass er seine Frau ewig versorgen wird. Und sie wird – falls sie ein Kind bekommt – ihre Karriere wahrscheinlich aufgeben und sich der Kindererziehung widmen. Zumindest halten das immer noch viele Japanerinnen so, aber das wäre eine andere Geschichte.

Noch am selben Abend gehen wir zu Kankyo-Shimin, der Organisation »Umwelt und Bürger«. Sie hat ihr Büro im älteren Teil Kyotos. Die Straßen sind schmal und gesäumt von kleinen Restaurants. Im zweiten Stock arbeiten die Leute der Organisation in einem kleinen Büro unter unglaublich engen Verhältnissen. Jeder Zentimeter an der Wand ist vollgepackt mit Schreibtischen, Bildschirmen, Computern und Dokumenten. Ikuo Sugimoto hat die Umweltorganisation 1992 anlässlich der ersten UNO-Umweltkonferenz in Rio de Janeiro mit gegründet.

Damals habe es in Japan gerade einmal zwei bis drei Umweltorganisationen gegeben, die sich dem Natur- oder dem Vogelschutz widmeten, sagt Sugimoto. Und dann habe es natürlich noch lokale Bürgerbewegungen gegeben, die gegen ein bestimmtes Industrieprojekt in ihrer Region kämpften. Doch eine wirklich landesübergreifende Umweltorganisation habe nicht existiert.

Der WWF ist zwar schon seit 1971 in Japan präsent, aber man tut sich ein bisschen schwer mit dieser Umweltorganisation, die sich für den Schutz der Wale einsetzt. Japan gehört zu den wenigen noch verbleibenden Walfangnationen und will sich das partout nicht nehmen lassen. Greenpeace hat da ein ähnliches Problem. Auch sind es »fremde«, nichtjapanische Organisationen, was ein bisschen suspekt ist.

So gründete Sugimoto seine Umweltorganisation. Sie verfolgt ganz praktische Ziele, will den Energieverbrauch senken, propagiert einen alternativen Lebensstil und bildet zum Beispiel »Umweltmeister« aus, Leute, die im Verkauf stehen und der Kundschaft erklären, weshalb es sinnvoll ist, ein umweltfreundliches Gerät zu kaufen.

Die Organisation gab auch einen Ratgeber mit dem Titel *Kaufen für eine bessere Welt* heraus – in dem zum Beispiel die sparsamsten Geräte oder die umweltfreundlichsten Unternehmen aufgelistet waren. Oder sie publizierte eine Fahrradkarte für Kyoto. Vor einigen Jahren bekam sie vom japanischen Elektronikkonzern Panasonic den Auftrag, einen Film zu machen. Er trägt den Titel *Choices for the Future* und ist ein Film über die Folgen des Klimawandels und was man dagegen tun kann.*

Die Umweltorganisation hat vier Vollzeitangestellte, eine Teilzeitmitarbeiterin und über fünfzig Freiwillige. Sie hat allerdings nur 550 Mitglieder, was für japanische Verhältnisse eigentlich schon ordentlich groß sei, sagt Sugimoto. Japanerinnen und

* Panasonic hat Großes vor und möchte bis 2018 die »Number one Green Innovation Company in the Electronics Industry« werden – die beste in Sachen Umwelt. Ihre Vision heißt: »Wir wollen die Umwelt ins Zentrum aller unserer Geschäftsaktivitäten stellen und die Führung übernehmen in der ›Grünen Revolution‹.« Bei einem Ranking von Greenpeace für »grüne Elektronik« landete das Unternehmen allerdings nur auf Platz 6, weil es unter anderem immer noch zu viele giftige Chemikalien benutzt.

Japaner gehörten nicht gerne Organisationen an, das habe keine Tradition.

Sugimoto sagt, sie seien schon immer gegen Atomkraft gewesen, aber nicht so aktiv wie heute. Dann kam das Tohoku-Beben und die ersten Meldungen aus Fukushima trafen ein.

Shizuko Shimomura mischt sich ins Gespräch ein. Bislang saßen sie und Mariko Arikawa still daneben, gossen Tee ein, brachten Süßigkeiten. Shimomura mag um die fünfzig sein und sitzt im Vorstand der Organisation. Arikawa ist viel jünger und gehört zum festen Team.

Shimomura erzählt, sie hätten schon zwei Tage nach dem Beben begonnen, den Leuten Tipps zu geben, wie sie sich verhalten sollten. Der einfachste Ratschlag, den sie über ihre Website und über Twitter rausschickten, lautete: Esst Algen!

Algen sind ein fester Bestandteil der japanischen Küche. Es gibt sie rot, grün, gekraust, getrocknet und frisch, jede trägt ihren eigenen Namen. Algen enthalten viel Jod, in der Arame, die aussieht wie Heu, finden sich bis zu 80 Milligramm pro 100 Gramm getrockneter Alge. Die breiten dunkelgrünen Blätter der Kombu enthalten gar 100 bis 500 Milligramm.

Der Rat war klug: Bei der Kernspaltung entsteht im Reaktor unter anderem radioaktives Jod. Läuft etwas schief im Reaktor, ist immer damit zu rechnen, dass das gasförmige radioaktive Jod als Erstes in die Umgebung entwischt.

Die Schilddrüse braucht Jod, um Hormone zu produzieren, die existenzielle Vorgänge im Körper steuern. Für gewöhnlich hat es genug Jod in der täglichen Kost, weil das Jod in den Böden über die Pflanzen in die Nahrung gelangt. Wenn nun aber ein Boden kaum Jod enthält, wie das in der Umgebung von Tschernobyl seit jeher der Fall ist, sind die Schilddrüsen chronisch unterversorgt. Sie werden deshalb das radioaktive Jod gierig aufnehmen. Rund um Tschernobyl passierte genau dies. Die Folgen waren verheerend, schon fünf Jahre nach dem Super-GAU erkrankten zahlreiche Kinder an Schilddrüsenkrebs. Allein in den verseuchten Gebieten von Belarus (früher Weißrussland) wurden seit der Katastrophe über 12 000 Schilddrüsenkrebsfälle gezählt. Insgesamt wird in Belarus mit 100 000 Erkrankungen gerechnet.

Schilddrüsenkrebs lässt sich gut behandeln und verläuft selten tödlich. Doch ohne Schilddrüsenhormone stirbt der Mensch. Diese Hormone regeln unter anderem den Stoffwechsel und sorgen dafür, dass Kinder wachsen. Die Betroffenen müssen nach der Entfernung der Schilddrüse ihr Leben lang Ersatzhormone schlucken.

Der Rat der Umweltorganisation war nützlich, weil Schilddrüsen, die mit sauberem Jod gesättigt sind, kein radioaktives mehr aufnehmen. Und in jenen Tagen wusste niemand, ob die Behörden in der Umgebung von Fukushima tatsächlich Jod-Tabletten verteilt hatte, wie das eigentlich in jedem industrialisierten Land für solche Fälle vorgesehen ist. Die Behörden verteilten kein Jod, doch das kam erst viel später heraus.

»Damals«, sagt Mariko Arikawa, »wussten die Leute sehr wenig über die Gefahren der Radioaktivität. Zum Teil erhielten wir sehr heftige Reaktionen, manche Leute fanden, wir würden völlig überreagieren und Panik schüren.«

Doch sie machten weiter und redeten mit allen Experten, die sie kannten. Am 15. März gaben sie über Facebook und Twitter weitere Verhaltensempfehlungen ab, die vor allem in der Tohoku-Region befolgt werden sollten. Empfehlungen wie: »Bleiben Sie bei Regen nicht draußen, der Wind könnte Radioaktivität hergetragen haben, die mit dem Regen ausgewaschen wird.« Oder: »Kinder, die in der Abwindrichtung von Fukushima leben, sollen nicht nach draußen gehen.« Oder: »Die Bauern sollen alles Erntereife abernten, weil nicht ausgeschlossen werden kann, dass der Wind radioaktives Material von Fukushima hinüberträgt.« Und erneut: »Jodhaltige Algen essen!« Dann fügten sie auch noch an: »Geben Sie keine ungesicherten Informationen weiter.«

Das war zu jener Zeit schwierig, von Tepco und der Regierung bekam man keine klaren Auskünfte. Die bösen Reaktionen dauerten in den ersten Tagen an. Die Antwort der Umweltorganisation war beharrlich: »Wir schüren nicht Panik. Panik entsteht, weil klare Informationen fehlen.«

Das habe geholfen, sagt Arikawa, langsam seien auch die aggressiven Anrufe zurückgegangen.

Die Regierung und Tepco hatten von Anfang an mehr gewusst, als sie den Leuten sagten, ist Arikawa überzeugt: »Sie hatten die Messdaten und die Modelle, mit denen sie voraussagen konnten, wo die Strahlung vermutlich niedergehen würde, aber sie haben diese Daten zurückgehalten. Das war ein Skandal.«

Und es passierte in den ersten Tagen vieles, was eindeutig war, auch wenn man vielleicht im Detail nicht wusste, wie es drinnen in den Reaktoren genau aussah. Die Deutsche Gesellschaft für Reaktorforschung rapportierte schon sehr früh, was in Fukushima Daiichi vorging:

Freitag, 11. März, 14.46 Uhr: Erdbeben, die Reaktorblöcke eins und drei werden automatisch abgeschaltet.

15.52 Uhr: Station Blackout, die Anlage schaltet sich selbst ab.

16.36: Die Notkühlung von Block 1 und Block 2 fällt aus.

Samstag, 12. März, 15.36 Uhr: Explosion in Block 1.

Sonntag, 13. März, 5.30 Uhr: Die Notkühlung von Block 3 fällt auch aus.

Montag, 14. März, 11.01 Uhr: Explosion in Block 3, beim Haupttor misst man erstmals erhöhte Strahlenwerte.

18.00 Uhr: Die Brennstäbe in Block 2 liegen teilweise frei.

20.37 Uhr: Die Strahlenwerte schnellen am Haupttor zeitweilig auf über 3000 Mikrosievert pro Stunde hoch.

Dienstag, 15. März, 6.10 Uhr: Explosion in Block 2, die höchsten Strahlenwerte liegen bei 8000 Mikrosievert pro Stunde.

6.00 bis 12 Uhr: Das Brennelementebecken in Block 3 enthält kein Wasser mehr; es wird vermutet, dass die Kühlung nicht funktioniert; auf der dritten Etage bricht ein Brand aus. Explosion und Brand in Block 4, die Strahlenwerte klettern beim Haupttor gar auf 12 000 Mikrosievert pro Stunde, in der Nähe von Block 3 wurden gar 400 000 Mikrosievert gemessen.

15.25 Uhr: Es wird vermutet, dass in Block 1 bereits 70 Prozent der Brennelemente beschädigt sind, in Block 2 geht man von einem Drittel aus.

Mittwoch, 16. März, 8.30 Uhr: Rauchfahne über Block 3. Die Strahlenwerte liegen kurzzeitig wieder bei 11 000 Mikrosievert pro Stunde. Für gewöhnlich schlägt ein Dosimeter von AKW-Angestellten bei 20 Mikrosievert Alarm.

10.45 Uhr: Die Strahlenwerte sind so hoch, dass die Anlage geräumt wird. Nach gut einer Stunde kehren die Arbeiter zurück.

Tepco musste von den alarmierenden Freisetzungen gewusst haben. Vermutlich wusste auch die Regierung davon. Nur die Bevölkerung erfuhr wenig bis nichts.

Sugimoto sagt, die großen Medien, auch die Fernsehstationen hätten in den ersten Tagen kaum kritisch berichtet. »Die Energieunternehmen stecken unglaubliche Werbesummen in die privaten Fernsehstationen und Zeitungshäuser. Was sie eigentlich gar nicht müssten, da sie sich in einem Monopol bewegen. Der japanische Strommarkt ist nicht liberalisiert.«

Keiner der Privatsender oder der Zeitungen habe es sich leisten können, auf die Inserate von Tepco zu verzichten. Ein Jahr vor den

Kernschmelzen gab Tepco umgerechnet 350 Millionen Dollar für Werbung aus. Ende März änderte sich jedoch die Situation. Die Medien begriffen, dass Tepco so gut wie bankrott war – von Tepco konnten sie keine Inserate mehr erwarten. Danach wurde die Berichterstattung kritischer.

Journalistinnen und Journalisten reden inzwischen freimütig darüber, wie Tepco es anstellte, die Medien auf Kurs zu bringen. Zum Beispiel mit einer Mischung aus weichem Druck und nackter Unterhaltung, tagsüber eine PR-Reise zu einem Tepco-AKW, abends ein Besuch in einem Nachtclub.

Mariko Arikawa sagt, das sei aber nicht alles gewesen. Die Regierung habe auch mitgemacht. Jedes Jahr hätten das Meti, das Ministerium für Bildung und Wissenschaft, zusammen mit dem Mext, dem Ministerium für Wirtschaft und Industrie, im ganzen Land einen Malwettbewerb ausgeschrieben. Beide Ministerien sind für Nuklearfragen zuständig, und gemeinsam forderten sie die Kinder auf, zu zeichnen, was die Welt dem Atomstrom zu verdanken hat.

Arikawa zeigt auf ihrem Computer die Bilder, die im letzten Jahr ausgezeichnet worden sind. Platz eins belegte die Zeichnung eines Zehnjährigen, ein Zug, der hoch über einer Großstadt fährt – die Schriftzeichen darüber loben die saubere, grüne Kernenergie, die Zukunft. Andere haben fröhlich lachende Atömchen gezeichnet oder Fische, die sich vergnügt vor einem Atomkraftwerk tummeln, und überall Sprechblasen mit Hymnen auf die Atomkraft.

Die Kinder seien indoktriniert worden, dagegen habe man sich kaum wehren können, sagt Arikawa. Die Umweltorganisation hat eine Petition lanciert, die von den Ministerien verlangt, die Wettbewerbe zu unterlassen. Die prämierten Bilder sind denn auch von der Meti-Webseite verschwunden. Es werde zwei, drei Jahre dauern und sie tun es wieder, sagt Sugimoto und lacht leicht verlegen.

Minamata

Das ist sie jetzt also. Takada hat gesagt, sie sei wohl eine der wichtigsten Personen in der japanischen Anti-Atom-Bewegung. Aileen Smith, schlank, schulterlanges, dunkles Haar, sieht aus wie Mitte vierzig, muss aber über sechzig sein, unscheinbar und mit einer unerhörten Präsenz. Ihr Vater ist US-Amerikaner, ihre Mutter Japanerin. Sie ist perfekt zweisprachig.

Aileen Smith ist über Japan hinaus bekannt, man könnte fast sagen berühmt, aber das würde sie nicht gerne hören. Berühmt ist auch ihr verstorbener erster Ehemann, der Fotograf Eugene Smith. Aileen sagt an diesem Morgen nichts über ihn, aber sie spricht über Minamata. Minamata ist der Kristallisationspunkt von Aileens und Eugene Smiths Leben – und der Ort der ersten großen Umweltkatastrophe Japans.

Als die beiden sich 1969 zum ersten Mal trafen, war sie zwanzig Jahre alt, er einundfünzig. Damals konnte ein Foto noch die Welt verändern. Eugene Smith war stets auf der Suche nach dem einen wahren Bild. Er war so begabt wie schwierig und kompromisslos, hatte für *Newsweek* gearbeitet, bekam Streit und wurde gefeuert. Er war eine Zeit lang für *Life Magazine* unterwegs und arbeitete dann für die Fotoagentur Magnum. Er war im Zweiten Weltkrieg auf den vielen Inseln im Pazifik an der Front, begleitete später den Kampf britischer Bergarbeiter und hatte Albert Schweitzer in Afrika besucht.

Nachdem er Aileen kennengelernt hatte, glaubte er, nicht mehr ohne sie leben zu können. Das erzählt sie im Dokumentarfilm *W. Eugene Smith: Photography made difficult*. Danach lacht sie so warm und herzlich, dass man sich leicht vorstellen kann, was Eugene bezauberte. Ohne Aileen hätte Eugene die Minamata-Geschichte nie hinbekommen, er sprach kein Wort Japanisch.

Es war Anfang der 1970er-Jahre, die beiden hörten vom Kampf

der Minamata-Leute gegen Chisso. Minamata ist eine Fischerstadt auf Kyushyu, der südlichsten der drei großen Hauptinseln Japans.

Die Nippon Chisso Hiryo K. K. baute vor über hundert Jahren in Minamata eine erste Fabrik. Zuerst produzierte die Firma Kunstdünger, in den 1930er-Jahren begann sie Acetaldehyd herzustellen. Der Stoff kommt in Farben, Parfümen und Färbemitteln vor. Die Gummi-, Papier- und Gerbindustrie braucht ihn auch, und schließlich verwendet man ihn als Konservierungsmittel für Früchte oder Fisch. Nach Alkoholkonsum entsteht der Stoff übrigens auch in unserem Körper, er verursacht den Kater und zerstört bei Alkoholmissbrauch die Leber.

Das Problem war, dass Chisso Quecksilber verwendete, um den Acetaldehyd herzustellen. Jahrelang ließ die Firma über die Abwässer Quecksilber ins Meer. Die Fische nahmen das Quecksilber auf, die Menschen an der Küste aßen den Fisch und damit auch das Quecksilber. Im Körper attackiert Quecksilber das zentrale Nervensystem und das Gehirn, was zu Lähmungserscheinungen in Beinen und Händen führt, man kann die Sehkraft oder das Gehör verlieren oder kann nicht mehr richtig reden. Einige wurden verrückt, verloren das Bewusstsein und starben innerhalb weniger Wochen. Andere hatten diffuse chronische Symptome, heftige Kopfschmerzen, litten unter permanenter Müdigkeit, verloren den Geruchs- oder den Tastsinn. Kinder wurden mit schlimmen Missbildungen geboren.

Die japanische Regierung sprach 1956 erstmals offiziell von der Minamata-Krankheit. Aber erst 1968 kam sie zum Schluss, dass es sich um eine Umweltkrankheit handelte und dass Chisso diese durch ihre Abwässer verursacht hatte. Bis zu diesem Zeitpunkt hatte Chisso weiterhin quecksilberhaltige Abwässer ins Meer gelassen.

Die Bewohner von Minamata wehrten sich schon lange und begannen nun konkret um Entschädigung zu kämpfen. Chisso wollte davon nichts wissen. Die Bewohner verklagten Chisso. Und genau in dieser Zeit zogen Aileen und Eugene Smith nach Minamata, lebten mehrere Monate dort und versuchten, Leben und Leiden der Bevölkerung zu dokumentieren. Eugene Smith hatte seine Geschichte gefunden. Er schoss Tausende von Bildern und publizierte unzählige Geschichten in US-amerikanischen Medien. Damit geriet die Minamata-Krankheit plötzlich ins Rampenlicht der Weltöffentlichkeit.

Eines von Smiths Bildern wurde zur Ikone von Minamata – es trägt den Titel »Tomoko Uemura in ihrem Bad«. Mutter Uemura hält Tomoko in einer großen hölzernen Wanne im Wasser und wäscht sie, Tomoko selbst starrt nach oben ins Leere, die Hände verkrampft angewinkelt, Hände, die sie nie als Hände gebrauchen konnte. Tomoko war damals vermutlich kaum zwanzig Jahre alt, konnte nicht reden und nicht gehen.

Das Bild erschien 1972 im *Life Magazine*. Chisso gefiel gar nicht, was dieser Amerikaner mit seiner Kamera trieb. Als die Leute von Minamata wieder einmal bei Chisso demonstrierten und Smith wie üblich dabei war, um zu fotografieren, packte ihn der Chisso-Werkschutz und schlug ihn zusammen. Fortan hatte er Probleme mit den Augen. Er mied die Öffentlichkeit und hat sich nie mehr ganz davon erholt. 1978 starb Smith, noch keine sechzig Jahre alt, an einem Schlaganfall.

Im selben Jahr, in dem Eugene Smith starb, verurteilte ein Gericht Chisso zu hohen Entschädigungszahlungen. Nach Angaben von Soshisha, dem Zentrum für die Minamata-Krankheit, haben 17 000 Menschen aus der Region Anträge für Entschädigungszahlungen eingereicht, letztlich wurden aber 2265 offiziell als Minamata Opfer anerkannt und erhielten Entschädigungen, bis Ende 2001 waren bereits 1400 von ihnen gestorben. Die Regierung hatte jedoch Mitte der 1990er-Jahren entschieden, es müsse auch den nicht offiziell anerkannten Opfern eine Entschädigung ausbezahlt werden, worauf Chisso zusätzlich 10 000 Betroffenen eine einmalige Abfindung bezahlte.

Die Entschädigungszahlungen hätten Chisso in die Pleite getrieben. Das wollten die Behörden verhindern und sprangen helfend ein. Die Präfektur wie der Staat gaben Anleihen in der Höhe von fast 260 Milliarden Yen heraus (heute wären das umgerechnet etwa 2,6 Milliarden Euro), damit Chisso all seinen Verpflichtungen nachkommen konnte. Nach Angaben von Soshisha musste Chisso davon etwa 1,6 Milliarden an die Präfektur zurückzahlen. Die Firma ist immer noch in Minamata tätig und ein wichtiger Arbeitgeber. Chisso hat sich 2011 einen neuen Namen gegeben, heißt Japan Petrochemical Company (JPC) und ist bekannt für seine Flüssigkristalle, die man bei der Herstellung von Bildschirmen einsetzt.

Minamata ist wie eine Blaupause für Fukushima. Viele Fragen, die sich dort stellen, seien plötzlich wieder aktuell, sagt Aileen. Der Kellner bringt einen Kaffee, Aileen setzt sich zurecht. Sie überlegt sich, wo sie ansetzen soll. Minamata beschäftigt sie bis heute. Sie sei auch dort gewesen, als 1986 die Katastrophe in Tschernobyl passierte, sagt sie. Mit Tschernobyl habe sie sich nie sehr beschäftigt – das müsse sie jetzt nachholen –, aber mit Three Mile Island, sagt sie. Sie habe die Gegend besucht, habe Interviews mit Leuten geführt, die gleich in der Umgebung der Anlage lebten und habe die Testimonials dann zusammengestellt, die Leute hätten zum Beispiel berichtet, wie sie in den Stunden, nachdem der Reaktorkern von Three Mile Island zum Teil geschmolzen war, einen metalligen Geschmack im Mund gespürt hätten, man sollte doch mit den Leuten von Fukushima auch solche Gespräche führen, sagt sie, um zu dokumentieren, was in den ersten Tagen los gewesen sei, man müsste doch jetzt genau feststellen, wie groß die Dosis war, die die Leute in den ersten Tagen abbekommen haben, sonst gehe wichtiges Wissen verloren, sie habe das Gefühl, man mache dieselben Fehler wie nach Tschernobyl, »man müsste so vieles tun, aber was ist das Richtige? Womit sollen wir anfangen? Und wir sind so wenige.«

Sie spricht ohne Punkt und rasend schnell. Es ist, als ob sie versuchen würde, ein vierdimensionales Bild zu erklären. Raum und Zeit sind schon schwer zu packen, aber jetzt ist da diese vierte Dimension, dieser unsichtbarer Schleier, der sich nach dem 11. März über das Land legte. Man sieht nichts, spürt nichts. Man weiß nicht, wo es ist – was es ist – in wem es schon drinnen ist. Man weiß nur, an manchen Orten ist es, andere blieben verschont.

Smith hat vor einigen Jahren die Umweltorganisation Green Action gegründet, die sich vor allem mit dem Brennstoffkreislauf beschäftigte. Seit Fukushima verfolgt Aileen Smith akribisch, wie sich die Situation entwickelt. Sie führt vermutlich den besten Fukushima-Blog, der kontinuierlich auch wichtige japanische Behördentexte auf Englisch zugänglich macht.*

Aileen Smith' Lagebeschreibung technisch zusammengefasst klingt etwa so: Ein halbes Jahr nach dem Unfall fehlt immer noch eine exakte Kartierung, man weiß erst rudimentär, welche Ecken wie viel Radioaktivität abbekommen haben. Man weiß immer noch nicht, wie viel Radioaktivität wirklich aus den drei Reaktoren und den Brennelementebecken entwichen ist. Man weiß nicht, welche Radionuklide wie weit gestreut wurden. Die Karten, die vorliegen, beziehen sich vor allem auf Cäsium, Cäsium lässt sich als Gammastahler leicht messen. Aufwendiger ist es, Strontium oder Plutonium zu messen, Radionuklide, die noch gefährlicher sind als Cäsium; es heißt, es sei kaum Strontium und Plutonium freigesetzt worden, offizielle, flächendeckende Messungen gibt es keine.

* Green-Action-Website: http://fukushima.greenaction-japan.org.

Die Menschen wissen auch nicht, ob sie kontaminierte Lebensmittel konsumieren. Zwar werden Stichproben gemacht, aber eben nur Stichproben. Eigentlich müssten die Menschen mit Ganzkörpermessgeräten getestet werden, damit man sieht, ob sie schon Radionuklide im Körper haben. Aber auch das wird in Fukushima bislang nicht getan.

Solange man aber solche Untersuchungsergebnisse nicht hat, also nicht weiß, was »es« und wo »es« genau ist, kann man auch nicht wissen, was eigentlich zu tun wäre.

Etwas hat die japanische Regierung jedoch sehr schnell getan: Sie erhöhte die Grenzwerte. Am Anfang hieß es, man werde evakuieren, wenn nach einer Woche der Grenzwert immer noch bei über 50 Millisievert pro Jahr liege. Das schien selbst der japanischen Nuklearsicherheitskommission zu hoch und sie riet der Regierung, auf 20 Millisievert zu gehen, was im April geschah.

Dieser Grenzwert sei viel zu hoch, meint Aileen, selbst in Tschernobyl habe man doch strengere Grenzwerte angesetzt. Nach den Tschernobyl-Werten müssten größere Gebiete evakuiert werden, aber eben, sie kenne sich mit Tschernobyl nicht so genau aus.

In Tschernobyl wurde kurz nach dem Super-GAU evakuiert, wenn ein Gebiet mehr als 10 Millisievert aufwies, später wurde der Wert auf 3,5 Millisievert (respektive auf 1480 Kilobecquerel) pro Quadratmeter gesenkt.

Aileen Smith ist schon weiter, spricht von der Klage, die verschiedene japanische Umweltorganisationen gemeinsam beim UNO-Hochkommissariat für Menschenrechte eingereicht hat. Die japanische Regierung habe ja nicht nur den Evakuierungsgrenzwert auf 20 Millisievert festgesetzt, sie habe im April den Grenzwert für Kinder auch auf 20 Millisievert angehoben. Ihrer Meinung nach gegen die UN-Kinderschutzkonvention.

Die Zeit werde knapp, sagt sie. Wenn die Leute in den nächsten

Wochen nicht gehen, würden sie es nie mehr tun. Aileen spricht von Watari, einem Bezirk in der Stadt Fukushima, das hoch belastet sei. Um die Leute zu beruhigen, habe man begonnen zu dekontaminieren. Die Erde vom Schulhof sei abgetragen worden, um die Strahlung zu reduzieren. Ob das etwas bringe, wisse sie nicht. Die kontaminierte Erde könne aber nirgends entsorgt werden, niemand wolle sie.

Das erinnert an Polesskoje. 1995 waren sie immer noch daran, die ukrainische Stadt zu evakuieren. Sie grenzte direkt an die Dreißig-Kilometer-Sperrzone. Jahrelang hatte man versucht zu dekontaminieren, hatte die Straßen neu asphaltiert, die Häuser mit neuen Dächern versehen. Nichts hatte geholfen, weshalb man neun Jahre nach dem Super-GAU immer noch evakuierte. Die Leute, die 1995 dort lebten, sagten, sie wollten nicht mehr gehen. Es war ja auch all die Zeit eine gute Gegend zum Leben gewesen, wilde, weite Natur, fernab sowjetischer Bürokratie.

Die Männer erzählten, wie sie jagten und Fische fingen. Solange man wisse, welche Ecken man meiden müsse, sei es kein Problem. Ob sie einfach alles nicht wahrhaben wollten? Die Frauen standen daneben und sagten nicht viel.

Einer holte eine Karte hervor und begann, die Dörfer in der Umgebung zu streichen, die schon evakuiert waren: Von den über dreißig blieben noch acht übrig, manche waren winzige Siedlungen. Wenn Polesskoje auch evakuiert sei, sagten die Leute, werde es im Umkreis von achtzig Kilometern keine größere Ortschaft mehr geben. Die Infrastruktur zerfiel, es verkehrten kaum noch Busse, das Leben war schwierig.

Beklemmend war es, durch diese Stadt zu gehen, die man langsam sich selber überließ. Sie sah struppig aus wie die herrenlosen Hunde, die herumstrichen. Man wusste, bald würde es Polesskoje ergehen wie Pripjat. Fast 50 000 Menschen hatten in jener Stadt gleich neben dem Reaktor gelebt. Sie waren am zweiten Tag, nachdem der Reaktor explodiert war, weggebracht worden. Nur ihre Ausweise, etwas Geld und kaum Kleider nahmen sie mit. Hunde und Katzen mussten sie zurücklassen. Die Leute von Pripjat hatten alle geglaubt, sie würden bald wiederkommen. Es war ein Irrtum. Seither erobert die Natur die Stadt zurück. Bäume gedeihen auf Dächern, auf Balkonen und in den Zimmern – Wind, Regen, Schnee und Sonne zerlegen so behutsam wie gnadenlos, was die Menschen einmal gebaut haben.

Fukushima

Der Shinkansen fliegt Richtung Norden. Im lilafarbenen Dunst taucht die Spitze des Fujiyama auf. Der Zug ist voll besetzt und still. Niemand plärrt, keiner telefoniert, das wäre unhöflich. Die Schiebetür öffnet sich, die Schaffnerin betritt den Wagen, verbeugt sich schweigend und beginnt die Tickets zu kontrollieren.

Tomoyuki Takada versucht zu erklären, wie das mit der japanischen Schrift ist und warum Japanerinnen und Japaner jahrelang eine Fremdsprache lernen und sie am Ende doch nicht sprechen.

Japan ist das einzige Land, das sich zwei verschiedene Alphabete leistet und gleichzeitig Tausende chinesischer Schriftzeichen nutzt.

Zuerst waren die chinesischen Schriftzeichen, Kanji genannt. Es sind fast dieselben Zeichen, die man in China verwendet, sagt Takada. Er zeichnet das Zeichen für Baum, das aussieht wie ein Baum, zwei davon bedeute »kleiner Wald«, drei davon heiße »Wald«. Das Japanische ist vom Chinesischen weit entfernt, so weit wie das Deutsche vom Japanischen – doch die wichtigsten Zeichen bedeuten in beiden Sprachen dasselbe. Sie können Chinesisch grob verstehen, wenn sie es sehen, aber sie verstehen nichts, wenn sie es hören, sagt Takada.

Das Alphabet übersetzt, was man hört. Damit lässt sich eine Sprache sprechen, die man nicht versteht, das ist der Unterschied. Das Japanische verwendet ein Silbenalphabet, das etwas über fünfzig Zeichen hat. Die verschnörkelte ältere Version heißt Hiragana, die moderne, abstraktere Katakana.

Japan könnte alle chinesischen Schriftzeichen abschaffen und nur noch mit den Alphabeten schreiben. Doch tun sie es nicht. »Ich sehe beim Reden die Kanji-Schriftzeichen vorbeiziehen«, sagt Takada, weil im gesprochenen Japanisch vieles dasselbe bedeute und erst das Schriftzeichen die Bedeutung präzisiere.

Die Alphabete und die Schriftzeichen kommen alle gleichzeitig zum Zug. Das ältere Alphabet braucht man, um die Schriftzeichen grammatikalisch zu präzisieren. Katakana wird benutzt, um sämtliche nichtjapanischen Begriffe zu schreiben.

Die Alphabete erlauben es den Japanern, neue Begriffe umstandslos in ihre Schriftsprache aufnehmen zu können. Das Chinesische, das kein Alphabet kennt, tut sich damit viel schwerer.

Dafür ist es eine Herkulesaufgabe, die japanische Schrift mit ihren vielen Tausend chinesischen Zeichen zu lernen. Kinder brauchen dazu sieben bis neun Jahre. Es muss schön sein, das Universum mit drei Schriften zu beschreiben. Doch wenn man Verständigung braucht, verkommt die Kunst zur Qual: Nur weniges, das in Japan über Fukushima geschrieben wird, kann man im Ausland lesen. Die Behörden haben zwar ihre englischen Websites, doch diese werden nur selektiv übersetzt. Das hat zumindest Aileen Smith gesagt, die deshalb versucht, alle relevanten offiziellen Dokumente ins Englische zu übersetzen, damit westliche Wissenschaftler sie lesen können.

Nach zwei Stunden kommt der Zug in Tokyo an. Die Leute drängeln und hetzen. Takada schimpft leise, das sei es, warum er Tokyo gar nicht möge. Der Zug nach Fukushima steht bereit, auch dies ein Pfeil, der mit 240 Stundenkilometern durch die Gegend rast.

Bevor es den Shinkansen, den japanischen Hochgeschwindigkeitszug, gegeben habe, sei Fukushima abgelegen gewesen, sagt Takada später. Man nannte die abgelegensten Regionen von Tohoku »unser Tibet«, weil es umständlich war, in die hügelige, arme Gegend zu gelangen. Deshalb habe man das AKW dorthin gebaut, weil man glaubte, es sei weit weg von Tokyo.

Und dann sind wir da, Fukushima, ein Bahnhof, ein großer Bildschirm, der auf die touristischen Attraktionen der Gegend aufmerksam macht, spiegelnde Böden, wenig Leute, ein kleines Nudelsuppenrestaurant, nichts Spektakuläres.

Es ist noch nicht acht Uhr abends und um diese Jahreszeit bereits Nacht. Die hohen Geschäftshäuser liegen im Dunkeln, die Stadt ruht.

Iitate-Mura – eine Gemeinde misst

Eine kleine Delegation hat sich morgens um halb sieben in Fukushima zusammengefunden, zwei Autos, zehn Leute. Der Himmel liegt grau und flach über Fukushima, es weht ein warmer Wind.

Es ist nicht einfach den Überblick zu behalten, wer alles dabei ist, der ganze Trupp will mit nach Iitate-Mura und nach Minami-Soma.

Bärbel Höhn ist auch dabei, es hat sich grad so ergeben. Zehn Jahre lang war sie in Nordrhein-Westfalen Umweltministerin, heute sitzt sie für die Grünen im Deutschen Bundestag und amtet als stellvertretende Fraktionsvorsitzende. Die Grünen Japans haben sie eingeladen, und einige von ihnen begleiten sie nun, weil sie selbst noch nie in den verseuchten Gebieten waren.

Kenta Sato ist ein junger, dünner Mann, mit rotbraun gefärbtem Haar. Er kommt aus Iitate und hat zusammen mit einigen Leuten die Bewegung »Iitate nicht aufgeben!« gegründet. Er wird uns heute fahren.

Am 15. und 16. März habe Iitate viele Flüchtlinge aufgenommen, Menschen, die durch den Tsunami alles verloren hatten oder aus der Zwanzig-Kilometer-Sperrzone weggeschickt worden seien, erzählt Sato. Am 15. März seien erstmals erhöhte Strahlenwerte gemessen worden, aber nur Norio Kanno, der Bürgermeister, und einige seiner Mitarbeiter hätten davon gewusst. Die Gemeinde sei nicht informiert worden. Sato sagt, da habe Kanno einen Fehler gemacht, das sei nicht richtig gewesen.

Die Gemeinde liegt in den Bergen. Als am 15. März die Strahlung am höchsten war, trieb der Wind die radioaktive Wolke über die Hügel Richtung Nordosten, direkt auf Iitate zu. Am 15., 16. und 17. habe es wie verrückt geschneit, sagt Sato, vierzig bis fünfzig Zentimeter nasser Schnee sei gefallen. Mit den Schneeflocken gingen die strahlenden Partikel zu Boden, nur haben die Leute tagelang von nichts gewusst.

Sato nimmt die Straße 399 – von der Stadt Fukushima ist das die kürzeste Route zum AKW Daiichi. Die Straße windet sich durch kleine Täler gegen Westen. Auf den Hügeln steht dicht der Wald, ein grünes Dickicht, das sich bald rot und gelb verfärben wird. Ein Bauer geht in seine Reisfelder. Sato hält an und sagt, hinter der nächsten Kurve sei die Grenze von Iitate, da dürfe nichts mehr angepflanzt werden.

Alle steigen aus, drei Geigerzähler schrillen los. Der Bauer im Reisfeld wundert sich ein bisschen über die Fremden. Er sagt, er werde den Reis ernten, vermutlich nächste Woche. Und dann? Verkaufen, was sonst.

Die Geigerzähler geben keine Ruhe. Mein kleines Dosimeter schweigt zuerst, fiepst ebenfalls los und zeigt am Straßenrand 15, dann 27, dann 21 Mikrosievert pro Stunde, um dann wieder zu verstummen.

Es entbrennt eine Debatte, wie die Mikrosieverts umzurechnen seien. Sato sagt, die Regierung rechne etwa grob mal fünf, um die Jahresdosis in Millisievert zu erhalten. Aber so sei das doch nicht richtig, wirft jemand ein. Finde er auch, sagt Sato, das Gerät messe ja Mikrosievert pro Stunde – demnach müsse man es auf ein Jahr hochrechnen, also mal 24 Stunden, mal 365 Tage, das ergebe am Ende eher mal neun, oder bei gemessenen 20 Mikrosievert pro Stunde 175 Millisievert pro Jahr. Das wäre logisch, wenn man immer dort stehen würde, das ganze Jahr über. Die Regierung gehe davon aus, dass man nachts in sauberen Räumen schlafe und nehme deshalb einen Faktor 5 – damit ergäben gemessene 20 Mikrosievert pro Stunde umgerechnet noch 100 Millisievert pro Jahr. Das wäre immer noch hundertmal über dem erlaubten europäischen Grenzwert. Auf diesem Reisfeld jedenfalls, sagt jemand, sollte man nicht ein Jahr lang stehen.

Nächster Halt auf der Grenze. Ein weiß-braun geflecktes Pferd steht in einer Koppel. Ein Hund bellt, pinkfarbene Herbstblumen blühen im Gras. Wäre am Straßenrand nicht dieses kleine Betonmonument, das zeigt, hier beginnt Iitate, wäre es ein gewöhnlicher Ort, an einem Herbstnachmittag, irgendwo in Japan. Und wäre da nicht das Dosimeter, das wieder unvermittelt losschrillt. Man klaubt es aus der Tasche, erschrickt über die fast 60 Mikrosievert, macht fünf Schritte zur Seite und der Spuk ist vorbei. So war das schon in Tschernobyl, die Strahlung kommt nicht ebenmäßig herunter. Da ein heißer Fleck, dort ein heißer Fleck, nie weiß man, wo die Hotspots sind.

Sato fährt uns zum Haus seines Vaters. Drei Hunde stürzen bellend aus ihren Hütten, erkennen Sato und geben Ruhe. Die Familie musste im Mai alles zurücklassen. Sie hatten hier ihr kleines

Unternehmen. Sato und sein Vater verliehen und warteten große, metallene Gussformen, die man braucht, um an den Ufern aus Beton Wellenbrecher zu gießen, welche die Küste schützen sollen.

Sato sagt, es sei schwierig im Moment, sie dürften nicht arbeiten, weil ja alles kontaminiert sei. Entschädigung hätten sie auch noch nicht erhalten, sie könnten also auch kein neues Geschäft aufbauen. Grad jetzt, wo der Tsunami so viel kaputt gemacht hat und man doch ordentlich Geld verdienen könnte, sagt er. Es brauche viele neue Wellenbrecher. Die Satos müssen zuschauen, wie andere ordentlich verdienen.

Das Haus hat ein geschwungenes Dach wie eine Pagode, nichts Protziges, ein einfaches, schmuckes Bauernhaus mit gepflegten Blumenrabatten. Das Atomkraftwerk liegt vierzig Kilometer von hier, hinter den Bergen. Bis zum 11. März, war es weit weg und hatte mit dem Leben der Leute nicht das Geringste gemein. Hätte man sie gefragt, ob sie für oder gegen AKW sind, hätten sie nicht verstanden, weshalb sie dazu eine Meinung haben sollten. Keiner habe sich hier je dazu Gedanken gemacht, sagt Sato.

Er geht zur linken Seite des Hauses, dorthin, wo das Wasser aus der Dachtraufe in die Erde sickert. Das sei einer der am höchsten kontaminierten Punkte in der Nähe ihres Hauses, sagt er. Sein Messgerät klettert auf 221 Mikrosievert pro Stunde.

Die Hunde sind zutraulich geworden und wollen gestreichelt werden. Sato erzählt, man habe in der Gemeinde Patrouillen eingerichtet. In Zweiergruppen würden sie täglich Kontrollrunden fahren, damit nichts gestohlen werde. Die Arbeit sei bezahlt und somit auch ein Ersatz für die verlorenen Jobs. Jeder, der in Iitate gelebt habe und wolle, könne mitmachen.

Sein Vater wohnt mit seinen Eltern in einer Notunterkunft nicht weit weg von Iitate, er komme sicher jeden zweiten Tag her, fahre Patrouille und kümmere sich um die Hunde. Er selber, sagt

Sato, lebe jetzt bei seiner Mutter in Fukushima, seine Eltern seien geschieden und hätten nicht mehr zusammen gelebt.

Wir fahren weiter. Einige Kilometer östlich findet sich ein Supermarkt und eine große Metzgerei, »Iitate Meat Plaza« steht groß auf einem Schild. Auf dem Dach prangt das Porträt einer Kuh mit kugeligen schwarzen Augen, die lacht wie ein Mangatierchen. Ketten sperren die Parkplätze ab. Kein Auto, kein Mensch, kein Tier. Nebenan einige Häuser, eine Kreuzung. Hier biegt die 399 nach Norden ab, direkt zur Sperrzone. Die Fenster der Häuser sind geputzt, vor den Türen wachsen in Blumentöpfen gelbe Astern. Die Ampeln regeln einen Verkehr, den es so nicht mehr gibt. Der Weiler wirkt, als wäre es nur ein verschlafener Sonntagmorgen, als ob die Menschen bald kämen.

Iitate ist weniger ein Dorf als eher eine Gemeinde mit vielen verstreuten Weilern. Das Gemeindehaus liegt nochmals einige Kilometer weiter westlich. Der riesige neue Betonbau steht nutzlos da, die Verwaltung wurde umgesiedelt, Bürgermeister Kanno hat außerhalb der Zone Asyl für sein Amt erhalten. Nur grad das Allernötigste wird hier vor Ort noch erledigt, zum Beispiel Passierscheine ausstellen. Sato geht hinein, um sich einen zu holen. Fremde dürfen sich nur in der Gemeinde bewegen, wenn jemand aus Iitate sie begleitet und über einen solchen Passierschein verfügt. Er ist einfach zu bekommen, aber haben muss man ihn.

Im kleinen Park vor dem Gemeindehaus hat die Gemeindeverwaltung ein Messgerät aufgestellt. Große rote Leuchtziffern zeigen die aktuelle Strahlendosis an: 2,41 Mikrosievert pro Stunde – das gäbe also nach Rechnung der Regierung 12 Millisievert pro Jahr.

Die Gemeinde habe das Messgerät aufgestellt, weil man den offiziellen Messungen der Regierung nicht traue, sagt Sato. Die Regierung messe auch einen Meter ab Boden, fügt er noch an. Sie würden hingegen fünfzig Zentimeter über Boden messen, weil es

Strahlengrenzwerte

Für beruflich Strahlenexponierte

Im Normalfall 20 Millisievert pro Jahr (mSv/Jahr), mit Sonderbewilligung: 50 mSv/Jahr, wenn die betreffende Person in den letzten fünf Jahren nicht mehr als 100 mSv absorbiert hat.

Im Katastrophenfall galt für die Aufträumarbeiter von Tschernobyl: 25 rem (250 mSv) als Grenzwert, danach hätten sie die Zone verlassen müssen, was aber oft nicht eingehalten wurde.

In Japan wurde der Grenzwert für die Arbeiter in Fukushima im März 2011 auf 250 mSv/Jahr angehoben, im November aber wieder auf 100 gesenkt (mit Ausnahmen für schlecht ersetzbare Fachleute, da gelten weiter 250 mSv/Jahr).

Auch in Europa (inklusive Schweiz) kann der Grenzwert im Notfall auf 250 mSv/Jahr erhöht werden.

Für die Normalbevölkerung

Für die nicht strahlenexponierte Normalbevölkerung gilt im Normalfall: 1 mSv/Jahr. Bei einem schweren Störfall sollte die Bevölkerung nicht mehr als 100 mSv absorbieren.

Evakuierung

In Tschernobyl lag der Grenzwert ursprünglich bei 3,5 mSv/Jahr; nach dem Super-GAU wurden anfänglich Gebiete geräumt, wenn die Belastung 10 mSv/Jahr überstieg, danach senkte man diesen Wert auf 5 mSv/Jahr.

In Japan wurden Gebiete zwangsevakuiert, wenn die Belastung 20 mSv/Jahr überstieg.

Für Lebensmittel

Die Schweizer Gesetzgebung unterscheidet zwischen Toleranz- und Grenzwerten. Im Normalfall sollte ein Lebensmittel den Toleranzwert nicht überschreiten. Wird der Toleranzwert überschritten, muss das Bundesamt für Gesundheit informiert werden, das Produkt darf aber trotzdem noch in Umlauf gebracht werden. Ansonsten hält sich die Schweiz an die Grenzwerte von Euratom, an der sich die EU-Länder orientieren (siehe Tabelle Seite 197).

Rotpunktverlag.

Tel. +41 (0)44 405 44 88, info@rotpunktverlag.ch

Ich bestelle (Bestellungen ab Fr. 60.–/Euro 40,– portofrei):

___ Ex. Hänggi: **Ausgepowert,** Fr. 36.–/Euro 28,–

___ Ex. Cavalli: **Krebs,** ca. Fr. 32.–/Euro 24,50

- ☐ Bitte senden Sie mir das Gesamtverzeichnis (kostenlos).
- ☐ Ich möchte den Newsletter erhalten.
- ☐ Ich bin AktionärIn und erhalte Bücher aus dem Rotpunktverlag zu Sonderkonditionen.

Absender

Vorname, Name

Strasse, Nr.

PLZ, Ort, Land

E-Mail (Newsletter)

Datum, Unterschrift

2012/474

Nicht frankieren
Ne pas affranchir
Non affrancare

Geschäftsantwortsendung Invio commerciale-risposta
Correspondance commerciale-réponse

Rotpunktverlag
Postfach 2134
CH-8026 Zürich

ja vor allem darum gehe, Kinder zu schützen und Kinder seien nun mal kleiner, die bekämen dann höhere Dosen ab, die offiziell gar nicht gemessen würden.

Da ist sie wieder, die vermaledeite Geschichte mit der Radioaktivitätsmessung. Ein weites freies Feld der Manipulation. Strahlengrenzwerte sind politische Größen, doch das ist schwer zu vermitteln, weil sich die Politik hinter viel Naturwissenschaft versteckt.

Minami-Soma: Bürgermeister Katsunobu Sakurai

Katsunobu Sakurai ist ein viel beschäftigter Mann, ständig unterwegs. Wir könnten froh sein, sagt Takada, dass wir überhaupt einen Termin bekommen haben.

Ende März bin ich ihm erstmals begegnet, auf Youtube. Der zehnminütige Film war ergreifend: Ein Mann schaut direkt in die Kamera, er mag um die fünfzig sein, kahlköpfig, schmales Gesicht, trägt eine hellgraue Arbeitsjacke, Krawatte und Hemd. Mit monotoner Stimme beginnt er auf Japanisch zu reden: »Ich bin Sakurai Katsunobu, der Bürgermeister von Minami-Soma.« Das Video ist mit englischen Untertiteln versehen, Sakurai will, dass ihn die ganze Welt versteht. »Die Regierung hat angeordnet, dass man drinnen bleiben muss«, fährt er fort, »wir bekommen aber keine ausreichenden Informationen von der Regierung oder von Tepco. Es sind jetzt zwei Wochen seit dem Tsunami vergangen und seit die Ereignisse in Fukushima Daiichi begonnen haben. Die Leute müssen zu Hause bleiben. Ihre Vorräte gehen zur Neige. Die Geschäfte und Banken haben geschlossen. Den Leuten fehlt das Notwendigste. Wir kommen aber nicht zu den Leuten, die Hilfe brauchen, weil wir nicht nach draußen dürfen. Wir sind vollkommen alleingelassen. Wir haben kein Benzin mehr. Die Situation ist schwierig. Wir bitten dringlich, dass Freiwillige zu uns kommen und uns helfen. Der Tsunami kam zwanzig Meter hoch und reichte 2 bis 2,5 Kilometer ins Landesinnere. Es gibt Leute, die haben Angehörige verloren. Andere haben ihr Haus verloren. Wir haben 253 Tote gezählt und 1260 Vermisste. Die Strahlung ist im Moment nicht so hoch, sie liegt bei 1,5 bis 3 Mikrosievert pro Stunde. In manchen anderen Gebieten ist die Strahlung um das Zehnfache höher. 50 000 haben die Stadt verlassen, aber wir wissen nicht, wo sie sind. 20 000 Menschen leben noch hier, sie brauchen dringend Hilfe.« Sakurai hat seinen Hilfsappell am 26. März aufs Netz geladen. Die *Bild*-Zeitung oder die *Washington Times* berichteten über ihn, das *Time Magazine* führte ihn auf der Liste der hundert einflussreichsten Personen des Jahres 2011, neben der deutschen Bundeskanzlerin Angela Merkel oder dem chinesischen Künstler Ai Weiwei.

Auf dem Weg von Iitate nach Minami-Soma, die Berge runter zur Küste, fasst Takada zusammen, was er über Katsunobu Sakurai in japanischen Medien gelesen hat.

Sakurai gehört keiner Partei an. Seine Eltern waren Bauern, er studierte Agronomie, weil er Kenji Miyazawa verehrte. Miyazawa stammte aus der Nachbarpräfektur Iwate, war Buddhist, schrieb Kinderbücher und Gedichte. Er propagierte das selbstlose, einfache Leben und stand für eine gerechtere Welt ein. Er starb 1933 an einer Lungenentzündung, keine vierzig Jahre alt. Noch heute gehört er zu den beliebtesten Dichtern des Landes.

Eines seiner berühmtesten Gedichte beginnt mit den Worten: »Unbeugsam im Regen / unbeugsam im Wind / unbeugsam im Schnee und in der Sommerhitze / mit einem gesunden Körper / ohne Begierden / und ohne Zorn / nur ein leises Lächeln auf den Lippen.« Er schreibt vom einfachen Leben und davon, den Menschen beizustehen: »Wenn im Osten ein krankes Kind ist / hingehen und am Krankenbett wachend helfen / Wenn im Westen eine erschöpfte Mutter ist / hingehen und ihr Reisbündel schultern / Wenn im Süden ein sterbender Mensch ist / hingehen und sagen, er braucht keine Angst zu haben / Wenn im Norden ein Kampf oder ein Rechtsstreit ist / sagen, man solle mit dem Nichtswürdigen aufhören.«

Miyazawa war mild und radikal zugleich. Seine Philosophie prägte viele Japanerinnen und Japaner, die sich nicht dem ungestümen Konsum verschreiben wollten. Sakurai gehörte zu ihnen. Er bewirtschaftete seinen Bauernhof, bis die Abfallindustrie bekanntgab, sie würde in Minami-Soma eine Verbrennungsanlage für Industriemüll mit einer Deponie errichten. Sakurai wehrte sich dagegen und tat alles, um den Bau der Anlage zu verhindern. Er verkaufte seinen Hof, ließ sich ins Stadtparlament wählen, prozessierte. Die Firma schlug zurück, verklagte Sakurai. Er verlor alle Prozesse und schuldete der Firma viel Geld, weil er Schadenersatz zahlen sollte. 2003 war Sakurai pleite, sogar sein Abgeordnetenlohn wurde gepfändet.

2010 kandidierte er für das Amt des Bürgermeisters und wurde knapp gewählt. Als ersten Akt halbierte er das Bürgermeistergehalt und schuf die traditionellen Gesprächsrunden mit den Wirtschaftsvertretern ab. Stattdessen führte er regelmäßige Bürgergespräche ein. Ein Läufer sei er auch, fügt Takada noch an, einmal habe er einen Marathon in 2 Stunden 48 Minuten gelaufen. Und nach dem Tsunami habe Sakurai fünfzig Tage im Gemeindehaus übernachtet, sei nie nach Hause gegangen, habe Tag und Nacht gearbeitet. Man hört Takada an, dass er diesen Mann bewundert; solche Politiker seien selten, sagt er.

Der Wagen hält vor dem Gemeindehaus in Minami-Soma. Der Parkplatz ist voll von Autos. Neben dem Eingang steht ein Messgerät mit roten Leuchtzahlen, dasselbe Gerät wie in Iitate. Hier zeigt es 0,58 Mikrosievert pro Stunde – also 5,2 oder 2,9 Millisievert pro

Jahr. Immer noch einiges über dem Grenzwert von 1 Millisievert, aber doch tiefer als die 2,41 Mikrosievert pro Stunde von Iitate.

Im Erdgeschoss ist viel los an diesem späten Morgen. Viele Menschen warten vor den Schaltern, füllen Formulare aus oder schwatzen. Würden am Eingang nicht diese Fotos hängen, die zeigen, wie der Tsunami gleich einer weißen Wand heranrollt und Bäume wie Häuser einfach verschluckt, man würde nicht erkennen, was diese Stadt grad durchgemacht hat. Der Alltag scheint zurückgekehrt.

Bei den Türen und an den Informationswänden hängen an Schnüren aufgefädelt viele bunte Papierkraniche. Es müssen Hunderttausende sein. Der Kranich gilt als Symbol für ein langes, glückliches Leben. Nach einer alten Legende wird dem, der tausend Origami-Kraniche faltet, von den Göttern ein Wunsch erfüllt.

In einer Ecke liegen große Papierbogen mit Karten aus. Es sind Karten des Gemeindegebietes, mit vielen, kleinen farbigen Quadraten. Laut Legende zeigen die Quadrate die »Kontaminierung in Mikrosievert pro Stunde, gemessen einen Zentimeter ab Boden«. Rechts liegt das Meer, die Küste ist hellblau eingefärbt, was laut Legende bedeutet: 0,29 und weniger Mikrosievert. Weiter links wechseln die Quadrate von Gelb (1 bis 1,29 Mikrosievert) über Grün zu Orange bis zu Braun (4 und mehr Mikrosievert). Der größte Teil der Stadt ist hell- und dunkelblau, doch manche Ecken gleiten ins Orange bis hin ins Braune. Die andere Seite des Papierbogens zeigt dieselbe Karte, aber weniger bunt – weil da nicht ein Zentimeter, sondern ein Meter über Boden gemessen wurde. Das ist Sakurai, er publiziert die beschönigende Ein-Meter-ab-Boden-Strahlenkarte und die Ein-Zentimeter-ab-Boden-Karte gleich miteinander.

Ein Mann mit der Statur eines Sumo-Ringers stellt sich als Herr Monma vor, Mitarbeiter des Bürgermeisters; er führt uns in den ersten Stock in ein Besprechungszimmer mit breiten Polstersesseln. Wir sitzen und warten und schauen uns die Tsunami-Karte an, mit den roten Flecken an der Küste, die die überfluteten Gebiete markieren.

An der Wand hängt ein Bild von einem Pferderennen, dem Soma-Nomaoi-Pferdefestival. Die Stadt ist stolz auf dieses Rennen. Einmal im Jahr jagen Männer in traditionellen Rüstungen auf ihren besten Pferden um die Wette. Es ist das größte Ereignis der Stadt, tausend Jahre alt soll der Brauch sein und jedes Jahr viele Touristen anzieht. Dieses Jahr fiel das Festival im Herbst kleiner aus, aber durchgeführt wurde es.

Nach einer halben Stunde tritt Sakurai auf, höflich und viel kleiner, als er im Video wirkt. Er trägt Krawatte, Hemd und denselben hellgrauen Arbeitsanzug.

Bärbel Höhn beginnt das Gespräch und sagt, sie sei ebenfalls wegen einer Abfallverbrennungsanlage in die Politik geraten. Auch sie habe keiner Partei angehört. Auch sie sei dann nach wenigen Jahren in die Regierung gewählt worden.

Sakurai nickt höflich und übernimmt das Wort. Er entschuldigt sich für die Verspätung, er habe leider kaum Zeit, aber er möchte kurz einige Ausführungen machen, ob das in Ordnung sei. Wir nicken.

Er sei kein Befürworter, aber auch kein Gegner des Atomkraftwerkes gewesen, sagt er. Er könne sich noch gut erinnern, wie es eingeweiht worden sei, als er noch zur Schule ging, wie sie es gefeiert hätten und die Regierung der Präfektur eine rosige Zukunft vorausgesagt habe. Er habe sich später für die Friedensbewegung engagiert, habe 27 Jahre als Landwirt gearbeitet, bis eben die Geschichte mit der Entsorgungsanlage begonnen habe. Und dann sagt er, fast unvermittelt: »Aufgrund meiner Erfahrungen kann ich klar sagen: Wir brauchen keine Atomkraftwerke. Allein die

Tatsache, dass eine Stadt wie Minami-Soma mit ihren 71 000 Einwohnern auf einen Schlag 60 000 verliert, zeigt doch, dass die Folgen, die Atomkraftwerke mit sich bringen können, nicht hinnehmbar sind.«

Er gehe davon aus, dass sich die Regierung mit einem solchen Katastrophenszenario beschäftigt habe. »Aber als es passierte, waren sie nicht in der Lage, zu reagieren.« Er sagt: »Tepco zeigt ihr Gesicht nicht. Sie waren noch nie hier.« Die Regierung drücke sich auch, fange jetzt erst an, überhaupt konkrete Aussagen zu machen.

Zurzeit müsse viel Geld in Dekontaminierungsarbeiten gesteckt werden – seiner Meinung nach habe Tepco für den gesamten Schaden aufzukommen. Er, Sakurai, rate allen Leuten, alle Quittungen, die irgendwie mit der Katastrophe zu tun hätten, aufzubewahren. Sie müssten einmal in der Lage sein, alle Ausgaben, die durch die Kontaminierung entstehen, zu belegen, sonst sähen sie nie Geld.

Er nennt Tepco »das Monster«, sagt, dass sich dieses Monster scheinbar still verhalte, im Hintergrund aber immer noch sehr viel Macht besitze.

Ein Mann kommt herein, sagt, Sakurai müsse jetzt gehen, er habe ein wichtiges Treffen.

Sakurai redet weiter. Auf ihrer Gemeinde seien 4400 Hektar Land vom Tsunami betroffen. Die Aufräumarbeiten gingen zögerlich voran, viel zögerlicher als gewöhnlich, weil man nicht wisse wohin mit dem verstrahlten Bauschutt.

Der Mann lässt nicht locker, drängt, das Gespräch abzubrechen. Die Delegation steht schon vor der Tür. Sakurai steht auf, es ist ihm sichtlich unangenehm, uns hinauswerfen zu müssen. Er sagt, Herr Monma werde uns zeigen, was immer wir zu sehen wünschten. Wir verbeugen uns und gehen.

Monma fährt uns mit einem großen Jeep zu einem Schulhaus. Auf dem Platz davor häufen drei Bagger Erde auf. Monma sagt, da werde jetzt grad dekontaminiert. Man kratzt zehn Zentimeter der verseuchten Erde ab, gräbt in einer Ecke des Platzes eine Grube, legt sie mit einer Plastikfolie aus, wirft die strahlende Erde hinein, deckt alles mit einer Folie ab und verteilt sauberen Sand auf dem Schulplatz. Das nennt sich Dekontaminieren. Der Platz habe vermutlich eine Strahlung von über 1 Mikrosievert pro Stunde aufgewiesen, sagt Monma, genau weiß er es nicht. Alle Schulhausplätze, die mit mehr als 1 Millisievert pro Jahr belastet seien, würden dekontaminiert. Das seien eigentlich alle Plätze in Minami-Soma, sagt Monma. Die Gruben seien ein Provisorium, bis man eine bessere Lösung, ein richtiges Endlager gefunden habe.

Die Schulwege wollen sie auch dekontaminieren. Das sei zwar schwierig, vielleicht müsse man das alle drei Monate wiederholen, weil die Hotspots wegen Wind und Regen wandern könnten. Aber das wolle man tun, damit möglichst viele Familien mit Kindern wieder zurückkehrten. Das sei Sakurais Ziel. Noch sind sechzig bis siebzig Prozent der Kinder nicht zurückgekehrt. Ob sie jemals wiederkommen, kann Monma nicht sagen.

Und wer bezahlt die Dekontaminierung? Im Moment die Gemeindeverwaltung, umgerechnet zehn Millionen Euro möchte Sakurai im laufenden Jahr dafür ausgeben, bei einem Gemeindebudget von dreihundert Millionen. Irgendwann müsse Tepco das übernehmen, wie das Herr Sakurai ja schon gesagt habe.

Fast monatlich kämen tausend bis zweitausend Menschen zurück. Minami-Soma hat immerhin wieder 40 000 Einwohner, 30 000 leben aber immer noch anderswo.

Herr Monma fährt in die östliche Ecke der Stadt, dorthin wo die Strahlenbelastung höher ist als beim Gemeindehaus. Auch hier wird ein Schulhof umgegraben. Das Schulhaus, ein dreistöckiger nüchterner Flachbau, wirkt vereinsamt. Hinter den Fenstern stehen karge Topfpflanzen, leere Holzstühle und Bücher auf Regalen. Plötzlich öffnet sich eine Schiebetür, ein Mann in weißem Hemd, Krawatte und Pantoffeln tritt aus dem Schulgebäude. Er sei der Direktor, sagt er. Die Schule sei seit März geschlossen. Er wisse nicht, ob sie jemals wieder aufgehe, wohl eher nicht. Er steht mit hängenden Armen und schaut unendlich traurig über den Platz. Er sagt, da drüben, auf der anderen Seite des Platzes, liege ein Sonderevakuierungsgebiet, ein Quartier, das für unbewohnbar erklärt wurde, weil die Strahlenbelastung zu hoch sei. Vierhundert bis fünfhundert Kinder hätten einmal seine Schule besucht.

Die Leute, die wegziehen mussten, haben umgerechnet 10 000 Euro erhalten, sagt der Lehrer, das sei aber noch nicht definitiv. Zweihundert Haushalte seien in Minami-Soma betroffen.

Rechts vom Schulhaus steht eine moderne Turnhalle. Man muss die Schuhe ausziehen und schlüpft in braune Kunstlederpantoffeln, die bereitstehen. Drinnen reihen sich Kartonwändchen aneinander. In der Halle wohnen immer noch über vierzig Menschen, die alles verloren haben. Die einen wegen des Tsunamis, die anderen mussten aus der Zwanzig-Kilometer-Zone fliehen.

Es herrscht eine Atmosphäre wie in einer Kirche, auch wenn in der Ecke ein großer Fernseher redet. Schüchtern und leise gehen wir durch die Halle. Die kniehohen Kartonwände teilen die Territorien ab. Privatsphäre gibt es trotzdem keine. Die Leute essen kniend, schreiben kniend, leben kniend. Sie dösen auf ihren Matten oder hören Radio. Sie klagen nicht, sie schimpfen nicht, sie sagen gar nichts. Takada spricht sie vorsichtig an, doch keiner möchte mit uns reden.

Das Essen kommt vorgefertigt, Nudelsuppe aus dem Plastikbecher. Ordentlich und sauber lebt man hier in Trostlosigkeit. Takada flüstert, manche wollten nicht weg, weil sie danach nicht wüssten, wovon sie leben sollten. Sie hätten ja alles, das Haus, die Arbeit, ihren Alltag verloren. Hier seien sie mindestens versorgt, hier gebe es mindestens zu essen.

Monma zeigt noch eine Siedlung mit Fertighäusern, die außerhalb von Minami-Soma bereits errichtet wurden. Zweitausend solcher Notunterkünfte für zwei- bis dreiköpfige Familien hat die Gemeinde seit dem Frühling aufgestellt. Es ist nicht viel Platz in den Containersiedlungen, aber angenehmer, als hinter Karton zu leben.

Die Sonne bewegt sich langsam auf die Berge zu. Vor uns liegt ein Haus, das alle Fenster und seine Bewohner verloren hat. Es war ein Altenheim, die Vorhänge hängen noch. Das brackige Wasser reichte bis zur Decke, das sieht man an den Schlammspuren. Einige Kloschüsseln stehen in einer Ecke, ansonsten ist das kaputte Haus leer geräumt. Im Eingang steht noch ein Gestell mit Schuhen von Menschen, die vielleicht nicht mehr leben. Zwei Kilometer vor dem Heim beginnt der Strand. Man kann ihn nicht hören und nicht sehen, man kann sich nicht vorstellen, wie das Wasser am 11. März durch das Haus rollte und ein Dutzend seiner Bewohnerinnen und Bewohner umbrachte.

Auf dem Hof stehen in einer Reihe Autos mit zertrümmerten Scheiben und aufgerissenen Motorhauben. Weiter landeinwärts liegen noch Boote auf Feldern, auf denen das Meerwasser eine salzige Schicht hinterlassen hat. Es wird schwierig sein, dort je wieder Reis anzubauen. Monma fährt gegen Süden, auf einer breiten, schönen, leeren Straße.

Bis da Polizisten stehen. Junge Männer in blauen Uniformen vor einem großen Schild, auf dem in blinkenden Zeichen steht: »Zugang verboten!« Die Männer tragen weiße Handschuhe, papierene Atemschutzmasken und weiße Helme. Sie halten jeden auf, der weiterfahren will. Hier ist Schluss, hier beginnt die Zwanzig-Kilometer-Sperrzone.

Die Polizisten halten in 24-Stunden-Schichten Wache. Sie sind für zwei Wochen hier und kommen aus einer fernen Provinz. Die Polizeien des ganzen Landes schicken ihre Leute hierher, um zu helfen, die Zone zu bewachen.

Nicht weit vom Checkpoint biegt Monma rechts ab und hält vor einem Feld, weit hinten ist eine Baustelle auszumachen. Hier, sagt Monma, hier hätten sie begonnen, die Müllverbrennungsanlage zu bauen, gegen die Sakurai jahrelang erfolglos gekämpft habe. Die Baustelle liegt an der Grenze zur Zwanzig-Kilometer-Sperrzone. Neben der Straße versinken Protestschilder in wucherndem Schilf, die Farbe verblasst, die Schilder stehen offenbar schon lange hier. Jetzt braucht es sie nicht mehr. Was Sakurai nicht geschafft hat, erreichte der Super-GAU in Fukushima Daiichi. Es ist alles vorbei, die Müllentsorgungsanlage ist Geschichte.

Ein großer Geländewagen mit einer Lichterleiste auf dem Dach fährt heran. Ein Polizist steigt aus, auch er trägt eine Papiermaske, grüßt mit einer angedeuteten Verbeugung und will wissen, was wir hier grad an der Zonengrenze tun. Takada erklärt ihm, wer wir sind. Der Polizist schaut ernst. Wir wollen wissen, was sie hier tun. Der Polizist sagt, die Zone ziehe allerhand Leute an, deshalb würden sie patrouillieren, damit die leer stehenden Häuser nicht ausgeräumt würden, vor wenigen Tagen hätten sie zwei Diebe gestellt. Dann verbeugt er sich nochmals knapp und fährt mit seinem großen Wagen weg.

Die Sonne steht rot am lilafarbenen Himmel. Wir fahren die Küste entlang. Es türmen sich riesige Haufen von sortiertem Tsunami-Schutt. Ein Hügel mit Altmetall, ein Hügel Beton, ein Hügel Holz. Das ist jetzt also der Abfall, von dem Sakurai gesprochen hat, der für gewöhnlich nach schweren Erdbeben übers ganze Land verteilt wird, weil in den Verbrennungsanlagen der Region die Kapazitäten nicht ausreichen. Doch diesmal geht das nicht, weil viele Präfekturen zögern, Schutt aus der verseuchten Gegend entgegenzunehmen.

Direkt am Meer ist noch das Ölkraftwerk von Minami-Soma zu sehen. Der Tsunami hat es kaputt geschlagen, es wird wohl nie mehr Strom produzieren. Die Nacht steigt über die Küste. Das Meer verschmilzt mit dem Horizont, Wellen spielen am Ufer. Nur noch wenige Häuser liegen schief oder zerrissen da, ansonsten ist alles aufgeräumt.

Monma sagt, sie hätten aktuell sechshundert Tote zu beklagen und hundert Vermisste. Eigentlich könnten die Vermissten nach drei Monaten für tot erklärt werden, sagt Monma, aber solange Angehörige nicht akzeptieren könnten, dass die Vermissten wohl nie mehr gefunden würden, würden sie als vermisst registriert, bis die Lebenden den Tod annehmen könnten.

Es ist schon dunkel, als wir an der Schule vorbeifahren, die nur drei Kilometer von der Küste weg liegt. Am 11. März hätten die Lehrerinnen nach dem Beben alle Schüler auf dem Schulhof versammelt, erzählt Monma. Die Lehrerinnen fühlten sich auf dem Schulhof sicher, das Meer schien weit weg zu sein. Es kam ein alter Mann, der sagte, sie müssten unbedingt weiter weg, der Tsunami komme nach diesem großen Beben auch hierher, das sei früher schon so gewesen. Sie glaubten ihm. Hätten sie es nicht getan, wären alle Kinder umgekommen.

Erinnerung an Garzweiler II

Der Mond steht rund neben einem Baum, dessen Äste sorgsam beschnitten sind. Der Wasserfall rauscht im Scheinwerferlicht, ein gezähmter Fall, der wie ein Vorhang über hohe Betonstufen fällt. Wir liegen im Freien in einem Bottich mit heißem Wasser. Keiner ist da, der gesehen hätte, was wir alles falsch machten. In einem Onsen, in einem traditionellen Bad gelten genaue Regeln, bis hin zum Kimono, der von links nach rechts gebunden wird, nicht umgekehrt. Man muss sich gründlich waschen, bevor man ins Wasser steigt, man muss dabei auf einem kleinen Schemel sitzen und darf nicht aufstehen, wenn man sich duscht. Noch vieles mehr ist vorgeschrieben, woran wir uns nicht erinnern. Es ist bald elf und deshalb niemand mehr da, der uns hätte ertappen können. Das Bad, der Mond, der drapierte Ausblick gehören uns, Bärbel Höhn und mir.

Höhn ist bald sechzig und es scheint, sie wird nie müde. Ihre grau-blonden Haare neigen dazu, widerspenstig in alle Richtungen abzustehen. Sie versucht sie zu disziplinieren, bürstet sie regelmäßig, im Auto, vor einem Treffen, wo auch immer.

Höhn hat Mathematik und Volkswirtschaft studiert, war Assistentin an der Uni, zog ins Ruhrgebiet nach Oberhausen, bekam Kinder und wollte eigentlich gar nicht in die Politik. Dann kam diese Geschichte mit dem Sondermüllverbrennungsofen, von dem sie Sakurei berichtet hat. Die Luft im Ruhrpott war schon schlecht genug, ihr kleiner Sohn litt ständig unter Bronchitis, da brauchte es nicht noch einen Sondermüllverbrennungsofen. Sie begann, sich in einer lokalen Bürgerinitiative gegen den Ofen zu engagieren, das war der Anfang ihrer rasanten Politkarriere: 1985 war sie den Grünen beigetreten und kandierte im gleichen Jahr für den Stadtrat in Oberhausen, wurde gewählt, schaffte 1990 den Sprung in den Landtag von Nordrhein-Westfalen und wurde fünf Jahre später Ministerin für Umwelt und Landwirtschaft in der rot-grünen Landesregierung von Nordrhein-Westfalen.

In ihren zehn Jahren als Ministerin erlebte sie etliche wilde Geschichten. Einige erzählt sie, während wir es uns im warmen Wasser wohl sein lassen.

Die wildeste Geschichte, die Bärbel Höhn erzählt, hat mit dem

Universum der Energiekonzerne zu tun, in dem eigene Gesetze herrschen, die man für gewöhnlich nicht sieht.

Es ging um Garzweiler II: Westlich von Köln wird schon seit Jahren Kohle abgebaut, Rheinbraun, eine Tochter des Energiekonzerns RWE, wollte nun das bestehende Abbaugebiet in Richtung Rhein ausweiten, eben Garzweiler II. Weil die Kohle oberirdisch abgetragen wird, war klar, dass über 7000 Menschen umgesiedelt werden müssten.

Die SPD von Nordrhein-Westfalen war dafür, weil die Kumpels ihre Wähler sind. Die betroffenen Gemeinden, die Naturschutzorganisation BUND, aber auch die Grünen waren dagegen und versuchten das Projekt zu verhindern.

Dann wurde Höhn Umweltministerin, sie hatte aber zum Projekt nicht viel zu sagen, weil das Wirtschaftsministerium für die noch ausstehenden Genehmigungen zuständig war und dieses Amt zu jener Zeit dem SPD-Mann Wolfgang Clement unterstand. Höhn gab nicht auf, durchforstete die Gesetze und fand heraus, dass auch noch eine wasserrechtliche Erlaubnis notwendig war, für die ihr Ministerium zuständig war.

Höhns Amt erteilte diese Erlaubnis, die gefiel jedoch dem Unternehmen gar nicht, weil sie teure Auflagen enthielt. Das Unternehmen intervenierte bei Clement, und so kam es, dass Höhn an einem Abend gegen neun Uhr einen Anruf erhielt, man sitze jetzt wegen der Wassererlaubnis bei Rheinbraun zusammen. Sie solle mit ihren Experten kommen. Dort lagen zwei Varianten vor, die eine, die Höhns Experten erarbeitet hatten, und eine zweite, die das Unternehmen haben wollte. »Man muss sich das einmal vorstellen, Wirtschaftsminister Wolfgang Clement geht zum Konzern! Man trifft sich dort, nicht etwa im Ministerium, um zu verhandeln – und das mitten in der Nacht.« Höhn bot ihre Experten auf, zu dritt fuhren sie hin. Es wurde bis fünf Uhr morgens hart verhandelt. Höhn sagt, sie habe sich geweigert, wesentliche Dinge zu ändern: »In der Sache war es aber ein ungeheuerliches Verfahren: Das Unternehmen und der Wirtschaftsminister haben versucht, ihre Interessen gegen die betroffenen Menschen und gegen den Naturschutz durchzudrücken.« Man solle ja nicht glauben, nur in Japan hätten die Energiekonzerne viel Macht und würden mit der Politik mauscheln, sagt sie.

Irreführendes Radius-Denken

Ohne Visitenkarte ist man in der japanischen Geschäftswelt kein Mensch oder unhöflich.

Der Tausch der Visitenkarten ist ein gepflegtes Ritual: Man überreicht sie mit beiden Händen, hält sie mit Daumen und Zeigfinger, und zwar so, dass das Gegenüber sie lesen kann. Beide tun es gleichzeitig. Man nimmt die fremde Karte entgegen, bedankt sich, schaut sie einige Sekunden lang höflich an, auch wenn man kein Wort lesen kann, und legt sie vor sich auf den Tisch, falls das Gespräch förmlich an einem Tisch stattfindet. Niemals darf man die Karte einfach wegstecken, man sollte auch nicht sofort etwas draufkritzeln, steht in einem der vielen Ratgeber über Japan. Das Visitenkartenritual ist hilfreich, weil es einen von der Unannehmlichkeit befreit, Menschen nach Namen und Vornamen fragen zu müssen.

Norio Kannos Karte ist außergewöhnlich, sie lässt sich wie ein kleines Büchlein aufklappen und ist mit einem Foto versehen. Er steht lächelnd vor einem blauen Himmel mit weißen Wolken und einer hügeligen Landschaft, die der Schwarzwald sein könnte. Daneben zeigt eine Straßenkarte, wo Iitate liegt, die Gemeinde, der Kanno vorsteht – ein oranger Punkt markiert einige Kilometer westlich den Ort, an dem Kanno und seine Verwaltung tatsächlich residieren, nämlich in Iino, das noch zur Stadt Fukushima gehört.

Iitates Verwaltung hat im ersten Stock eines gekachelten Verwaltungsgebäudes Asyl erhalten. In seinem Büro ist es eng neben den Sesseln, Pulten und Büchergestellen. Kanno trägt ein dunkles Sakko, ein hellblaues Hemd und Krawatte, die Uniform unauffälliger Menschen. Seit einigen Monaten versucht er von diesem Zimmer aus die Geschicke einer Gemeinde zu leiten, die es in alle Winde zerstreut hat.

Wenn man auf der Karte einen geraden Strich zieht, sind es von Iitate zum AKW etwa vierzig Kilometer. In Wirklichkeit lag das Kraftwerk für die Bewohner von Iitate eine gefühlte Tagesreise weit weg, hinter vielen Hügeln, dichten Wäldern und kurvigen Straßen.

Bis im März habe er geglaubt, sagt Kanno, das Atomkraftwerk gehe sie nichts an. Es habe Notfallübungen gegeben, aber nur im engeren Umkreis der Anlagen, sie seien nie involviert gewesen.

Jetzt habe es sich gezeigt, wie sinnlos dieses Radius-Denken sei, es helfe nicht, um ein AKW mit einem Zirkel einen Kreis zu ziehen und dieses Gebiet zur Sperrzone zu erklären. »Es hat uns getroffen, obwohl wir viel weiter weg sind. Niemand hatte ein Konzept, was man tun muss, wenn es bei uns zur Kontaminierung kommt.« Heute wisse er, dass es auch um Tschernobyl Hotspots gegeben habe – Gebiete, die weit weg von der explodierten Anlage liegen und doch arg verseucht wurden. »Wir hätten uns viel mehr mit dem AKW beschäftigen müssen«, sagt er.

»Wie war das nun in den ersten Tagen, Herr Kanno?«

»Nach dem Unfall gab es hohe Dosen. Das Leitungswasser war kontaminiert und der Boden verseucht. Doch gleich nach dem Beben fiel der Strom aus, die Wasserversorgung in der Gemeinde war ebenfalls zusammengebrochen. Wir hatten alle Hände voll zu tun, um die Versorgung der Bewohner sicherzustellen.«

Jetzt müsste man ihm sagen, dass einige seiner Bürgerinnen und Bürger zornig sind, weil er schon früh wusste, wie hoch die Strahlung war, er aber die Leute nicht gewarnt hat. Man müsste ihn fragen, warum er es nicht getan hat. Er sitzt da, vornübergebeugt, blickt abweisend vor sich hin.

»Herr Kanno, wann haben Sie persönlich erfahren, dass die Strahlung in Iitate so hoch ist?«

Er schweigt, schaut einen seiner Mitarbeiter an, der bei der Türe sitzt. Er sollte etwas sagen, aber er schweigt. Nach einigen bangen Sekunden lächelt der Mitarbeiter und antwortet, das sei am 19. oder 20. März gewesen.

»Wir haben uns für eine geordnete Evakuierung entschieden«, fährt Kanno fort. Er spricht langsam, mit geschlossenen Augen. Sie hätten versucht, einen Platz zu finden, an den die Gemeinde möglichst geschlossen hätte hingehen können, alle zusammen. Ein Platz für sechstausend Menschen.

Sie fanden einen Ort, wo man bereit gewesen wäre, einige Tausend aufzunehmen, sagt Kanno. Am 19. oder 20. März hätten sie Busse bereitgestellt. Die 1200 Flüchtlinge, die Iitate aus den Tsunami-Gebieten und der Zwanzig-Kilometer-Zone aufgenommen habe, die seien gegangen. Und noch 350 Leute aus Iitate selbst. Alle anderen seien geblieben oder hätten versucht, bei Verwandten unterzukommen. Iitate sei Landwirtschaftsgebiet, sechstausend Stück Vieh, da gingen die Leute nicht einfach weg. In der Zwanzig-Kilometer-Zone gebe es verwilderte Herden, weil die Bauern die Tiere einfach herausgelassen haben, als sie weg mussten. Etliche Tiere seien verhungert, weil sie angebunden blieben.

Spätestens jetzt hätte ich ihn unterbrechen müssen, hätte ihm sagen müssen, dass sie wohl kaum am 19. die Busse bereitstellen konnten, wenn sie erst an jenem Tag erfahren haben, wie hoch die Strahlung war. Dass er alles schon viel früher gewusst haben muss und doch dazu stehen soll. Ich sage nichts, aus Feigheit vielleicht oder aus Mitleid.

Und er kommt ins Grübeln: »Nach einem Unfall wie diesem gibt es keine richtigen Entscheide, es gibt unterschiedliche Wege. Hauptsache ist, dass man sich wirklich bemüht«, sagt er. Er wisse, es gebe Kritik, Wissenschaftler und Medien könnten gut kritisieren, aber die hätten keine Ahnung, welche Entscheide sie in jenen Tagen hätten treffen müssen, völlig unvorbereitet, wie sie waren.

»Würden Sie sagen, dass ein solcher Unfall gar nicht zu handhaben ist?«, wirft Bärbel Höhn ein.

Er schaut sie an, nickt, ja, genau, er als Bürgermeister habe sich überfordert gefühlt und vermutlich würde es jedem so gehen. Heute denke er, man müsse alles in die Unfallvermeidung stecken – und wenn sich das Unfallrisiko nicht eliminieren lasse, wie man jetzt gesehen habe, dann müsse man eben auf AKW verzichten. »Diese Präfektur kann nicht sagen: weitermachen wie bisher. Für uns kann es nur den Atomausstieg geben.«

Kanno will die Gemeinde retten und verkrallt sich wie verrückt in die Idee der Dekontaminierung. Er hat in den letzten Wochen einen Drei-Stufen-Plan entwickelt, und der geht wie folgt: In den ersten zwei Jahr sollen die Wohngebiete und die Gemüsefelder dekontaminiert werden, in den nächsten fünf Jahren die Reisfelder und Äcker, das sind 3000 Hektar Land, in den kommenden zwanzig Jahren sollen noch die 18 000 Hektar Wald gesäubert sein. Das alles würde, so hat Kanno errechnet, 3,2 Milliarden Euro kosten. Zahlen müsse dies Tepco oder der Staat.

Er wisse, dass sein Plan unglaublich aufwendig sei, und spricht von den kleinen Tests, die sie schon gemacht hätten, um das Cäsium mit Sonnenblumen aus den Feldern zu bekommen.

Die große Frage sei, ob die Bevölkerung überhaupt mitmache, sagt er nachdenklich. Es habe auch Überlegungen gegeben, die ganze Gemeinde umzusiedeln, zum Beispiel nach Hokkaido, wie man das vor Jahren mit einer Gemeinde schon einmal gemacht habe. Da gäbe es genügend Platz, um neu anzufangen. Aber die Leute würden kaum tausend Kilometer nach Norden ziehen, für Iitate komme das nicht in Frage, sagt Kanno.

Er erzählt von dem Betrieb, der in Iitate immer noch Elektronikbestandteile produziert und 450 Personen beschäftigt. Kanno setzt alles daran, dass der Betrieb nicht aufgibt. Die Angestellten trügen Dosimeter und dürften wie AKW-Arbeiter im Jahr nicht mehr als 20 Millisievert abbekommen, sagt er, sonst müssten sie ihren Job quittieren. Dasselbe gelte für die 380 Personen, die im Auftrag der Gemeinde auf Patrouille fahren.

Tepco hat, so sagt er, jedem Haushalt eine erste Entschädigung von umgerechnet 10 000 Euro gezahlt. Das ist wenig, haben doch in vielen Haushalten drei Generationen zusammengelebt.

Kanno setzt sich zurecht, um sich fotografieren zu lassen. Hinter ihm an der Wand hängt ein T-Shirt mit dem Aufdruck »The most beautiful villages in Japan«. Iitate hatte vor nicht langer Zeit den Titel erhalten, weil die Gegend schmuck und unverbaut ist. Nur 39 Dörfer in ganz Japan dürfen sich »schönste Dörfer« nennen. In Iitate wollte man etwas daraus machen, wollte den Biolandbau fördern, den Agrotourismus ausbauen, und jetzt droht die Gemeinde zum weißen Fleck auf der Landkarte zu verkommen, wie die vielen kleinen Dörfer rund um Tschernobyl, deren Namen von den Karten verschwunden sind.

Wir packen bereits die Sachen zusammen, als Kanno noch sagt: »Immer wieder passieren Katastrophen und man nimmt sie kaum zur Kenntnis, weil es einen nicht selbst betrifft. Und dann trifft es einen doch. Dieser Unfall betrifft aber nicht nur uns, er trifft die ganze Nation.« Ein bisschen klingt es resigniert, ein bisschen wie eine Drohung.

»Vorläufige Betriebsaufgabe«

Der Stall ist sauber gefegt und leer. Es riecht weder nach Gülle noch nach Kühen. Die Anbindeketten hängen sauber geordnet, an der Wand stehen auf einer weißen Schreibtafel noch die letzten Informationen über das Vieh, das hier vor einigen Monaten noch stand. Draußen wachsen wilde Reben über die Treibhäuser, in den Reisfeldern steht das Schilf meterhoch und wiegt sich in der Herbstsonne. In der Auffahrt blühen orange Blümchen aus Spalten im Asphalt. Das hätten diese Blumen früher nie dürfen, nämlich dort blühen, wo der Samen auf dem Hof von Kenichi Hasegawa grad hinfällt. Die Bauern in Tohoku pflegen ihre Felder und Gärten sorgsam. Da hat kein Unkraut Platz, und die Bäume sind präzise geschnitten. Doch das ist vorbei in Iitate, die Natur breitet sich auf den vereinsamten Betonplätzen, Kieswegen und Feldern ungestüm aus. Es ist schön und beklemmend zugleich.

Hasegawa sitzt in seiner Stube und raucht. Der Fernseher läuft. Überall liegen Stapel von Büchern und Papieren. Es sieht ein bisschen unordentlich aus, aber wozu sollte man Ordnung halten in einem Haus, das man offiziell nicht mehr bewohnen darf. Es ist ein schönes, traditionelles Holzhaus, umgeben von Feldern und malerischen Hügeln – kein Ort, den man freiwillig aufgibt.

Hasegawa kommt regelmäßig zurück, weil auch er sich am Patrouillendienst der Gemeinde beteiligt. Schlafen darf er hier nicht, die Strahlenbelastung ist zu hoch. Vielleicht tut er es trotzdem, aber darüber spricht man nicht.

Hasegawa hatte 32 Milchkühe und 18 Kälber und Rinder. Er produzierte täglich 800 Liter Milch, für einen Liter bekam er 100 Yen, also etwa einen Euro. Vier Generationen lebten auf dem Hof, 35 Jahre lang hat er den Hof bewirtschaftet, den später sein Sohn übernehmen sollte. Aber daraus wird jetzt nichts.

Hasegawa erinnert sich noch genau, wie das ganze Elend anfing. Zwar war Iitate vom Erdbeben kaum betroffen, die Hasegawas hatten auf dem Hof ihre eigene Stromversorgung, doch am 12. März musste er trotzdem die Milch wegleeren, weil er sie nirgendwohin liefern konnte. Als er hörte, dass es Probleme in Fukushima Daiichi gab und als er vernahm, die Fünf-Kilometer-Zone und danach die Zwanzig-Kilometer-Zone rund um das Atomkraftwerk werde evakuiert, da habe er gewusst, dass das seine Familie auch treffen würde, sagt der Bauer. Hasegawa war in dem Weiler, in dem er wohnt, der Ortsvorsteher. Er fühlte sich verantwortlich für die über fünfzig Haushalte seines Weilers und ging deshalb am Abend des 14. März in die Gemeindeverwaltung, um zu hören, was los ist.

Er erfuhr von Bürgermeister Norio Kanno und seinen Mitarbeitern, dass in Iitate ein Strahlenwert von 40 Mikrosievert pro Stunde gemessen wurde. Kanno habe gesagt, es herrsche eine außergewöhnliche Situation, und »er hat ausdrücklich verboten, darüber zu reden«. Es sei kein Jod verteilt worden, obwohl auf der Gemeinde genug Jodvorräte lagerten. Es seien auch keine Anweisungen erlassen worden, wie sich die Leute schützen könnten.

Hasegawa rang mit sich und entschied, er könne dieses Wissen nicht für sich behalten. Noch am selben Tag lud er die Leute seines Weilers für den nächsten Abend zu einer Versammlung ein. Auch er erinnert sich, wie es am 15. März heftig geschneit hat. Fast alle kamen, und das plagt ihn heute: »Ich habe diese Versammlung einberufen, das war schlecht, weil an diesem Tag die Strahlenbelastung am höchsten war.« Das hat er erst im Nachhinein erfahren, aber dennoch fühlt er sich schuldig, dass die Leute wegen ihm ins Freie gegangen sind.

Er sagte ihnen an der Versammlung, sie sollten kein eigenes frisches Gemüse essen, sie sollten sich möglichst nicht draußen aufhalten, und wenn sie trotzdem raus müssten, sollten sie Masken tragen, die Haut gut bedecken und danach die Kleidung nicht ins Haus nehmen und sich gut waschen.

Am 17. März kam die Bitte von der Präfektur, die Bauern von Iitate möchten doch ihre Milch wegleeren. Das war noch freiwillig. Erst am 21. März wurde ein Verbot erlassen. Tausende von Litern schütteten die Bauern in jenen Tagen in Gruben, die sie auf ihren Äckern gegraben hatten.

Hasegawa erinnert sich, wie Professor Shunichi Yamashita am 1. April nach Iitate kam und der Verwaltung und den versammelten Bezirksleitern sagte, Iitate sei in Sicherheit, niemand müsse sich Sorgen machen.

Am 30. März riet dann aber die Internationale Atomenergieagentur (IAEA) den japanischen Behörden, die Evakuierungszone auszuweiten und auch Iitate zu räumen. Am 11. April fiel die Entscheidung, die Gemeinde innerhalb eines Monats zu evakuieren. Die Bauern wussten nicht, was sie tun sollten. Die Kühe konnten sie ja schlecht zurücklassen. Hasegawa und seine Kollegen beschlossen eine »vorläufige Betriebsaufgabe«. Sie seien schon damals überzeugt gewesen, dass sie ihre Höfe nie mehr würden bewirtschaften können. Trotzdem wollten sie nicht definitiv aufgeben, weil sie fürchteten, sonst von Entschädigungszahlungen ausgeschlossen zu werden. Hasegawa sagt, einen Teil seiner Kühe habe er schlachten lassen, einen Teil habe er in andere Regionen verkaufen können. Auf seinem Land maß er 7 Mikrosievert pro Stunde, das macht 35 Millisievert im Jahr.

Von Kannos Drei-Stufen-Plan, die Gemeinde zu dekontaminieren, hält Hasegawa nichts. Vor allem für Schwangere und Kinder sei es kein Ort zum Leben. Sie sollten erst zurückkommen, wenn auch Felder und Wälder sauber seien. Das dauere aber zu lange, das könne nicht funktionieren. Allein die Dekontaminierung einer Versuchsfläche von 400 mal 400 Metern koste sechs

Millionen Euro. Die Gemeinde habe aber eine Fläche von 230 Quadratkilometern. »Der Staat wird nie so viel Geld zur Verfügung stellen, um das alles zu dekontaminieren.«

Kanno habe einen Fehler gemacht, als er die Leute nicht über die Gefahr informierte. Doch Kanno sei immer ein guter Bürgermeister gewesen, er sei seit fünfzehn Jahren in diesem Amt, er habe viel Erfahrung, er, Hasegawa, habe ihn bei der Wahl auch unterstützt. Er wolle auch nicht, dass Kanno sein Amt verliere, aber er höre den Leuten einfach zu wenig zu. Und noch jetzt würden die Gefahren der Strahlung zu wenig ernst genommen. »Am Anfang trugen die Leute draußen bei der Arbeit stets Masken, doch jetzt trägt kaum mehr jemand einen Mundschutz oder ein Dosimeter. Strahlung ist ja gerade gefährlich, weil man sie weder riechen noch fühlen kann.«

Hasegawa sagt, auch er habe sich nie um AKW gekümmert, erst mit dem Unfall habe er verstanden, wie unglaublich gefährlich diese Technologie sei: »Und wir sind so leichtsinnig damit umgegangen.«

100 Millisievert? Kein Problem!

In einem weiß gefliesten Café im Bahnhof von Fukushima treffen wir Seiichi Nakate. Der Ort hat den Charme eines Bades, der Kaffee schmeckt wie braunes, warmes Wasser. Der Kaffee ist meistens grauenvoll, man trinkt ihn sogar aus Büchsen, die man gewärmt aus jedem Getränkeautomaten lassen kann; diese stehen an jeder Ecke und fressen unendlich Energie, aber darum geht es jetzt nicht.

Aileen Smith hat uns geraten, mit Nakate unbedingt über Shunichi Yamashita zu reden. Yamashita gilt als einer der renommiertesten Strahlenschützer Japans. Er ist Professor an der Universität von Nagasaki, arbeitete bei Studien über die überlebenden Atombombenopfer mit. Er hat sich jahrelang mit Tschernobyl beschäftigt, hundert Mal soll er dort gewesen sein. Am 19. März kam Yamashita in die Präfektur Fukushima. Die Gemeinden organisierten während zweier Tage Informationsveranstaltungen mit ihm, wie die Regionalregierung dies angeordnet hatte. Yamashita sollte die Leute über die Folgen des Atomunfalls aufklären.

Fragt man Nakate, was er von Shunichi Yamashita hält, runzelt er die Stirn. Nakate ist ein stiller Mensch, der nie laut wird, auch nicht wenn er über Yamashita spricht, obwohl er nichts Gutes über ihn zu berichten hat: »Wissen Sie, was er an diesen Veranstaltungen gesagt hat – zu all diesen Leuten, die keine Ahnung von radioaktiver Strahlung hatten? Er sagte: ›100 Millisievert sind kein Problem, es wird Ihrer Gesundheit nicht schaden.‹ Er hat auch gesagt: ›Strahlenschäden kommen nicht zu Menschen, die glücklich sind und viel lachen. Sie kommen zu Leuten, die verzagt sind.‹« Nakate lebt in Fukushima, er war an einer der Versammlungen dabei und konnte nicht fassen, was er da zu hören bekam.

Nakate arbeitet mit Behinderten, Naturwissenschaft interessierte ihn nicht sonderlich, viel wusste er nicht über Sievert und Becquerel, doch genug, um den offiziellen Beschwichtigungen zu misstrauen. Ausgerüstet mit Messgeräten begann er schon im März zusammen mit zwei Freunden die Schulhöfe abzuschreiten. Sie trugen die Daten zusammen und stellten schnell fest: Auf vielen Plätzen zeigten die Messgeräte 0,6 oder mehr Mikrosievert die Stunde an, auf einigen Plätzen maßen sie 10 Mikrosievert, der Rekord lag bei 108,8. Hochgerechnet auf nur drei Monate ergeben schon 0,6 eine Dosis von 1,3 Millisievert, sagt Nakate: »Laut japanischem Gesetzt gilt ein Ort, an dem man eine solche Dosis erhalten kann, als ›radiologisch kontrollierte Zone‹ – zum Beispiel in einer Atomanlage oder in einer strahlenmedizinischen Einrichtung. In einer solchen Zone dürfen nur Personen arbeiten, die äl-

Einheiten zur Strahlenmessung

Becquerel (Bq): Maßeinheit für Radioaktivität, 1 Bq entspricht 1 radioaktiven Zerfall pro Sekunde (siehe auch Curie).

Curie (Ci): Veraltete Maßeinheit für Radioaktivität. 1 Curie steht für 37 Milliarden ($3{,}7 \times 10^{10}$) Atomzerfälle in der Sekunde. Das ist die Menge Radioaktivität, die in einem Gramm Radium-226 vorhanden ist.

Gray (Gy): Maßeinheit für die Menge an Strahlung, die eine Person erhalten hat. Gray hat die alte, aber absolut gleichwertige Maßeinheit rad (siehe rad) abgelöst; ein Gray entspricht 100 rad.

Rad (rad): Veraltete Maßeinheit (siehe Gray). »Rad« steht für »radiation absorbed dose« (absorbierte Strahlenmenge).

Rem (rem): Veraltete Maßeinheit für die biologische Wirksamkeit von Strahlung. Diese Einheit trägt der Tatsache Rechnung, dass die verschiedenen Formen ionisierender Strahlung einen unterschiedlichen biologischen Einfluss haben: Zum Beispiel geht man davon aus, dass eine gegebene Menge Alphastrahlung ungefähr die zehnfache Wirkung wie die gleiche Menge Gammastrahlung hat. So ist 1 rad Alphastrahlung in 10 rem zu übersetzen, während 1 rad Gammastrahlung nur 1 rem entspricht.

Sievert (Sv): Die Maßeinheit Sievert hat offiziell rem (siehe rem) abgelöst. 1 Sievert entspricht 100 rem. Die beiden Maßeinheiten sind absolut gleichwertig.

1 Bq = 1 Atomzerfall pro Sekunde

1 Ci = 37 Milliarden Bq

1 Sv = 1000 mSv (Millisievert) = 1 Million µSv (Mikrosievert)

1 rem = 0,01 Sv

1 mSv = 0,1 rem

1 Gy = 100 rad

ter als 18 Jahre sind. Kinder darin spielen zu lassen, ist verboten. Und nun sagen sie, es sei alles kein Problem, obwohl die Schulhöfe nach unseren eigenen Gesetzen als radiologisch kontrollierte Zone eingestuft werden müssten.«

Die Behörden entschieden aber Ende März, die Schulen außerhalb der evakuierten Zone sollten wie übliche das Schuljahr beginnen. Sie glaubten Yamashita, dem hohen Experten, sagt Nakate.

Das Schuljahr fing mit den üblichen Zeremonien an. Doch dann brachten Nakate und seine Freunde ihre Messwerte an die Öffentlichkeit. Sie waren so eindeutig, dass die Präfektur gezwungen war, systematisch alle Schulhöfe auszumessen. Das geschah am 5. und 6. April, daran erinnert sich Nakate genau. Das Ergebnis: Von den 1600 Schulen lagen bei 76 Prozent die Werte bei 0,6 Mikrosievert oder darüber.

Man hätte erwarten können, dass die Regierung nun etwas unternehme, um die Kinder zu schützen. Doch es kam anders. Am 19. April, sagt Nakate, gab das Ministerium für Erziehung und Wissenschaft (Mext) bekannt, es müsse niemand evakuiert werden, der in einem Gebiet lebe, wo die Jahresdosis unter 20 Millisievert liege – auch Kinder nicht. Schulhöfe dürften nicht mit mehr als 3,8 Mikrosievert pro Stunde belastet sein, hochgerechnet ergibt das die 20 Millisievert pro Jahr.

Um Lehrer und Eltern zu beruhigen, gab das Mext ein Büchlein mit dem Titel *Strahlung korrekt verstehen* heraus. Da steht: »Es gibt eine ›Schwelle‹, unter der Strahlung absolut keine Auswirkung hat. Zum Beispiel kann erst ab einer Dosis von 250 Millisievert eine befristete Reduktion von weißen Blutkörperchen beobachtet werden.« Weiter heißt es: »So geringe Strahlenmengen wie 250 Millisievert – kumuliert über mehrere Jahre – werden keine Folgen haben. Es ist nicht vorstellbar, dass die Strahlendosen außerhalb der Evakuierungszone zu gesundheitlichen Schäden führen.« Und am Schluss: »Es ist auch nicht davon auszugehen, dass die Bewohner – selbst die, die nahe der Kernkraftwerke leben – einer Dosis von 100 Millisievert ausgesetzt werden. [...] Unterhalb einer kumulierten Strahlendosis von 100 Millisievert ist aber keine nachweisbare Korrelation zwischen der Strahlenbelastung und Krebs festzustellen.« Behauptungen, die tendenziös formuliert und wissenschaftlich höchst umstritten sind.

Nakate sagt heute: »Es sah aus, als hätte es ein Drehbuch gegeben: Innerhalb von wenigen Wochen ist es den Behörden gelungen, die Menschen glauben zu machen, es gebe außerhalb der Zwanzig-Kilometer-Zone nicht die geringste Gefahr.«

Das war der Moment, als Nakate beschloss, das »Fukushima-Netzwerk zur Rettung von Kindern vor Strahlung« zu gründen. Bereits nach einem halben Jahr hatten sie über 650 Mitglieder, vor allem Eltern mit Kindern – für japanische Verhältnisse ist das eine große Organisation.

Das Problem an der Zwanzig-Millisievert-Regelung ist das Geld. Denn faktisch bedeutet sie: Alle Gebiete über 20 Millisievert werden zwangsevakuiert, und die Leute haben einen Anspruch auf Entschädigung. Bei den Gebieten, die etwas weniger belastet sind, können die Leute zwar freiwillig gehen, erhalten aber keine Entschädigung.

Die Männer wollen bleiben, sagt Nakate, weil sie hier ihre Arbeit haben und wissen, dass sie in einer anderen Region, in einer fremden Stadt kaum einen Job finden. Die Frauen wollen hingegen mit den Kindern weg, das sprenge ganze Familien, sagt Nakate.

Nakate sagt, es bräuchte dringend eine weitere Zone, »eine zwischen unbelastet und Zwangsevakuierung«. Die Menschen, die in diesen Gebieten lebten, sollten selber entscheiden dürfen, ob sie gehen oder bleiben – und trotzdem Anspruch auf Entschädigung haben. Doch da denke die Regierung nicht dran. Sie werde nicht müde, der Welt zu erklären, die Situation im AKW Fukushima normalisiere sich, alles sei wieder unter Kontrolle.

Über 63 000 Menschen wurden aus der Zwanzig-Kilometer-Sperrzone vertrieben, gut 6000 aus Iitate-Mura. Wie viele die Präfektur auf eigene Initiative verließen, lässt sich nicht genau bestimmen. Der Atomunfall hat aber schätzungsweise 100 000 Menschen entwurzelt. Nakate geht davon aus, dass noch etwa ein bis zwei Millionen Menschen in Gebieten leben, die seiner Meinung nach evakuiert werden müssten. Mindestens den Schwangeren und den Familien mit kleinen Kindern sollte es die Regierung finanziell ermöglichen, für einige Jahre wegzugehen, fordert er.

Yamashita seinerseits wird nicht müde zu erklären, wie harmlos die Situation sei. In einem Interview mit dem deutschen Nachrichtenmagazin *Der Spiegel* sagte er, weshalb er den Leuten sagte, sie müssten fröhlich sein: »Das war beim ersten Treffen in Fukushima. Da war ich aufrichtig schockiert: Die Bürger waren so ernst, niemand hat gelacht.«

»Die Heimat dieser Menschen ist verstrahlt. Keiner weiß, wie gefährlich die unsichtbare Gefahr ist. Was haben Sie erwartet?«, entgegnete die Journalistin.

»Die Stimmung war regelrecht depressiv. Und Stress belastet das Immunsystem. Aus Tierversuchen mit Ratten wissen wir, dass sehr stressanfällige Tiere häufiger an den Folgen von Strahlung erkranken als andere. Stress ist überhaupt nicht gut für Leute, die von Strahlung betroffen sind. Deshalb habe ich den Menschen gesagt, dass sie sich entspannen müssen …«

»… und damit sie sich entspannen, haben Sie Jahresdosen von 100 Millisievert für unbedenklich erklärt? Dieser Grenzwert gilt normalerweise für Kraftwerksarbeiter in Notfällen.«

»Ich habe nicht gesagt, dass die Menschen sich keine Sorgen

machen müssen. Ich habe nur gesagt, dass es unterhalb dieser Grenze keine Beweise für erhöhte Krebsraten gibt.«

Yamashitas Argumentation ist nicht neu, die Sowjets haben Ende der 1980er-Jahre dasselbe gesagt. Die offizielle Position lautete: Es gibt die natürliche Strahlenbelastung sowie eine, die über der normalen liegt, aber ungefährlich ist – und eine massiv erhöhte, gefährliche Strahlenbelastung.

Yamashita sagt, es herrsche Strahlenphobie. Den Begriff hat nicht er erfunden, er hat ihn von Juri Iljin geliehen. Iljin war Direktor des Instituts für Biophysik des Gesundheitsministeriums der UdSSR und nach dem Super-GAU in Tschernobyl zuständig für die ersten Kontaminierungskarten. Zusammen mit Anatoli Romanenko, dem damaligen Gesundheitsminister der Ukraine, war er verantwortlich für die Schutzvorkehrungen. Sie definierten, was »gefährlich« und was »ungefährlich« war. Und beide stellten sich auf den Standpunkt, gefährlich sei primär die Strahlenangst: »Wir alle tragen Schuld am Syndrom der Radiophobie. Ich würde dafür zwei Aspekte nennen: die erschreckende Unwissenheit der Bevölkerung auf dem Gebiet des Strahlenschutzes und der unvermeidliche Drang der Journalisten, gerade die Dinge aufzubauen, die beim einfachen Mann von der Straße auf reges Interesse stoßen, ja, die Sensationsgier befriedigen«, sagte Iljin 1988 an einer Pressekonferenz in Kiew.

Man sprach danach von der »Iljin-Theorie«. Denn Iljin, der auch Vizepräsident der sowjetischen Akademie der Wissenschaften war, wusste schon im Sommer 1986, dass Tschernobyl »nur einen geringen Einfluss auf die Gesundheit der Leute hat, die in den kontaminierten Gebieten leben«.

Die Iljin-Theorie lässt alles zu. Vor allem das Spiel mit den Grenzwerten. Vor Tschernobyl betrug der Strahlengrenzwert in der UdSSR 25 rem, also 250 Millisievert. Kurz nach dem Unfall hob man ihn auf 700 an, ab 1987 galten dann noch 350 Millisievert (35 Rem). Diese Werte bezogen sich aufs ganze Leben, wobei man von einer durchschnittlichen Lebenserwartung von siebzig Jahren ausging. Anders gerechnet: Vor dem Super-GAU ging man davon aus, dass ein Mensch zusätzlich zur natürlichen Strahlenbelastung ohne Schaden eine jährliche Dosis von 3,5 Millisievert erträgt, dann hob man die Dosis auf 10 an, um sie schließlich wieder auf 5 Millisievert abzusenken. Die Sowjets taten also dasselbe, was Japan jetzt auch getan hat – sie schraubten als Erstes die Grenzwerte rauf. Allerdings gingen sie nie so hoch wie die japanischen Behörden mit ihren 20 Millisievert pro Jahr.

Juri Iljin wusste genau, was er tat, und vor allem, warum er es tat. Bei einer Anhörung des Obersten Sowjets im Oktober 1989 sagte er: Wenn man nicht einen Grenzwert von 35 Rem auf 70 Jahre festlege, sondern einen von 7 Rem auf 35 Jahre, sei die Situation eine ganz andere – »nach unseren Berechnungen ergibt sich dann, dass wir statt 166 000 Menschen, die jetzt umzusiedeln sind, zehnmal so viele umsiedeln müssten. Das wären anderthalb Millionen Menschen.« Kiew hätte teilweise geräumt werden müssen, so wie jetzt große Teile der Präfektur Fukushima auch geräumt werden müssten.

Grenzwerte tönen eindeutig, messbar, objektiv. Wenn sich der radioaktive Schleier aber einmal über das Land gelegt hat, relativiert sich alles.

Man stellt sich nicht die Frage, wie viele Leute töten wir – schließlich kippt niemand auf der Stelle tot um, wenn man den Grenzwert von eins auf hundert Millisievert erhöht. Man sieht sich vielmehr mit der simplen buchhalterischen Frage konfrontiert: Auf wie viel Land, auf wie viele Häuser, auf wie viele Jobs wollen wir verzichten? Das war nach Tschernobyl so, das ist jetzt nach Fukushima so, es wird voraussichtlich nach allen Super-GAUs so sein, immer und überall.

Yamashita ist nach Fukushima umgezogen und lebt dort, weil er, wie er sagt, zeigen wolle, »dass sich die Leute bitte nicht sorgen sollen«. Er berät inzwischen die Präfektur Fukushima offiziell in Bezug auf die radiologischen Schutzmaßnahmen. Zudem spielt er eine führende Rolle bei der breit angelegten Studie, mit der die Präfektur den Gesundheitszustand der Bevölkerung in den nächsten dreißig Jahren verfolgen möchte.

Nakate sagt, sie hätten umgehend eine Petition lanciert und den Gouverneur von Fukushima gebeten, Yamashita von diesem Posten zu entfernen. »Yamashita hat gewusst, dass keine Gesundheitsrisiken zu erwarten sind, bevor man Kontaminierungskarten hatte – und dieser Person soll die Bevölkerung nun glauben?«

Undark und der Strahlenschutz

Es ist noch nicht so lange her, da gab es gar keine Strahlenschutzgrenzwerte. Die ersten Erkenntnisse über die Gefährlichkeit von strahlenden Materialien sind einigen Arbeiterinnen und Arbeitern zu verdanken. Sie zahlten ein tödliches Lehrgeld, Catherine Caufield hat ihre Geschichte im Buch *Das Strahlende Zeitalter* nachgezeichnet:

Marie und Pierre Curie hatten 1898 das Radium entdeckt, sie gaben ihm diesen Namen, weil es ausgeprägter strahlte als das Natururan, sie fanden auch heraus, dass es im Dunkeln leuchtet. Das wollte der US-Amerikaner Sabin von Sochocky kommerziell nutzen und entwickelte eine Leuchtfarbe die er »Undark«, Undunkel, nannte. »Zweifellos wird die Zeit kommen, in der Ihr Haus völlig mit Radium beleuchtet sein wird«, schwärmte Sochocky: »Das Licht, das von den mit Radiumfarben gestrichenen Wänden und Decken scheint, wird in Farbe und Tönung sein wie weiches Mondlicht.«

Undark wurde zu einem Renner. Die US-amerikanische Radium Corporation in New Jersey vermarktete die Farbe. Die Firma ließ alle möglichen Dinge damit bemalen, von Zifferblättern über Flugzeugarmaturen bis hin zu Kruzifixen oder Türgriffen. Rund 250 Frauen waren in der Fabrik beschäftigt. Manchmal malten sie sich zum Scherz Undark auf die Zähne oder Fingernägel.

Mitte der 1920er-Jahre starben binnen dreier Jahre neun junge Arbeiterinnen. In den Totenscheinen standen so unterschiedliche Todesursachen wie Syphilis oder Magengeschwür, Blutarmut oder Kiefernekrose. Mit der Farbe könne das nichts zu tun haben, weil sie nur sehr geringe Mengen radioaktives Material enthalte, argumentierte die Firma. Es fiel aber auch auf, dass überdurchschnittlich viele Arbeiterinnen an schweren Kieferentzündungen litten und sich Operationen unterziehen mussten. Die Radium Corporation behauptete, es liege an schlechter Mundhygiene. Auf Druck der Firma wurden Daten zurückgehalten.

Im Herbst 1924 publizierte aber der New Yorker Zahnarzt Theodore Blum nach der Behandlung einer Zifferblattmalerin einen Artikel, in dem er die These aufstellte, »dass der Kiefer von Radioaktivität befallen, ja verseucht sein musste«. Das Zifferblattmalen war eine diffizile Arbeit, deshalb nahmen die Arbeiterinnen den Pinsel jeweils in den Mund, um ihn zuzuspitzen, wobei sie jedes Mal winzige Mengen Undark schluckten.

Die Radium hatte mittlerweile – aufgeschreckt durch die Reaktionen auf die Todesfälle – bei der Harvard School of Public Health eine Studie bestellt, die Blums These widerlegen sollte. Als die Harvard-Leute den Betrieb untersuchten, sahen sie, dass Beine, Arme, Hälse, selbst die Unterwäsche der Malerinnen leuchteten. Sie stellten fest, dass die Frauen äußerlich und durch eingeatmete oder geschluckte radioaktive Partikel übermäßiger Strahlung ausgesetzt gewesen seien. Ihre Schlussfolgerung: »Es drängt sich unausweichlich die Annahme auf, dass die beschriebenen Fälle auf Radium zurückzuführen sind.«

Radium Corporation drohte den Wissenschaftlern mit rechtlichen Schritten, falls sie ihre Ergebnisse publizieren würden.

Der Amtsarzt der Gegend, Harrison Martland, hatte sich inzwischen ebenfalls der Sache angenommen. Als eine weitere Zifferblattmalerin starb, führte er eine Autopsie durch. In den Knochen und Organen der Frau fand er eine hohe Konzentration radioaktiver Partikel. Er entdeckte, »dass eingeatmete oder mit der Nahrung aufgenommene radioaktive Stoffe nicht geradewegs den Körper durchqueren, wie man gedacht hatte. Stattdessen sammeln sie sich in verschiedenen Organen an und bestrahlen kontinuierlich die umliegenden Zellen. Wie Kalzium, das ähnliche chemische Eigenschaften hat, neigt Radium dazu, sich in Knochen anzureichern. Dort kann es Tumore verursachen und das Knochenmark schädigen, in dem Blutkörperchen gebildet werden.«

Martland wiederlegte auch die Mär, dass Niedrigstrahlung gesundheitsfördernd sei: Seine Untersuchungen ergaben, »dass der Anschein ausgezeichneter Gesundheit ein frühes Symptom von Strahlenvergiftung sein kann. Anfangs setzt sich der Körper gegen die Belastung durch Radium zur Wehr, indem er viel mehr rote Blutkörperchen produziert als gewöhnlich. Eine Zeit lang sieht das Opfer besonders gesund aus und fühlt sich auch so. Aber der Körper kann die Verteidigungsanstrengungen auf die Dauer nicht fortsetzen, früher oder später nehmen die strahlengeschädigten Zellen überhand.«

Die Firma erließ zwar neue Schutzmaßnahmen für die Angestellten, doch behauptete sie weiterhin beharrlich, die Krankheits- und Todesfälle hätten nichts mit Undark zu tun. Es starben noch mehrere Zifferblattmalerinnen, bis die Behörden anfingen, über Grenzwerte nachzudenken. Dabei zeigte sich allerdings, dass die

Festlegung von Grenzwerten mehr mit Kaffeesatzlesen denn mit Wissenschaft zu tun hat: Das US-amerikanische Advisory Committee on X-Ray and Radium Protection empfahl, 0,1 Rad pro Tag sollte als »Richtschnur zum Schutz von Radium« gelten, fügte aber an, dass »die Berechnung von Radiumdosen nicht einfach ist und man sich nicht zu sehr auf Zahlen verlassen sollte«. Umgerechnet hätten die 0,1 Rad etwa 250 Millisievert pro Jahr entsprochen.*

Über die Frage, welche Dosen für den Menschen noch zuträglich sind, herrscht bis heute ein erbitterter Streit. Die Atomindustrie vertritt die Meinung, es gebe eine Art sichere Grenze – liegen die Strahlendosen darunter, sollen sie unschädlich sein. Und wenn dem so ist, braucht man nicht darüber zu forschen. Dem stehen unabhängige Wissenschaftler gegenüber, die überzeugt sind, dass jede Dosis gesundheitliche Schäden verursachen kann und dass der schädigende Effekt nicht linear zu abnehmender Strahlenbelastung sinkt.

Aufgrund vieler Untersuchungen vermuten diese Wissenschaftler, dass kleine Dosen, die über einen langen Zeitraum kontinuierlich aufgenommen werden, gefährlicher sind als die entsprechende Gesamtdosis in einem kurzen Zeitraum. Die lange Niedrigbestrahlung – so die These – wirkt schädigender auf den Organismus, weil die körpereigenen Reparaturmechanismen nicht mehr optimal funktionieren. Die Internationale Atomenergieorganisation (IAEO) wie die Weltgesundheitsorganisation (WHO) negieren dies jedoch beharrlich.

2006 publizierte die IAEO anlässlich des 20. Jahrestages der Katastrophe von Tschernobyl eine Pressemitteilung unter dem Titel »Das wahre Ausmaß des Unfalls«. Die IAEA rechnet darin vor:

* Rad gewichtet nicht die unterschiedliche Gefährlichkeit eines Radionuklides, was Rem respektive Sievert tut, aber es entspräche mindestens 1 Millisievert pro Tag, also grob gerechnet 250 Millisievert pro Jahr.

»Insgesamt könnten bis zu viertausend Personen an der Strahlung sterben, die durch den Reaktorunfall in Tschernobyl vor zwanzig Jahren freigesetzt wurde. [...] Dennoch konnten bis Mitte 2005 weniger als fünfzig Tote direkt auf die Strahlung durch den Unfall zurückgeführt werden.« Davon ist die IAEO bis heute nicht abgerückt. Die einzige Folge, die sie akzeptiert, sind einige Tausend Schilddrüsenkrebsfälle, die jedoch selten tödlich enden.

Die Argumentation der IAEO verschleiert vieles, doch ganz falsch ist sie nicht – wegen des kleinen Wortes »direkt«. Bei Autounfällen weiß man, dass ein Auto einen Menschen getötet hat. Bei radioaktiver Strahlung ist es hingegen sehr schwierig, den direkten Zusammenhang zwischen der Strahlenbelastung und einer Erkrankung zu beweisen. Beim Rauchen war man mit demselben Problem konfrontiert. Jahrzehntelang hat es die Tabakindustrie verstanden, den Zusammenhang zwischen Rauchen und Lungenkrebs mit Studien wegzureden. »Rauchen ist tödlich« steht heute auf jeder Zigarettenpackung. Bei Tschernobyl werden die Folgen des Unfalls aber weiterhin mit Erfolg kleingeredet, was auch einfach ist, weil die, die Mittel gehabt hätten, große und teure epidemiologische Studien anzustoßen, kein Interesse daran hatten. Eine umfassende Aufarbeitung der Folgen von Tschernobyl ist nie angegangen worden – anders als nach den Bombenabwürfen auf Hiroshima und Nagasaki, wo breit angelegte Langzeitstudien finanziert worden sind. Auf diesen Studien basieren die meisten Risikoabschätzungen, dank ihnen hat man eine Ahnung, wie viele zusätzliche Krebsfälle entstehen, wenn eine Bevölkerung künstlicher radioaktiver Strahlung ausgesetzt ist.

Die Hiroshima-Bombe »Little Boy« hatte eine unglaubliche Zerstörungskraft, in einem Umkreis von 500 Metern um das Explosionszentrum waren neunzig Prozent der Menschen sofort tot. Es herrschten dort während der Explosion Temperaturen von bis zu 4000 Grad. Häuser und Menschen verdampften förmlich. »Fat Man«, die Nagasaki-Bombe, hatte eine noch größere Sprengkraft als »Little Boy« und enthielt außerdem noch Plutonium.

Nach den Explosionen ging ein schwarzer, schmieriger Regen über den beiden Städten nieder, der radioaktive Partikel enthielt. Innerhalb weniger Stunden machten sich die ersten Anzeichen akuter Strahlenkrankheit bemerkbar. Den Leuten wurde es übel, sie begannen zu erbrechen, einige Tage später verloren sie die Haare, sie litten an Krämpfen, Durchfall, blutenden Schleimhäuten – die klassischen Symptome akuter Strahlenkrankheit. Die Rettungsmannschaften, die in die zerbombten Städte gingen, zeigten bald dieselben Symptome.

Selbst viele Kilometer von der Explosionsstelle entfernt gingen die strahlenden Partikel nieder. Dieser Niederschlag, der sogenannte Fallout, enthielt vor allem Cäsium und Plutonium und verteilte sich über das ganze Land. Die meisten Opfer starben in den ersten fünf Jahren. Über sie ist nur wenig bekannt, da damals noch keine Forschung betrieben wurde.

Sieben Jahre nach dem Abwurf der Bomben hat die Radiation Effect Research Foundation (RERF) begonnen, Hunderttausende von Überlebenden in Langzeitstudien zu untersuchen. Finanziert wird die RERF vom japanischen Gesundheitsministerium und dem US-amerikanischen Energiedepartement. Die RERF hatte sich zum Ziel gesetzt herausfinden, wie viele zusätzliche Krebstote auftreten, wenn Menschen radioaktiver Strahlung ausgesetzt sind. Direkt lässt sich allerdings nicht nachweisen, ob die Strahlung einen Krebs verursacht. Ein Mensch kann eine relativ hohe Strahlendosis abbekommen, ohne danach an Krebs zu erkranken; ein anderer, der nur einer minimalen Dosis ausgesetzt war, erkrankt jedoch an Krebs. Um trotzdem etwas aussagen zu können, schaute man das ganze bestrahlte Kollektiv an und verglich es mit einer nicht bestrahlten Gruppe. Die Auswertung der Daten war nicht einfach. Mitte der 1980er-Jahre musste die RERF sie neu interpretieren, da es sich im Laufe der Jahrzehnte gezeigt hatte, dass wider Erwarten die Zahl der Krebserkrankungen immer weiter anstieg. Außerdem zeigte sich, dass das Krebsrisiko nach einer Bestrahlung proportional mit dem »normalen« Krebsrisiko wächst. Menschen erkranken auch ohne zusätzliche Strahlenbelastung an Krebs – aufgrund der ohnehin vorhanden Strahlung und der Belastung durch verschiedene Schadstoffe. Da dieses normale Risiko mit dem Lebensalter zunimmt, nimmt auch die Wahrscheinlichkeit einer zusätzlichen Krebserkrankung nach einer Bestrahlung mit jedem Jahr zu. Dies hatte man bei den Studien anfänglich nicht berücksichtig, was mit ein Grund war, weshalb das Krebsrisiko der Bombenopfer systematisch unterschätzt wurde.

Die Auswertung der Hiroshima- und Nagasaki-Daten hat mehr mit Ökonomie, denn mit Wissenschaft zu tun. Je nach Gewichtung kommt man zu vielen oder nur ganz wenigen zusätzlichen Krebstoten. Die International Commission on Radiological Protection (ICRP) schätzte 1977, es würden höchstens 5 Menschen zusätzlich an Krebs sterben, wenn man eine Gruppe von hundert Personen mit zusammengerechnet 1 Sievert bestrahle. Die RERF publizierte 1987 ihre überarbeiteten Daten und geht – bei derselben Strahlenbelastung – von bis zu 18 zusätzlichen Krebstoten aus. Die ICRP publizierte drei Jahre später ihre revidierten Resultate und rechnet nun mit 4 zusätzlichen Krebstoten. Kritische Strahlenschutzexperten wie die Professoren Wolfgang Köhnlein und Rudi H. Nussbaum kommen hingegen auf bis zu 25 zusätzliche Tote.

Die Welt richtet sich jedoch nach der ICRP, weil mit ihrer tiefen Risikoabschätzung die Grenzwerte höher gesetzt werden können. Die Kommission ist in der Öffentlichkeit kaum bekannt, sie

Wie viele Tote fordert die Strahlung?

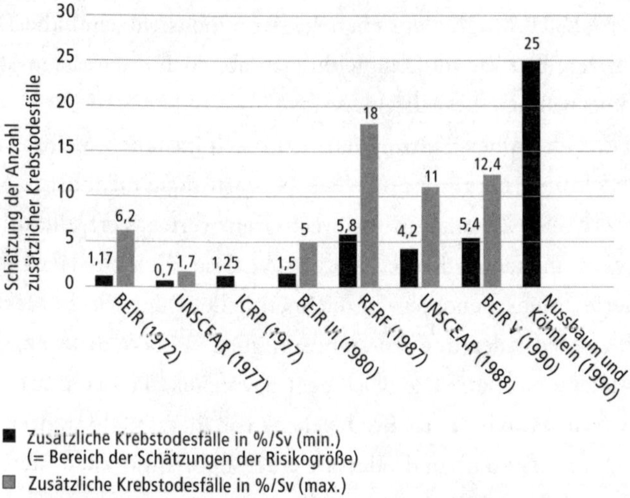

Die unterschiedlichen Strahlenschutzgremien streiten sich seit Jahren über die Frage, wie viele Menschen zusätzlich an Krebs sterben, wenn theoretisch 100 Personen mit 1 Sievert (Sv) bestrahlt werden. Man nennt dies Risikoabschätzung. Die Grafik zeigt, dass selbst die atomfreundlichen Gremien in den vergangenen Jahren ihre Daten markant nach oben revidieren mussten. Die ICRP, die weltweit Strahlenschutzempfehlungen erlässt, rechnet mit lediglich 4 Toten. Die RERF, die die Daten der japanischen Atombomben-Überlebenden ausgewertet hat, spricht hingegen von 18. Noch höher ist das Risiko nach Berechnungen der beiden deutschen Professoren Nussbaum und Köhnlein – sie gehen davon aus, dass rund ein Viertel der entsprechenden Gruppe an einer Krebserkrankung sterben wird. Die unterschiedlich hohen Säulenpaare kommen aufgrund statistischer Unsicherheiten und verschiedener Berechnungsmodelle der Gremien zustande. BEIR V geht also davon aus, dass mindestens 5,4 Personen (dunkle Säule) und höchstens 12,4 Personen an Krebs sterben.

Die Gremien/Experten: BEIR: Committee on Biological Effects of Ionizing Radiations, Strahlenschutzkommission der US-amerikanischen Akademie der Wissenschaften; UNSCEAR: United Nations Scientific Committee on the Effects of Atomic Radiation, Strahlenschutzkomitee der UNO; ICRP: International Commission on Radiological Protection, die einflussreichste internationale Strahlenschutzkommission.

Quelle: PSR/IPPNW Schweiz

ist ein frei schwebendes, sich selbst konstituierendes Gremium von Wissenschaftlern, das niemandem Rechenschaft ablegen muss. Diverse ICRP-Mitglieder stehen der Atomindustrie sehr nahe. Das Komitee gibt zwar nur Empfehlungen ab, doch die meisten Staaten übernehmen diese direkt.

Die Normalbevölkerung darf demnach im Jahr 1 Millisievert abbekommen, beruflich Strahlenexponierte nicht mehr als 20 Millisievert. Der Zwanzig-Millisievert-Grenzwert basiert allerdings auf einer makabren Kosten-Nutzen-Analyse, die sich als »einkalkuliertes Menschenopfer« bezeichnen ließe. Oder wie es Martin Walter, Mediziner und Vorstandsmitglied IPPNW Schweiz, einmal formuliert hat: »Die ICRP geht davon aus, dass von hundert Arbeitern während eines Berufslebens von vierzig Jahren drei bei einem Berufsunfall und/oder an einer Berufskrankheit sterben dürfen.« Walter kritisiert, dass diese Grenzwertberechnung den Vorgaben der UNO-Arbeitsorganisation (ILO) widerspricht, die alle Gefahren berücksichtigt haben will: »Ein Arbeiter kann in einem AKW auch von der Leiter fallen und tot sein – das haben aber die Strahlenschützer vergessen. Sie tun so, als ob in einer Nuklearanlage keine normalen Unfälle geschehen würden.«

Ein Studie, bei der über 400 000 AKW-Angestellte in fünfzehn Ländern einbezogen worden sind und die 2005 im *British Medical Journal* publiziert worden ist, deutet ebenfalls darauf hin, dass das Risiko grundsätzlich stark unterschätzt wurde, denn nach dieser Studie forderte die Strahlenbelastung doppelt so viele Krebstodesfälle wie bislang angenommen, die Grenzwerte müssten demnach massiv gesenkt werden.

Doch in Japan hat man ausgerechnet die 20 Millisievert als Evakuierungsgrenzwert genommen – gültig für alle, auch für Babys, Halbwüchsige oder Schwangere.

Japans größte Anti-AKW-Kundgebung

Es ist Abend in Tokyo, der kleine Raum ist rappelvoll. Jeder Stuhl ist besetzt, gedrängt stehen die Menschen an den Wänden, andere sitzen auf dem Boden. Wenige haben Krawatte und Hemd, Jupe und Bluse angezogen. Weit mehr tragen Bärte, weite Kordhosen, selbst gestrickte Pullover, das Hemd über der Hose und ausgetretene Schuhe. Sie sind gekommen, um von Bärbel Höhn zu hören, wie Deutschland den Atomausstieg geschafft hat. Tokyo hat Anfang März ein wenig Strahlung abbekommen. Im Trinkwasser hatte es Spuren von radioaktivem Jod, die Leute kauften die Regale leer, es gab für einige Zeit kaum Mineralwasser zu kaufen. An diesem Abend sind hundertfünfzig Menschen gekommen, was irgendwie wenig erscheint, bei einer Stadt von neun Millionen Einwohnern.

Die Grünen von Tokyo haben Bärbel Höhn eingeladen. Sie redet zuerst über die Not von Bürgermeister Norio Kanno und darüber, wie unsicher die Meiler sind. Die Atombefürworter sagten immer, ein schwerer Unfall ereigne sich höchstens alle 10 000 Jahre, es sei in ihrer Lebenszeit schon zwei Mal geschehen, sie sei aber noch keine 20 000 Jahre alt. Das Publikum lacht.

Danach gibt Höhn einen raschen Abriss der jüngsten deutschen Energiegeschichte: 2001 beschloss die rot-grüne Bundesregierung, den Atomausstieg bis 2022 zu realisieren. Der Energiekonsens wurde verabschiedet und vertraglich festgemacht, auch die Energiekonzerne stimmten zu. Danach kam die bürgerliche Regierung an die Macht und versuchte alles aufzuweichen. Die Laufzeitverlängerung wurde ins Spiel gebracht, alte AKW sollten acht zusätzliche Jahre laufen dürfen, die neuen zwölf. Es gab große Demos, trotzdem trat die Vereinbarung über die Laufzeitverlängerung am 1. Januar 2011 in Kraft.

»In dieser Stimmung passierte dann Fukushima. Danach gewannen die Grünen die Landtagswahlen Baden-Württemberg und stellten den ersten grünen Ministerpräsidenten. Deshalb sagte Bundeskanzlerin Merkel, wir stellen die ältesten acht Reaktoren ab. Und sie gehen nicht wieder ans Netz«, sagt Bärbel, macht eine Kunstpause und fragt: »Aber warum konnte das passieren?« Sie schaut in die Runde und antwortet sich selbst: »Weil wir nicht nur den Ausstieg aus der Atomkraft, sondern auch den Einstieg in die erneuerbaren Energien beschlossen haben!« Sie lächelt charmant triumphierend. Es ist ein bisschen wie an einer Wahlveranstaltung, doch die Zahlen, die sie nennt, sind beeindruckend: 1999 deckten die Atomkraftwerke in Deutschland einen Stromanteil von 30,6 Prozent ab, die erneuerbaren Energien lagen bei 5,2 Prozent. Im ersten halben Jahr 2011 deckten die AKW noch 17 Prozent und die erneuerbaren Energien 20 Prozent. In den AKW seien 30 000 Menschen beschäftigt, die erneuerbaren Energien böten 400 000 Arbeitsplätze, das überzeuge die Leute.

Sie sagt, sie nähmen den Konzernen den Schlüssel zur Energieproduktion weg und gäben ihn den Kleinen. Die Bauern hätten längst verstanden, dass es mit den erneuerbaren Energien gute Nebeneinkünfte zu erwirtschaften gebe. Höhn versprüht einen unerschöpflichen Optimismus. Die Leute klatschen und staunen.

Eine Frage beschäftigt besonders: Wie es Deutschland geschafft habe, bei Anti-AKW-Demonstrationen so viele Leute auf die Straße zu bekommen, und wie sie dasselbe schaffen könnten. Es brauche Zeit, sagt Bärbel Höhn, die Zeit sei aber nicht mehr dieselbe wie vor Fukushima. Die Leute änderten sich, realisierten, dass Tepco und Regierung nicht die Wahrheit sagten. Im September seien doch in Tokyo 60 000 Menschen an einer Demonstration gewesen, das sei ein echter Erfolg, oder auch die 150 Personen, die sich heute Abend versammelt hätten, so viele wären doch früher nie gekommen. Höhn gibt tapfer die Seelsorgerin.

Kurz vor Schluss steht eine Frau auf. Sie sagt, sie sei eine dieser

Japanerinnen, von denen Frau Höhn geredet habe. Vor Fukushima habe Politik sie nicht interessiert, sie habe nicht einmal gewusst, dass Japan 54 Reaktoren betreibe. Nach dem Unfall habe sie begonnen, darüber zu lesen, und sei schockiert, welche Probleme überall verborgen seien. Sie werde sich engagieren, sie könne jetzt nicht mehr anders. Sie verneigt sich und setzt sich wieder.

Es wäre auch falsch zu sagen, es gebe keinen Anti-AKW-Widerstand. Schon Anfang April gingen über zehntausend Menschen in Tokyo auf die Straße. Es war eine fröhliche Demonstration mit Bands. Junge Leute waren da, die immer wieder das Lied von Kazuyoshi Saito sangen. Saitos Songs sind populär; er war auch schon für den MTV Video Music Award nominiert. Kurz nach dem Unglück in Fukushima brachte er einen Videoclip heraus, in dem er AKW-Propagandabilder mit Bildern von Kindern und Hunden kombinierte, die von Männern in weißen Schutzanzügen mit Strahlenmessgeräten kontrolliert werden. Der Song beginnt mit den Worten: »Wenn du durch dieses Land gehst, da gibt es 54 Atomkraftwerke. Die Propaganda sagte, es ist sicher. Sie haben uns betrogen und sagen als Entschuldigung: Es war unerwartet.«

Die Demonstration im September war vielleicht nicht gigantisch, aber es war die größte Anti-AKW-Kundgebung, die Japan je gesehen hat. Und sie war von zahlreichen prominenten Intellektuellen organisiert und unterstützt worden – unter anderem vom japanischen Literaturnobelpreisträger Kenzaburo Oe.

Das Gehirn der Anti-Atom-Bewegung in Japan

Das Citizens' Nuclear Information Center (CNIC) ist das Gehirn der Anti-Atom-Bewegung in Japan. Man findet es in einem Wohnquartier in Tokyo, im ersten Stockwerk eines schmalen Hauses. Das winzige Büro überquillt von Dokumentenschachteln, Büchern und Papieren. Ein Dutzend Leute sitzen dicht gedrängt, Computer an Computer.

In der hinteren Ecke findet sich ein Sitzungstisch, daneben eine Kochnische mit einer Spüle, auf dem sich sauberes Geschirr stapelt. Aus der Ferne hätte man nie gedacht, dass die Organisation so bescheiden haust.

Über dem Sitzungstisch hängt ein Porträt in Schwarz-Weiß. »Das ist er«, erklärt Tomoyuki Takada, das sei Jinzaburo Takagi, der Gründer Nuklearen Informationszentrums CNIC. Der Mann auf dem Foto lächelt, trägt eine Brille, das dunkle Haar gescheitelt. Über ihn müsse man schreiben, wenn man über die Anti-AKW-Bewegung schreibe, sagt Takada bestimmt.

Hier also Jinzaburo Takagis Geschichte: Jin, wie er gewöhnlich genannt wurde, studierte als junger Mann Nuklearchemie, danach arbeitete er bei einer Firma, die Atomkraftwerke entwickelte. Er entzweite sich mit seinem Arbeitgeber, weil er überzeugt war, dass es noch offene Fragen gebe, die geklärt werden müssten, bevor der entwickelte Reaktor kommerziell sicher betrieben werden könne. Sein Arbeitgeber ignorierte Takagis Einwände. Er kündigte und kehrte an die Universität zurück.

Dort begann er über die natürliche Hintergrundstrahlung zu forschen und stellte fest, dass die künstliche Strahlung in der Natur viel zu hoch war. Das schockierte ihn.

Die künstliche Strahlung stammte von den zahlreichen überirdischen Atombombentests. Takagi beschloss, etwas dagegen zu tun, und wandelte sich vom Nuklearpromotor zum Anti-AKW-Aktivisten. Er engagierte sich gleichzeitig in der Studentenbewegung, die zu jener Zeit sehr aktiv war, und beteiligte sich auch an der Opposition gegen den Bau des neuen Flughafens bei Tokyo, den Narita International Airport.

Dieser Flughafen wurde auf dem Gebiet von Sanri-Zuka geplant.

Die Bauern des Dorfes wehrten sich erbittert gegen die geplanten Landenteignungen. Linke Studenten und Professoren schlossen sich ihnen an. Die Sanri-Zuka-Bewegung rüttelte das Land auf und politisierte eine ganze Generation. Zwölf Jahre dauerte der Kampf, es kam zu riesigen Demonstrationen. Im März 1978, wenige Wochen bevor der Flughafen offiziell eröffnet wurde, stürmten einige Leute den fertig gebauten Kontrollturm und zerstörten die Einrichtung. Die Behörden ließen ihn umgehend reparieren. Im Mai wurde der Flughafen eröffnet, mit 14000 Polizisten, die die Feierlichkeiten schützen mussten. Es gab im Kampf um Narita sechs Tote, siebentausend Verletzte, dreitausend Verhaftete. Das Klischee der unkritischen, unterwürfigen Japanerinnen und Japaner ist wirklich falsch und unfair: Japan hat sehr wohl eine widerständige Seite und starke Bürgerbewegungen, auch wenn sie heute nicht mehr dieselbe Kraft entwickeln wie in den 1970er-Jahren.

In dieser Zeit gründete Takagi denn auch zusammen mit einigen Freunden das Nukleare Informationszentrum CNIC. Sie konzentrierten sich vor allem auf die Plutoniumwirtschaft – eine der verrückteren Ideen, die Menschen je hatten. Man träumte davon, ein energetisches Perpetuum mobile zu bauen: Wenn in einem Reaktor Uran-Atome gespalten werden, entsteht Plutonium. Nun wollte man dieses Plutonium aus den abgebrannten Brennstäben herausholen, um es danach wieder in einem Reaktor einsetzen zu können, weil Plutonium auch spaltbar ist. Man glaubte, mit Brennmaterial immer mehr Brennmaterial erzeugen zu können – womit man schrankenlos Energie zur Verfügung gehabt hätte. Die Idee ist verlockend. Bei der Gewinnung des Plutoniums – was man Wiederaufarbeitung nennt – entstehen allerdings gigantische Mengen strahlender Abfall. Zudem häufen sich Berge von Plutonium an. Obwohl dieses Reaktor-Plutonium weniger rein ist als Waffen-Plutonium, lassen sich auch daraus Atombomben bauen.

Im Normalfall kommt das Plutonium in den gewöhnlichen Reaktoren als sogenanntes Mischoxid, kurz MOX, zum Einsatz. Block 3 in Fukushima Daiichi hat solche MOX-Elemente.*

MOX bringt indes viel Ärger: Der Reaktor ist schwieriger zu steuern. Der abgebrannte Brennstoff muss hundert Jahre lang zwischengelagert werden, weil er mehr Wärme entwickelt als Uranbrennstäbe (die »nur« dreißig bis vierzig Jahre zum Abkühlen brauchen). Die Langzeitlagerung wird schwieriger, weil mit MOX mehr Neptunium-237 entsteht, das sehr mobil ist und eine Halbwertszeit von über zwei Millionen Jahren hat.

Ganz ungemütlich wird es, wenn der Reaktor außer Kontrolle gerät. MOX schmilzt schon bei 700 bis 900 Grad, Uranbrennstäbe dagegen erst bei rund 1100 Grad, es kommt also schneller zu einer Kernschmelze.

Und wenn am Ende strahlendes Material nach draußen gerät, enthält es viel mehr Plutonium, als wenn kein MOX eingesetzt worden wäre.

Gegen diesen Irrwitz kämpfte Takagi zusammen mit dem französischen Atomexperten Mycle Schneider. Den Unfall in Fukushima hat Takagi allerdings nicht mehr erlebt, er ist schon vor einigen Jahren an Krebs gestorben.

CNIC ist weiter gediehen und verfügt inzwischen über einen breiten Stab an renommierten Mitarbeitenden, Wissenschaftlern und Expertinnen, die bei der Atomindustrie ihre Karriere begonnen haben und danach wie Takagi die Seite wechselten.

CNIC war nach dem Tohoku-Beben wichtig für alle, die nach zuverlässigen, unabhängigen Informationen suchten. Die CNIC-Leute hielten fast täglich Pressekonferenzen ab und schalteten sie

* In der Schweiz sind drei Reaktoren – Gösgen und Beznau I/II – mit MOX bestückt.

Was ist MOX?

MOX ist die Abkürzung für »Mischoxid«, und dies ist wiederum der wissenschaftliche Kurzbegriff für »Uran-Plutonium-Mischoxid«, da die MOX-Brennelemente ein Gemisch aus Uran- und Plutoniumoxid (UO_2 resp. PuO_2) enthalten. Man kann in Leichtwasserreaktoren jedoch keine reinen Plutoniumelemente verwenden, weil diese Reaktoren für den Einsatz von Uran konzipiert sind: Ihre Elemente enthalten normalerweise zu rund 96 Prozent das nicht spaltbare Uran-238 und nur 4 Prozent des spaltbaren Uran-235.

Das Plutonium, das aus abgebrannten Brennelementen stammt, enthält jedoch vor allem Pu-239 und Pu-241, die beide spaltbar sind. Die MOX-Elemente sollen nun möglichst dieselben Eigenschaften wie reine Uranelemente aufweisen. Deshalb nimmt man anstelle von Uran-235 Plutonium (3 bis 6 Prozent) und mischt es mit nicht spaltbarem Uran-238, damit das Verhältnis stimmt.

In der Schweiz setzen Beznau I und II sowie Gösgen MOX-Elemente ein. MOX birgt allerdings zahlreiche Gefahren, unter anderem wird es schwieriger, einen Reaktor zu steuern, und bei einem großen Unfall würde die Umgebung wesentlich stärker verseucht.

Die Anti-Atom-Koalition CAN kritisiert, dass MOX die AKW noch gefährlicher macht: »Weil der Schmelzpunkt von MOX-Brennelementen im Vergleich zu Uran-Brennelementen um 200 bis 400 °C niedriger ist«, könne es sehr viel schneller zu einem schweren Störfall kommen. »Damit steigt die Wahrscheinlichkeit eines schweren Unfalls. Dessen Folgen sind beim Einsatz von MOX-Brennelementen im Vergleich zum Einsatz von Uran-Brennelementen bedeutend schlimmer, weil gefährliche radioaktive Stoffe in größerer Menge in die Umgebung gelangen können.«

Ferner werde das Problem der Langzeitlagerung durch den MOX-Pfad verschärft, weil dabei mehr langlebige Radionuklide produziert würden: »Zum Beispiel entsteht durch den MOX-Einsatz im Vergleich zum Einsatz von Uran-Brennelementen die 6,3-fache Menge Neptunium-237 mit einer Halbwertszeit von 2,14 Millionen Jahren. Wegen seiner größeren Mobilität ist Neptunium-237 besonders gefährlich.«

Bei den MOX-Elementen ist aber auch die Zwischenlagerung erschwert: Da alle Brennelemente, nachdem man sie aus dem Reaktor entfernt hat, noch Wärme entwickeln, muss man sie zwischenlagern, bevor man sie endlagern kann. Bei den gewöhnlichen Uran-Elementen dauert dies dreißig bis vierzig Jahre. MOX-Elemente entwickeln jedoch sehr viel mehr Wärme und müssen bis zu über hundert Jahren zwischengelagert werden.

Quellen: CAN, *Der Plutonium-Wahnsinn*, Zürich, September 1997; Christian Küppers, Michael Sailer, *MOX-Wirtschaft oder die zivile Plutoniumnutzung*, Berlin 1994

aufs Netz. Es waren am Anfang improvisierte Veranstaltungen, mit Flipchart und schnell hingeworfenen Skizzen, um den Leuten draußen zu erklären, wie der Reaktor in Fukushima überhaupt funktioniert und was da alles kaputtgegangen sein könnte.

Auch für ausländische Journalisten war CNIC eine wichtige Informationsquelle, da sie ihre Online-Konferenzen auf Englisch übersetzten und einen englischsprachigen Pressesprecher hatten. Sein Name war Philip White, zehn Tage nach dem Beben hatte ich ihn erstmals kontaktiert. Er mailte umgehend zurück, leider sei er in den nächsten eineinhalb Tagen unterwegs und erst am nächsten Abend wieder in Tokyo zu erreichen: »Das ist das erste Mal, seit der Atomunfall begonnen hat, dass ich für einige Stunden nicht verfügbar bin«, fügte er entschuldigend an.

Wir telefonierten tags darauf, es war schon spät in Tokyo.

Die Frage, die in jenen Tagen umtrieb: Könnte es in Fukushima Daiichi doch noch zu einer Kritikalität kommen – zu einer unkontrollierten nuklearen Kettenreaktion, die große Mengen radioaktives Material herauskatapultiert?

Wenn spaltbares Material in einer bestimmten Menge zusammenkommt, kann eine unkontrollierte Kettenreaktion beginnen. Man spricht deshalb von einer kritischen Masse, ab der die Kettenreaktion der Kernspaltung von selbst anfängt. Bei der Atombombe nutzt man diesen Effekt bewusst, in der Atomindustrie ist die unkontrollierte Kritikalität hingegen ein gefürchtetes Ereignis.

Philip White sagte, die Betreiberin Tepco bestreite, dass es in Fukushima noch zu einer Kritikalität kommen könne. Doch genau das werde in Fachkreisen zurzeit diskutiert, »und man kann es nicht ganz ausschließen«. Am ehesten könnte es in den Becken passieren, in denen der abgebrannte Brennstoff liegt. Selbst wenn es zur Kritikalität käme, müsste man aber nicht mit einer atombombenähnlichen Detonation rechnen, sagte White. Es wären vor

Unkontrollierte Kettenreaktion

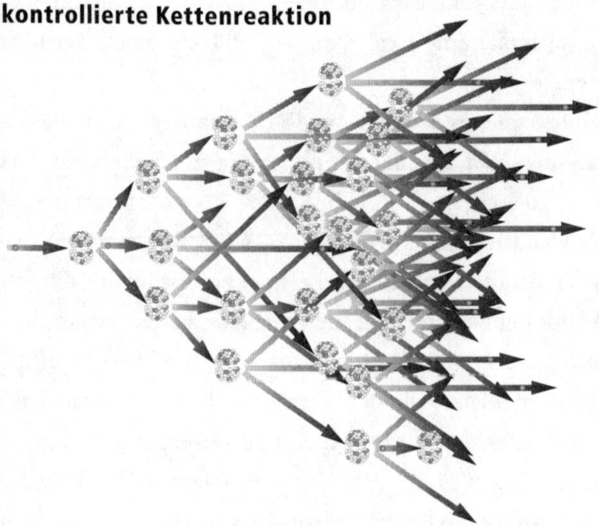

Ein gespaltenes Uranisotop setzt drei Neutronen frei. Diese drei Neutronen treffen erneut auf Uranatome und spalten diese. Es entsteht eine lawinenartige, explosive Kettenreaktion.

Gesteuerte Kettenreaktion

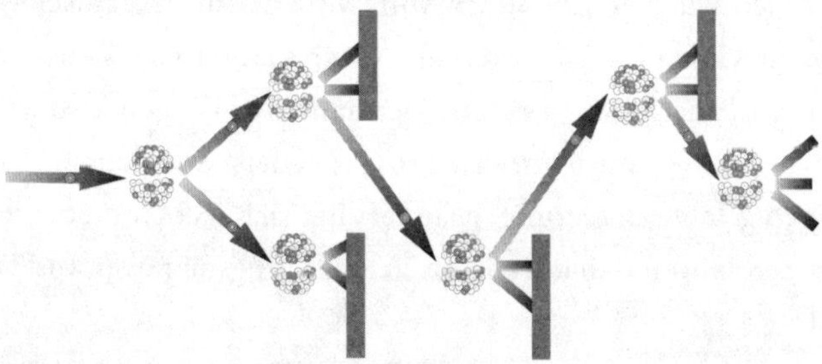

Im Kernreaktor muss man die Kettenreaktion kontrollieren, sonst käme es zu einer gewaltigen Explosion. Das gelingt unter anderem, indem man Steuerstäbe verwendet, die Neutronen »schlucken«. Stecken die Steuerstäbe ganz im Reaktor, ist die Kettenreaktion unterbrochen – weil die meisten Neutronen abgefangen werden. Zieht man sie heraus, beschleunigt sich die Kernspaltung – es wird mehr Energie produziert.

allem kleinere, lokale Explosionen, die zwar Radioaktivität freisetzen, aber nie eine Explosion wie in Tschernobyl verursachen könnten.

White sagte, es sei auch für CNIC schwierig, zuverlässige Informationen über die Lage in Fukushima zu erhalten. Aber das sei ja bei Tepco nicht neu.

Die »Kultur des Fehlverhaltens«, wie CNIC es nennt, hat bei Tepco Tradition. Um nur ein Beispiel zu erwähnen: Kei Sugaka, der früher bei General Electric gearbeitet hatte, war an der Konstruktion des ersten Atomreaktors in Fukushima beteiligt. Im Juli 2000 meldete sich der Techniker beim japanischen Wirtschaftsministerium mit brisanten Enthüllungen über Tepco. Sugaka konnte nachweisen, dass Tepco Probleme beim Betrieb ihrer AKW vertuschte. So hielt die Firma in den 1990er-Jahren dreizehn Risse in der Ummantelung verschiedener ihrer Reaktoren geheim. Es dauerte zwei Jahre, bis das japanische Wirtschaftsministerium auf Sugakas Bericht hin handelte. »Wir brauchten Zeit, um den Status des Whistleblowers abzuklären«, lautete später die Begründung. Tepco wurden schließlich vom Ministerium 29 Fälschungen nachgewiesen – etwa durch die Manipulation von Videoaufnahmen im Innern des Reaktors. Der damalige Firmenpräsident musste zusammen mit vier weiteren Topkadern 2002 zurücktreten. Tepco gelobte Besserung, geändert hat sich jedoch nicht viel, auch in den Jahren danach kamen Vertuschungsmanöver ans Tageslicht.

Der Skandal sei nur die Spitze des Eisbergs gewesen, sagte White, CNIC habe schon seit Jahren kritisiert, dass die japanische Bürokratie nicht willens sei, die Energiekonzerne wirksam zu kontrollieren.

Die Atomaufsichtsbehörde gehe nicht in die Anlagen, sondern überprüfe die Berichte von Tepco lediglich vom Schreibtisch aus. White monierte die große Nähe der Atomkontrollbehörde zu den

Atompromotoren, früher hätten die Kontrolleure und Lobbyisten sogar im gleichen Amt gesessen. Und heute gehören sie immer noch demselben Ministerium an.

Am Telefon klang White jung, in Wirklichkeit war er über fünfzig, ein Australier mit graumeliertem Bart. Er war in den 1990er-Jahre nach Japan umgezogen, um CNIC zu unterstützen. Er sprach auch japanisch und war für die Organisation unbezahlbar. White hat CNIC im Sommer verlassen. Nicht im Streit, sondern aus persönlichen Gründen habe er nach Australien zurück müssen. Seither sind die englischen Informationen versiegt, CNIC hat seinen Draht ins Ausland verloren.

»Keiner weiß, wie es da drinnen aussieht«

An diesem Morgen sitzen wir Baku Nishio und Masako Sawai gegenüber. Baku ist Co-Direktor von CNIC und wird während des ganzen Gespräches still daneben sitzen und nur ab und zu ernst nicken. Das sei oft so, sagt man mir später. In Japan seien die Chefs oft die, die während eines Gespräches am wenigsten reden.

Masako Sawai ist eine Frau um die fünfzig, was man ihr nicht ansieht. Sie startet gleich zu einem fulminanten Referat. Im Kern geht es um Folgendes: Die offizielle Version des Unfallverlaufes lautet: Nach dem Beben schalteten die Reaktoren ordnungsgemäß ab, das Beben selbst konnte den Reaktoren nichts anhaben, was ja eigentlich eine großartige Leistung ist, sind sie doch gar nicht für ein so starkes Beben ausgelegt – danach kam aber der Tsunami, der die Notstromaggregate unter Wasser setzte, weshalb die Notkühlung versagte, dies erst führte zu den Kernschmelzen respektive dazu, dass die Brennstäbe im Abklingbecken von Block 4 nicht mehr ausreichend gekühlt wurden – ohne Tsunami wäre alles in Ordnung geblieben.

Falsch, sagt Sawai, kramt Grafiken und Tabellen hervor, die belegen, dass der Druck im Reaktor 1 viel zu schnell angestiegen sei. Die Analyse stamme von Mitsuhiko Tanaka, der früher als Reaktoringenieur bei Hitachi Ltd. angestellt war und in den Bau von Fukushima Daiichi involviert war. Heute gilt Tanaka als prononcierter Atomkritiker und arbeitet eng mit CNIC zusammen.

Die Kühlung habe bereits infolge des Bebens nicht mehr richtig funktioniert. Vermutlich, sagt Sawai, wurden wichtige Verbindungsrohre abgerissen, weshalb kein Kühlwasser mehr eingespeist werden konnte. Durch die abgerissenen Rohre entstanden Öffnungen im Reaktordruckbehälter, dadurch konnten radioaktive Gase nach draußen entweichen.

Sie sagt, es gebe keine Daten, wie sich die Temperatur im Behälter während der ersten Stunden entwickelt habe. Es gebe zwar welche, aber Tepco wolle sie nicht veröffentlichen, weil sie nicht zu ihrer These passe, erst der Tsunami habe die große Zerstörung in Gang gesetzt: »Tepco behauptet jetzt, die Messgeräte hätten nicht richtig funktioniert, deshalb seien die Daten falsch, deshalb könnten sie nicht publiziert werden.«

Sawai sagt nicht, dass Tepco lügt, aber ihre Gestik sagt es.

Als CNIC kürzlich ein Treffen mit den Atomkontrollbehörden hatten, hätten auch diese eingeräumt, es lasse sich nicht ausschließen, dass schon das Erdbeben die Reaktoren beschädigt hatte, fügt Sawai an.

»Die Ursache wird vermutlich immer ungeklärt bleiben, weil man nie wird hineingehen können, um dies exakt zu untersuchen.«

Kann sich Tepco mit ihrer Variante durchsetzen, können in Japan alle Reaktoren getrost wieder hochgefahren werden, weil sie die schlimmsten Erdbeben aushalten und es reicht, massivere Tsunami-Wälle zu bauen und die Notstromgeneratoren an einem garantiert trockenen Ort zu platzieren. Haben aber die CNIC-Wissenschaftler recht, hätte die Atomwirtschaft ein ernstes Problem, weil die Reaktoren den Erdbeben nicht standhalten.

Tepco behauptet, die Situation in Fukushima Daiichi sei stabil. »Das stimmt vielleicht, aber sie haben eine stabile Notlösung geschaffen. Sie müssen die Reaktorkerne immer noch mit viel Wasser kühlen. Das Wasser kommt direkt mit dem geschmolzenen hochradioaktiven Material in Berührung. Es soll zwar dekontaminiert werden, aber das funktioniert schlechter als erhofft. Das verseuchte Wasser lagern sie dann in Tanks. In großen Tanks, und sie werden noch mehr Tanks brauchen. Wo soll das alles aber einmal endgelagert werden? Keiner weiß es. Es ist eine stabile Notlösung, die zwanzig, dreißig Jahre aufrechterhalten bleiben muss!«

»Und was, wenn noch ein starkes Erdbeben kommt?«

»Dann geht die Notlösung kaputt«, sagt Sawai und lacht, »was sonst noch passiert, kann niemand sagen. Keiner weiß, wie es da drinnen aussieht.«

Es brauche viele Leute, um zwanzig, dreißig Jahre diese Notlösung aufrechtzuerhalten, sagt Sawai, »und sie haben bereits Probleme, Leute zu finden«. Sie kramt ein Blatt hervor, einen Flyer, mit dem Leute gesucht werden, die in Fukushima Daiichi arbeiten möchten. Auf Japanisch steht darauf: »Anwerbung – wohnen und essen gratis! Drei Stunden Arbeit pro Tag für 150 Euro. Auch ältere Menschen.« Vor allem Arbeitslose würden sich melden. Die würden sich ausrechnen, fünfzig Euro pro Stunde sei ja nicht schlecht, wenn man einen Monat dort arbeite, gebe das dreitausend Euro. Viel Geld für Arbeitslose.

Erfahrenes Personal zieht für gewöhnlich von AKW zu AKW, um dort die Revision durchzuführen. Nun sitzen viele in Fukushima fest oder haben schon zu hohe Dosen abbekommen und dürfen gar nicht mehr an heiklen Orten eingesetzt werden. Im Normalbetrieb gilt für AKW-Angestellte eine erlaubte Jahresdosis von 20 Millisievert, im Notfall kann dieser Grenzwert auf 100 erhöht werden, und wenn es darum geht, Menschenleben zu retten, gar auf 250 Millisievert. So ist es fast überall auf der Welt. In Fukushima hat man in den ersten Monaten den Grenzwert für alle Arbeiter auf 250 Millisievert hochgeschraubt – das war übrigens auch in Tschernobyl so. Im März bekamen sechs Angestellte eine noch höhere Dosis ab, fast hundert hatten mehr als 100 Millisievert. Inzwischen hat sich die Lage entspannt, nach den Angaben von Tepco bekommen pro Monat noch zwanzig bis dreißig Arbeiter Dosen von 10 bis 50 Millisievert ab, der Grenzwert wurde im Oktober wieder auf 100 gesenkt. Nicht jedoch für die erfahrenen Fachleute, bei ihnen belässt man den Grenzwert auf 250. Es gibt schlicht zu wenig Spezialisten, die sich in den Reaktoren auskennen, deshalb kann man auf diese Leute nicht verzichten und muss sie zwangsläufig höheren Dosen aussetzen, weil niemand da ist, der sie ersetzen könnte.

CNIC rechnet mit vielen Erkrankungen. Sawai erwähnt den gut dokumentierten Fall eines Angestellten aus Hamaoka. Gleich nach dem Abitur begann er im AKW Hamaoka zu arbeiten. Zehn Jahre später starb er an Leukämie. Weil seine Strahlenbelastung präzise dokumentiert war, anerkannte ein Gericht die Leukämie als Berufskrankheit. Er hatte allerdings in den Jahren, in denen er in Hamaoka war, nur 51 Millisievert abbekommen.

Der Arbeitsschutz in Fukushima Daiichi müsse verbessert werden, sagt Sawai. Die Leute atmeten Radionuklide ein, nur weil sie ihre Masken nicht richtig getragen oder zu spät aufgesetzt hätten. Andere vergaßen, neue Filter in die Atemschutzmasken zu setzen, oder nahmen ihre Jodtabletten nicht rechtzeitig ein. Alles Strahlenbelastungen, die sich bei korrekter Schulung hätten verhindern lassen.

CNIC hat selber keinen Kontak zu Leuten, die als Aufräumarbeiter in Daiichi gearbeitet haben. Man kommt auch nicht einfach an sie heran. Doch immer wieder sickern Geschichten nach draußen. Drei Arbeiter gelangten zum Beispiel an ein deutsches Fernsehteam.

Sie erzählten, es sei auf dem Gelände nichts abgesperrt oder markiert, man wisse nicht, wo die gefährlichen Stellen seien. Wenn er mit seinem Dosimeter in die Nähe des Reaktors komme, zeige das Geräte nur »Error« an, weil die dort herrschende Strahlung seine Kapazitäten übersteige, sagte einer von ihnen. Ein anderer meinte, er würde nur dort arbeiten, weil er sonst keine Arbeit habe. Er mache sich Sorgen, was in zwanzig Jahren sei: »Wenn die Kinder größer sind und viel Geld kosten, wenn ich dann krank bin und nicht mehr arbeiten kann, was wird dann?«

Die Arbeiter zeigen die Verträge, die sie unterschreiben mussten. »Wenn der Vertragspartner diese Arbeit antritt, egal ob innerhalb oder außerhalb des AKW Fukushima Daiichi, muss er in Bezug auf alle Informationen (egal ob schriftlich, mündlich oder durch Bobachtung erlangt) strikte Verschwiegenheit bewahren«, steht darin. Und: »Der Vertragspartner wird niemals Interview- oder sonstige Anfragen von irgendeinem Medium annehmen, egal, ob diese Anfragen die Arbeit betreffen oder nicht.«

Sie erzählten noch, dass man mit der Gefahrenzulage umgerechnet zehn Euro mehr pro Stunde verdiene. Sie wollten das natürlich: »Aber dann unterschreibt man auch, dass man den Arbeitgeber nicht verklagen wird, falls man krank werden sollte.«

Das Fernsehteam hat Tepco damit konfrontiert. Der Pressesprecher meinte höflich, er könne dazu nichts sagen, er kenne die Verträge nicht, weil die Leute von Subunternehmen angestellt würden.

Strahlentod

Noch immer entweichen radioaktive Partikel aus den Reaktoren von Fukushima Daiichi in die Luft, aber auch ins Grundwasser und ins Meer. Erst im Juli fand Tepco an einem Abluftrohr eine Stelle, die mit 10 Sievert pro Stunde strahlt. Eine Stunde dort stehen, und man krepiert erbärmlich.

Ab 500 Millisievert treten die ersten Symptome der Strahlenkrankheit auf, mit Übelkeit und Kopfschmerzen. Ab 2 Sievert beginnt man zu erbrechen, die Haare fallen aus, Männer werden vielleicht steril, aber es ist noch therapierbar. Ab 5 Millisievert wird es böse, da überlebt nur noch die Hälfte, ab 6 Sievert nur noch einer von zehn, alles, was darüber ist, bringt den sicheren Tod.

Japan konnte vor noch gar nicht allzu langer Zeit mitverfolgen, was 10 Sievert einem Menschen antun.

Es geschah am 30. September 1999 in der japanischen Uranfabrik in Tokai-Mura nordöstlich von Tokyo.

An jenem Septembertag waren drei Arbeiter damit beschäftigt, ein Urangemisch in einen Behälter zu schütten. Sie sollten Uranbrennstoff für den experimentellen Schnellen Brüter Joyo (was »ewige Sonne« bedeutet) mischen. Hisashi Ouchi war das erste Mal bei dieser Arbeit dabei. Er hielt den Trichter, durch den die Lösung eingefüllt wurde. »Als sein Kollege den letzten Rest der Uranlösung eingoss, hörte Ouchi einen lauten Knall, begleitet von einem blauen Licht.« Offensichtlich war zu viel spaltbares Uran im Behälter, was eine unkontrollierte atomare Kettenreaktion auslöste, wie Hiroshi Iwamoto schreibt. Der Journalist des japanischen Fernsehsenders NHK hatte 1999 regelmäßig über den Gesundheitszustand der verstrahlten Arbeiter berichtet und danach die Geschichte im Buch *83 Tage. Der langsame Strahlentod des Atomarbeiters Hisashi Ouchi* dokumentiert. *83 Tage* ist kein Buch für Zartbesaitete, denn ionisierende Strahlung tötet brutal und in Zeitlupe.

Die unkontrollierte atomare Kettenreaktion hatte eine hohe Dosis von Neutronenstrahlung freigesetzt, die vor allem die drei Angestellten abbekamen, die sich in der Nähe des Behälters befanden. Doch wurden auch weitere Angestellte verstrahlt, zudem musste die Umgebung der Fabrik evakuiert werden. Es dauerte fast zwanzig Stunden, bis der kleine »ungesicherte Reaktor« – wie er genannt wurde – gezähmt war und die Kettenreaktion gestoppt werden konnte.

Ouchi, der den Trichter gehalten hatte, war am stärksten verstrahlt. Er wurde zuerst in ein Spital in der Region und später ins Universitätsspital von Tokyo verlegt. Auf einen solchen Unfall waren die japanischen Krankenhäuser nicht vorbereitet.

Kazuhiko Maekawa war eigentlich Unfallmediziner und lehrte an der Universität von Tokyo. Kurz zuvor hatte er begonnen, sich mit Atomenergie zu beschäftigen, weil er den Vorsitz einer Taskforce zur Behandlung von Strahlungsunfällen übernommen hatte. Er war es, der sich danach mit allen Mitteln bemühte, das Leben von Ouchi zu retten.

Als Hisashi Ouchi eingeliefert wurde, schien es ihm ordentlich zu gehen. »In keiner Hinsicht sah er aus wie ein kritischer Patient«, nichts habe auf einen ernsten Strahlenschaden hingewiesen, schreibt der Journalist Iwamoto. Medizinprofessor Maekawa erzählte ihm später: »Wenn ich von seinen Strahlenwerten und den ständig abnehmenden Lymphozyten abstrahierte, schien es mir tatsächlich möglich, sein Leben zu retten.« Schon damals warnten ihn Kollegen, es sei ein verlorener Kampf, doch Maekawa war nicht bereit, das zu akzeptieren.

Ouchi wurde in einem sterilen Raum untergebracht. Die hohe Strahlendosis hatte sein zellulares Abwehrsystem lahmgelegt. Denn die hohe Strahlenbelastung macht sich zuerst dort bemerkbar, wo sich Zellen fortlaufend regenerieren – das betrifft unter anderem die weißen Blutkörperchen, die das Immunsystem steuern, aber auch alle Schleimhäute und die Haut selbst.

Ouchi sah noch einigermaßen gesund aus, doch die Laborwerte zeigten bereits, dass seine Haut sich gar nicht mehr erneuern konnte. Und dass sein Körper nicht mehr in der Lage war, weiße Blutkörperchen herzustellen. Ouchis Chromosomen waren unter dem Mikroskop nicht mehr zu erkennen, die Neutronenstrahlung hatte sie zerstört, einige waren geteilt oder mit anderen verschmolzen. »Dass die Chromosomen zerstückelt waren, bedeutete, dass keine neuen Zellen mehr produziert werden konnten. In dem Moment, als Ouchis Körper der Strahlung ausgesetzt worden war, hat er seine Blaupause verloren«, schreibt Iwamoto.

Am fünften Tag nach dem Unfall sagte Hisashi Ouchi: »Ich habe gedacht, ich könnte nach einem Monat oder so aus dem Krankenhaus entlassen werden, aber es dauert wohl länger, was?« Er begann zu begreifen, wie es um ihn stand.

Am siebten Tag transplantierten sie ihm Knochenmark seiner Schwester, in der Hoffnung, Ouchis Immunsystem wieder in Gang zu bringen.

Ouchi war die ganze Zeit freundlich, höflich, gefasst. Doch langsam begann der Horror sichtbar zu werden. Auf der rechten Hand bildeten sich Blasen, die Haut fiel ab. Man konnte nicht einmal mehr Pflaster verwenden, weil die Haut mitkam. Wenn eine Krankenschwester seine Füße wusch und abtrocknete, rieb sie seine Haut mit ab, egal, wie sorgfältig sie vorging.

Der Teil des Körpers, der besonders stark verstrahlt war, bestand bald nur noch aus einer einzigen offenen Wunde. Die Haut hält auch die Flüssigkeit zurück; ohne sie floss Ouchi förmlich aus. Die Ärzte schafften es kaum, die verlorene Flüssigkeit über Infusionen zu ersetzen.

Erst am siebten Tag schrie Ouchi: »Ich kann nicht mehr. Ich

will das nicht mehr. Vergessen Sie die Behandlung. Ich gehe nach Hause.« Erstmals verlor er die Fassung und herrschte das Personal an: »Ich bin doch kein Versuchskaninchen.« Das Pflegepersonal und die Ärzte konnten nicht anders, sie machten weiter. Am elften Tag drohte seine Atmung auszusetzen, weshalb sie einen Schlauch in die Luftröhre einführen mussten, um ihn zu beatmen. Fortan konnte er auch nicht mehr sprechen.

Irgendwann begannen seine inneren Schleimhäute zu bluten. Doch sein Herz war stark und erbrachte über Wochen die Leistung eines Marathonläufers.

Die Ärzte wie das Pflegepersonal fragten sich schon lange, ob es richtig sei, was sie taten. Aufhören ging nicht, auch wenn sie ahnten, dass sie mit der verwendeten Hightech-Medizin das Leiden nur verlängerten. Am 21. Dezember, 83 Tage nach dem Unfall, konnte Ouchi sterben.

Hisashi Ouchis Kollegen, die eine etwas geringere Dosis erwischt hatten, starben Wochen später. Der Unfall war nur passiert, weil die Firma sich über jegliche Sicherheitsmaßnahmen hinweggesetzt hatte, um Geld zu sparen. Zudem waren die Angestellten nicht richtig ausgebildet und mussten unter großem Zeitdruck arbeiten. Die unkontrollierte Kettenreaktion war also das Resultat systematischer Schlamperei. Ouchi traf dabei keine Schuld, er hatte nur Anweisungen ausgeführt. Seine Witwe sagte einige Monate nach seinem Tod: »Das ist vielleicht pessimistisch, aber solange wir weiterhin Kernenergie nutzen, werden sich wahrscheinlich wieder solche Unglücksfälle ereignen. Schließlich liegt sie in den Händen von Menschen, und ich kann mein Misstrauen nicht überwinden.«

Akute Strahlenkrankheit und Langzeitschäden

Nach einem schweren Nuklearunfall können bei Personen, die in kurzer Zeit eine hohe Strahlendosis absorbiert haben, Symptome der akuten Strahlenkrankheit auftreten.

<table>
<tr><th>Zeit nach Bestrahlung</th><th>Gruppe I
6 Sievert</th><th>Gruppe II
ca. 4 Sievert</th><th>Gruppe III
bis ca. 2 Sievert</th></tr>
<tr><td>erste 48 Std.</td><td>Schwindel und Erbrechen nach Minuten oder wenigen Stunden, Krämpfe, Bewusstlosigkeit, Hirntod, bei milderem Verlauf Apathie, Durchfall, Fieber</td><td></td><td></td></tr>
<tr><td>1. Woche</td><td>evtl. kurze Phase ohne Krankheitszeichen
Erbrechen, Durchfall, blutender Schleimhautzerfall in Rachen, Kehlkopf und Darm, hohes Fieber, Appetitlosigkeit, völliger Kräftezerfall</td><td>keine Krankheitszeichen</td><td rowspan="2">keine Krankheitszeichen</td></tr>
<tr><td>2. Woche</td><td>Todesrate 90 bis 100 %
Hauptkrankheitszeichen: schwere Magen-Darm-Störungen</td><td rowspan="2">Haarausfall, Appetitverlust, Durchfall (oft blutig), blutender Schleimhautzerfall in Mund und Rachen. Verlust der weißen Blutkörperchen, Fieber</td></tr>
<tr><td>3. Woche</td><td></td><td rowspan="2">Todesrate 0–5 %
Teilweise Haarausfall
Appetitverlust, Müdigkeit, Schluckbeschwerden, leichter Durchfall, Verminderung der Blutzellen, punktförmige Hautblutungen</td></tr>
<tr><td>4. Woche</td><td></td><td>Todesrate 50 %
Hauptkrankheitszeichen: schwere Blutvergiftung, Gewebezerfall, fehlende Abwehr</td></tr>
</table>

Neben den sofort auftretenden akuten Schäden darf man die Langzeitfolgen von niedrigeren Dosen nicht unterschätzen. Ist zum Beispiel eine Gruppe von Menschen nach einem Nuklearunfall Strahlendosen ausgesetzt, die unter 0,5 Sievert liegen, sollten bei Erwachsenen keine akuten Reaktionen auftreten. Doch ist nachgewiesen, dass nach jeder Strahlenexposition Jahre später stochastische, das heißt zufallsbedingte Folgeschäden – wie Krebs oder Genmutationen – gehäuft auftreten.
Laut Schweizer Strahlenschutzverordnung dürfen nach einem Nuklearunfall Personen, welche mit der Eindämmung des Unfalls betraut sind, im ersten Jahr nicht mehr als 50 Millisievert absorbieren – in Ausnahmefällen, insbesondere um Menschen zu retten, höchstens 250 Millisievert.

Quelle: PSR/IPPNW Schweiz

Der Schnelle Brüter Monju

Hier ist Provinz, das sieht man daran, dass es keine Hochhäuser gibt in Tsuruga. Wir sind in der Fukui-Präfektur, hundert Kilometer nördlich von Kyoto. Die Straßen sind nass, es wird ein verregneter Tag.

Tsuruga liegt an der Wakasa-Bucht, eine Gegend für den Urlaub, mit einer pittoresken Küste und Stränden mit feinem Sand. Wären da nicht die vielen Meiler, 14 Stück auf einer Strecke von nur fünfzig Kilometern: Takahama mit vier Reaktoren, Ohi mit vier, Mihama mit drei, Tsuruga mit zwei. Und dann noch der Schnelle Brüter Monju.

An diesem Morgen versammeln sich zwanzig Männer und Frauen in Tsuruga, die meisten sechzig oder älter, sie repräsentieren den jahrzehntelangen Widerstand gegen Atomkraftwerke in der Wakasa-Bucht. An diesem Morgen wollen sie über den Atomausstieg reden. Die Regierung hat angeordnet, dass alle älteren Reaktoren erst wieder ans Netz dürfen, wenn geklärt ist, was den Unfall in Fukushima Daiichi wirklich verursacht hat.

An der Wakasa-Bucht sind deshalb rund ein halbes Jahr nach dem Tohoku-Beben nur grad vier der vierzehn Reaktoren in Betrieb.

So sieht es im ganzen Land aus: Von den 54 Reaktoren produziert nur ein halbes Dutzend Strom. Man wartet, was geschehen wird. Es sind bange Wochen. Die Anti-AKW Bewegung hofft, dass die alten Meiler nicht mehr ans Netz gelassen werden, wie Deutschland das gemacht hat.

Wenn das so wäre – und davon reden hier alle, die sich den Atomausstieg wünschen –, dann wäre bald in ganz Japan kein einziges Atomkraftwerk mehr in Betrieb, weil auch die neueren Anlagen zwischendurch zwecks Wartung und Reinigung abgestellt werden müssen.

»Das wäre es doch: ein sofortiger, unfreiwilliger Ausstieg – Japan würde allen beweisen: Es geht! Sehr schnell sogar!«, sagt einer der Herren in der Runde. Eine verwegene Hoffnung, aber nicht unmöglich.

Der Mönch meldet sich zu Wort. Er fällt auf mit seiner blauen Arbeitskleidung, den Kopf kahl rasiert. Er sei Abt eines buddhistischen Klosters in der Nähe des AKW Ohi. Die Bürgerbewegung habe es in den 1970er-Jahren zweimal geschafft, Projekte zu stoppen. In den letzten zehn Jahren hätten sie verhindern können, dass ein Zwischenlager für abgebrannte Brennelemente gebaut werde bei Ohi. Er und die Mönche seines Klosters waren stets mit von der Partie.

Ohi gehört zur Stadt Obama, die, umringt von Atomkraftwerken, an der Wakasa-Bucht liegt. Nach dem Unfall in Fukushima Daiichi habe die Stadt die Landesregierung aufgefordert, aus der Atomenergie auszusteigen – als erste Stadt Japans, sagt der Mönch. Wenn er die letzten vierzig Jahre AKW-Geschichte anschaue, komme ihm der Begriff »Geldabhängigkeits-Faschismus« in den Sinn. Er meint damit nicht den Faschismus, wie man ihn in Europa kannte. Er meint die ökonomische Logik, die ein zerstörerisches System aufbaut, welches kaum zu bremsen ist, wie er es ausdrückt. Vierzig Jahre lang habe man einen Sicherheitsmythos aufrechterhalten. Erst jetzt sei er zusammengebrochen. Man habe die Atomanlagen immer möglichst weit weg von den Metropolen gebaut, in wirtschaftlich schwachen Gebieten: »Wenn diejenigen, welche die AKW gebaut haben, geglaubt hätten, dass die Anlagen sicher sind, hätten sie sie nicht fernab der großen Städte bauen müssen«, sagt er. Er fürchte, sagt er noch, bevor er sich wieder setzt, es habe noch nicht gereicht und es gebe ein zweites Fukushima, weil die Menschen schnell vergessen.

Eine ältere Frau im Tweed-Kostüm steht auf und beginnt über

Monju zu reden. Monju der Schnelle Brüter, ähnlich dem Superphénix in Frankreich, der nicht weit weg von Genf stand.

Während der letzten sechzehn Jahre habe Monju keine Kilowattstunde Strom produziert, der Unterhalt habe aber 940 Milliarden Yen verschlungen. Das sind umgerechnet 9,4 Milliarden Euro – für nichts als die Angst, es könnte etwas Schlimmes passieren.

Alle im Raum wissen, wovon die Frau spricht. Monju ist Teil der Plutoniumwirtschaft oder das Kernstück des energetischen Perpetuum mobile. Der Schnelle Brüter hat seinen Namen deshalb bekommen, weil er mehr Brennstoff produzieren soll, als er während des Betriebs verbraucht. Seltsamerweise nennt sich dieser Akt der Vermehrung »brüten«, als ob am Ende Leben entstünde.

In den 1970er-Jahren schwärmte die Atomindustrie von der Bruttechnologie und prophezeite, bis zur Jahrtausendwende würden weltweit über fünfhundert solcher Reaktoren betrieben.

Der Widerstand war jedoch in Frankreich, in Deutschland und in Japan von Anfang an groß, weil man wusste, wie gefährlich Brutreaktoren sind. In einem gewöhnlichen Reaktor stehen die Brennstäbe im Wasser. Im Brüter sind die Plutoniumelemente umgeben von vielen Tonnen Natrium. Das Natrium hat die Eigenschaft, mit Sauerstoff zu reagieren – kommt es mit Luft in Berührung, explodiert und brennt es.

1995 hätte der Pilotreaktor Monju in Betrieb gehen sollen, schon während der Testphase trat jedoch Natrium aus. Die Belegschaft rannte kopflos herum, weil niemand wusste, was zu tun war. Die Hitze stieg, selbst Stahlkonstruktionen verbogen sich. Mehrere Arbeiter mussten, weil sie giftige Dämpfe eingeatmet hatten, ins Spital eingeliefert werden. Erst nach fünf Stunden ließ sich der Brand löschen. Die Behörden verfügten daraufhin die Abschaltung von Monju.

2009 hätte die Anlage wieder bereitstehen sollen. Erneut ging beim Test einiges schief. Zum Beispiel funktionierte ein Detektor nicht, der Natriumleckagen aufspüren sollte. Der Start wurde um ein Jahr verschoben. Am 6. Mai 2010 begann man in Monju wieder mit dem Testbetrieb.

Gut ging es auch diesmal nicht. Die Frau im Tweed-Kostüm erzählt das vorläufig letzte Kapitel des Pannenreaktors: »Im August fiel der Laufkran herunter. Das Vehikel ist 3,3 Tonnen schwer, es stürzte ab, ohne Grund. Dann lag es verkeilt im Reaktorgebäude. Es dauerte fast ein Jahr, bis man das schwere Gerät herauskriegte. Offiziell ruht Monju. Man müsse die Anlage endlich definitiv stilllegen und abbrechen, sagt die Frau, niemand im Raum widerspricht.

Andere treten auf, sprechen von ihren großen und kleinen Kämpfen und Siegen. Es scheint kein AKW zu geben, das nicht seinen Widerstand hat. Aber die Kunde davon dringt nicht nach draußen, weil die nationalen Medien nicht darüber berichten.

Wie in Kaminoseki, von dem Tomoyuki Takada schon früher viel erzählt hat. Kaminoseki ist eine Insel am japanischen Mittelmeer, eine traumhafte Gegend, die »Galapagos von Japan« genannt wird, sagt Takada, weil zahlreiche Fische und Vögel nur dort und nirgendwo sonst zu finden sind.

Auf einer dieser Inseln will die Chugoku Electric Power Company (Chepco) zwei Reaktoren bauen. Die ersten Pläne präsentierte sie 1981. Daraus war zu ersehen, dass Chepco eine Bucht aufschütten wollte, um Land für die Meiler zu gewinnen.

Gleich gegenüber der auserkorenen Baustelle, nur 3,5 Kilometer entfernt, liegt die Insel Iwaishima. Fünfhundert Menschen leben dort, pflanzen auf den Terrassen an den steilen Hängen ihren Reis und fischen. Davon leben sie. Es ist ein ruhiges, karges Leben, aber das wollen sie sich nicht nehmen lassen. Seit dreißig Jahren wehren sie sich nun gegen das geplante AKW. Seit dreißig Jahren gehen sie jeden Montag durch die Straßen ihres Dorfes, tragen Stirnbänder mit Slogans und skandieren Parolen gegen Chepco und Genpatsu, die Atomkraft. Es ist weniger eine Demonstration als eine Prozession des Widerstandes. Als sie mit ihrem Kampf begonnen hatten, waren sie jung, heute sind die meisten sechzig, siebzig oder älter.

Sie waren an jeder offiziellen Bürgerversammlung in der Stadt Kaminoseki dabei, hielten ihre Transparente hoch und riefen ihre Parolen. Sie prozessierten gegen Chepco. Und sie fuhren auch mit den Booten aus, als Chepco im Februar 2011 begann, die Lagune zuzuschütten. Sie blockierten mit den Schiffen die Zufahrt und sie setzten sich auf die Baugeräte. Es war ein letzter, verzweifelter Akt. Die Behörden hatten sämtliche Bewilligungen erteilt, die Gerichte alle Klagen abgewiesen. Es sah aus, als sei der Kampf nach dreißig Jahren verloren. Dann geschah der Unfall in Fukushima Daiichi.

Der Gouverneur der Präfektur bat danach um Zurückhaltung, Chepco hat das Projekt auf Eis gelegt, vorderhand.

Abtrünniger der Nukleargemeinde

Zurück nach Tsuruga. Keiji Kobayashi ist mit Verspätung eingetroffen, man könnte den wachen, stillen Mann als Mister Monju bezeichnen. Er ist schon über siebzig Jahre alt und hat ursprünglich an die Atomkraft geglaubt. In den 1950er-Jahren studierte er Nuklearingenieur, sein Fachgebiet war die Reaktorphysik, seine Spezialität der Schnelle Brüter. Er arbeitete am Reaktorforschungsinstitut der Universität Kyoto. Anfang der 1970er-Jahre strengten AKW-Gegner einen Prozess gegen die Betriebsbewilligung des AKW Ikata auf der Insel Shikoku an. Kobayashi musste damals für das Gericht im Auftrag seines Instituts Gutachten schreiben. Er sagt, zu jener Zeit sei er der Meinung gewesen, es gebe bei den Atomkraftwerken noch technische Probleme, doch die seien lösbar. Die Zweifel stiegen, als er merkte, wie wenig er eigentlich über Radioaktivität wusste. Heute sagt er: »Ich war ein Fachidiot, wusste viel über Reaktorphysik, aber nichts über die Folgen der Strahlung.«

Er begann sich mit John W. Gofman auseinanderzusetzen. Gofman war ursprünglich auch ein Mann der Nukleargemeinde. Er entwickelte als Erster eine Methode, um Plutonium sauber aus abgebranntem Uran herauszutrennen. Er war es auch, der Robert Oppenheimer während des Zweiten Weltkrieges für das US-amerikanische Atombombenprojekt, das sogenannte Manhatten-Projekt, das erste Milligramm Plutonium überreicht hatte.

Danach beschäftigte sich Gofman vor allem mit der biologischen Wirksamkeit von Strahlung. Bald stellte er fest, dass die Behörden das Krebsrisiko massiv unterschätzten, und forderte strengere Grenzwerte. Die US-Behörden sahen durch Gofmans Aktivitäten ihr Rüstungsprogramm bedroht. Da Gofman am Lawrence Livermore Laboratory arbeitete, das sich vor allem mit Staatsgeldern finanzierte, drohte man die Gelder zu kürzen. Gofman musste das Labor verlassen. Er forschte danach an der Universität von Berkeley. In den 1960er-Jahren sorgte er mit einer Studie für Aufsehen, in der er nachwies, dass wegen der Atombombentests in den USA zwischen 1951 und 1961 allein in den USA 400 000 Kinder im ersten Lebensjahr gestorben sind. In den 1990er-Jahren wies er nach, dass 75 Prozent der Brustkrebserkrankungen strahlenbedingt sind – als Folge der Atombombentests, aber auch weil Frauen bei der medizinischen Diagnostik häufig unnötig Strahlendosen ausgesetzt sind.

Kobayashi sagt, Gofman sei sein Sensei, sein Lehrer gewesen. Er holt eine vergilbte Grafik mit Säulendiagrammen hervor. Die linke Säule schießt weit in die Höhe, die anderen Säulen fallen langsam ab und werden immer kleiner. Die linke Säule zeigt, wie groß das Risiko für Babys ist, an Krebs zu erkranken, wenn sie Strahlung ausgesetzt sind. Je älter Menschen werden, desto kleiner sind die Säulen. Als er diese Grafik von Gofman gesehen habe, sagt Kobayashi, habe er begriffen, wie lebensfeindlich die Nuklearttechnologie sei: »Gofmans Theorie war, dass die Niedrigstrahlung vor allem Embryos oder Kleinkinder gefährdet, weil bei ihnen die Zellteilung sehr aktiv ist.« Und das lasse nur einen Schluss zu, sagt Kobayashi: »Je vitaler das menschliche Leben ist, desto gefährdeter ist es, wenn es Strahlung ausgesetzt ist. Diese Erkenntnis hat mein Denken um 180 Grad verändert.«

Zehn Jahre lang trat Kobayashi im Prozess um das AKW Itaka als Gutacher vor Gericht auf. Damals gab er sich aber noch nicht als AKW-Kritiker zu erkennen. Dann kam Monju, einige Leute fochten 1985 die Baubewilligung vor Gericht an. »Da habe ich gewusst: Das ist meine Aufgabe, meine Mission«, sagt Kobayashi, schließlich betraf es sein Spezialgebiet. Er trug dem Gericht in allen Details vor, weshalb Brutreaktoren gefährlich seien: Nicht nur, weil sie mit explosivem Natrium gekühlt werden, sondern weil sie filigraner gebaut werden müssen als andere Reaktoren, was sie bei Erdbeben verletzlicher macht, aber auch, weil mit einem Brutreaktor nicht nur eine Kernschmelze, sondern eine Atomexplosion droht. Kobayashi könnte den ganzen Tag über Schnelle Brüter reden. Aber er lächelt und sagt, er wolle uns nicht langweilen.

Vor erster Instanz verloren sie den Monju-Prozess, doch dann kam die große Überraschung: 1995 folgte das Gericht in zweiter Instanz Kobayashis Argumenten und entschied, die Betriebsbewilligung sei gesetzeswiderig, weil Monju nicht sicher betrieben werden könne. Es war einer der wenigen Triumphe der japanischen Anti-AKW-Bewegung. In all den Jahren hatten sie an die fünfzig Prozesse angestrengt und nur mit Monju in zweiter Instanz gewonnen.* Das oberste Gericht stieß diesen Entscheid dann allerdings 2005 wieder um.

Sein Engagement kostete Kobayashi die Karriere. Er konnte zwar am Reaktorforschungsinstitut bleiben, durfte weiterhin Gutachten verfassen, aber er blieb immer nur ein einfacher wissenschaftlicher Mitarbeiter. Damit war er allerdings nicht allein. Am Institut gab es die sogenannte »Sechsergruppe«, sechs kritische Nuklearexperten, die in all den Jahren die Anti-AKW-Bewegung mit ihren Gutachten vor den Gerichten unterstützten. Zu ihnen gehört auch Hiroaki Koide, der sich wie Kobayashi vom Befürworter zum Kritiker gewandelt hat. Man hat ihre Arbeit in all den Jahren kaum beachtet. Nach dem Unfall in Fukushima Daiichi wurden sie über Nacht berühmt und zu begehrten Interviewpartnern. Kobayashi sagt, er habe sich in der ersten Zeit kaum vor Telefonanrufen von Journalisten retten können. Koide ging es ähnlich, selbst die großen Medien und Fernsehstationen, die ihn stets geschnitten hatten, redeten nun mit ihm. Seine Bücher wurden neu aufgelegt, sein jüngstes Werk *Genpatsu no uso* (Die Lüge der Atomkraft) schaffte es auf die Bestsellerliste.

Das PR-Zentrum Mihama Nuklear

Nach dem Mittagessen macht sich die Gruppe der altgedienten Anti-AKW-Aktivisten gemeinsam von Tsuruga auf zu einer Besichtigungstour, hinauf zum AKW Mihama. Die Attraktion ist nicht das AKW, das kann man nur aus der Ferne sehen. Die drei Reaktoren stehen auf einer Halbinsel. Eine schmale Brücke führt

* Ein Verfahren gegen das AKW Shiga wurde in erster Instanz gewonnen, in zweiter Instanz aber verloren. Acht Verfahren wurden in zweiter Instanz angestrengt, davon wurde nur Monju gewonnen.

hinüber. Ein Wächter mit weißem Helm steht davor und lässt nur passieren, wer die nötige Bewilligung hat.

Sofort beginnt das Fotografieren. Der Wächter reagiert zornig und will es verbieten. Das reizt, bald stehen zehn Leute auf der Straße und fotografieren eine leere, lange, langweilige Brücke. Sie gibt nicht viel her, die Brücke – der wütend gestikulierende Wächter schon. Jemand fragt ihn, aufgrund welchen Gesetzes es verboten sein soll, hier zu fotografieren. Der Wächter grummelt und zieht sich in sein Häuschen zurück.

Gleich neben der Brücke steht ein Gebäude, das einem gestrandeten Raumschiff gleicht. Das »PR-Zentrum Mihama Nuklear«, wie es sich selber nennt.

Die Gruppe bekommt Order, sich in zehn Minuten wieder draußen zu versammeln. Dann geht es hinein in den kleinen Vergnügungspark, in dem fidele Mangafiguren und schwatzende Hologramme einem die Vorzüge der Atomkraft erklären.

Nach zehn Minuten sitzen alle wieder in den Bussen, die Fahrt geht über Hügel und durch kleine Tunnels, bis Monju auftaucht. Die Anlage schmiegt sich an die Küste. Von Weitem könnte man meinen, es sei eine Moschee mit weißer Kuppel und filigranem Turm. Wirklich nah lassen sie einen hier ebenfalls nicht ran.

Auch hier haben sie ein Informationszentrum hingebaut, aber das ist Jahre her, es wirkt alt und heruntergekommen. Beim Eingang hängt ein großes Bild der Göttin Monju, Göttin der Weisheit, die der Anlage ihren Namen leihen musste.

Weiter hinten präsentiert sich ein mannshohes Brütermodell wie eine Art riesige Puppenstube mit Figürchen, Kabeln, Rohren und Reaktor. Es muss Hunderte von Stunden gedauert haben, diesen Spielzeugreaktor zusammenzukleben. Das Einzige, was man daran sofort versteht: Das Gebilde ist endlos komplex und unüberschaubar.

Eine Broschüre auf Englisch berichtet, Monju gehe 2013 in Vollbetrieb. Man wolle 2050 den ersten großen, kommerziellen Schnellen Brüter in Betrieb nehmen. Man sei daran, »eine Technologie mit hohem ökonomischem Potenzial, hoher Zuverlässigkeit und Sicherheit« zu entwickeln. Kein Wort von Problemen.

Der Liebling des Informationspavillons ist »Mr. Pluto«, Herr Plutonium. Ein rundes Männchen mit einem futuristischen grünen Hütchen, das einen kindlich anlacht. Mr. Pluto wurde 1993 von der staatlichen japanischen Atomenergieagentur (JAEA), die Monju betreibt, erschaffen. Die JAEA ließ den zehnminütigen Promotionstrickfilm *Die Geschichte von Plutonium* drehen. Mister Pluto tritt darin auf, erzählt einige »Fakten« und gibt einem kleinen Jungen ein Glas mit Plutonium zu trinken. Der Junge besucht danach die Toilette, kommt zurück und sagt fröhlich: »Fühlt sich großartig an, alles frisch!« Damit wollte die japanische Regierung der Bevölkerung das Brüterprogramm näherbringen.

Aber eben: Ein Mikrogramm Plutonium reicht, um Krebs zu verursachen, kaum ein Stoff auf der Welt ist giftiger.

Käme es in Monju oder einem der anderen AKW an der Wakasa-Bucht zu einem Desaster wie in Fukushima Daiichi, hätte die Kansai-Region ein gröberes Problem. An der Nordküste weht der Wind oft vom Meer ins Landesinnere und würde die radioaktiven Partikel über Kyoto runter nach Osaka verfrachten. Nur wenige Kilometer südlich von Tsuruga, beginnt der Biwa-See, der größte See Japans, der Millionen Menschen mit Trinkwasser versorgt.

Japans Nuklearexport

Japan vertraute seit Jahrzehnten blind auf die Atomkraft, was bei der Geschichte des Landes erstaunen mag. Von sich aus hätte Japan nach dem Krieg vermutlich nie begonnen, AKW zu bauen.

Die USA hatten jedoch eine PR-Maschine angeworfen, die einzigartig war. Sie schafften es binnen wenigen Jahren, aus dem Begriff Atom, der nach Hiroshima und Nagasaki mit Tod und Vernichtung besetzt war, ein »friedliches Atom« zu machen, das mit blühender Natur, lichter Zukunft und Reichtum assoziiert wurde.

Die US-Regierung tat dies sehr bewusst, um den aufkeimenden Widerstand gegen die atomare Aufrüstung und die zahlreichen Atombombentests aus den Schlagzeilen zu vertreiben. Gleichzeitig brauchten die US-Militärs die zivilen Anlagen – aber nicht etwa wegen des Stroms, sondern um ausreichend Plutonium für ihr Atombombenarsenal zu gewinnen.

Eisenhower hielt 1953 vor den Vereinten Nationen eine legendäre Rede und versprach, die USA werde ihr nukleares Wissen mit der Welt teilen und helfen, »die Atomenergie für die Bedürfnisse der Landwirtschaft, der Medizin und anderer friedlicher Aktivitäten nutzbar zu machen«. Alle befreundeten Länder sollten daran teilhaben können. Es war auch Eisenhower, der vorschlug, die Internationale Atomenergieorganisation (IAEO) ins Leben zu rufen, deren zentrales Ziel es sein solle, die zivile Nutzung der Atomkraft zu fördern. Daran hat sich nichts geändert, die UNO-Atomorganisation IAEO ist laut ihrer Präambel bis heute verpflichtet, sich dafür einzusetzen.

Aus jener Zeit stammt auch der Begriff Kernenergie: Atombefürworter würden nie von Atomkraftwerken reden, für sie existieren nur Kernkraftwerke – weil in »Atom« Krieg und Apokalypse mitklingt. »Kern« hingegen ist durch und durch positiv: Äpfel und Birnen haben Kerne, Kerne bringen Leben hervor.

Die eisenhowersche Propagandamaschine ließ in den 1950er-Jahre nichts aus. Die Menschen träumten von einer goldenen Zukunft, die Atomenergie versprach sie ihnen. Jedes Problem ließ sich angeblich mit Atomspaltung lösen: Wälder sollten damit gerodet,

Wüsten begrünt, Autos angetrieben werden. Die Medien waren voll mit irren Vorschlägen. Selbst kleine Atombatterien wurden prophezeit, mit denen man künstliche Herzen oder andere Organe werde antreiben können. Um aus dem bösen ein gutes Atom zu machen, waren den Fantastereien keine Grenzen gesetzt. Niemand hatte die Kraft oder den Einfluss, diese Propagandamaschine zu stoppen.

Sie ergriff auch Japan und steuerte auf hinterhältige Art die Politik. Die *Spiegel*-Autorin Cordula Meyer hat nachgezeichnet, wie dies im Detail ablief. Die USA nahmen sich zwei Verbündete, um überhaupt ins Spiel zu kommen: Der eine war ein eitler, ehrgeiziger Politiker, der andere ein Kriegsverbrecher – Yasuhiro Nakasone und Matsutaro Shoriki. Nakasone wurde später Premierminister und behauptete, er habe alle wichtigen Atomgesetze des Landes initiiert. Shoriki saß ursprünglich wegen seiner Kriegsverbrechen im Gefängnis, die US-Amerikaner ließen ihn frei, weil er ein verlässlicher Antikommunist war. Shoriki entwickelte sich danach zu Japans Medienmogul, er besaß die größte Tageszeitung, Fernsehsender und gute Kontake zum US-amerikanischen Geheimdienst CIA.

Nakasone und Shoriki waren befreundet und machten sich Anfang der 1950er-Jahre gemeinsam stark für den Bau von AKW. Die Bevölkerung zögerte. Worauf die US-Botschaft in Tokyo und die CIA ihre PR-Maschine anwarfen: »Unterstützt von der Zeitung des Ex-Kriegsverbrechers Shoriki bringen sie 1955 das Atom in einer Ausstellung nach Japan zurück. Die Schau reist von Tokyo auch nach Hiroshima und in sechs andere Städte. In Kyoto wollen 155 000 Menschen sehen, wie Atomkraft schier unerschöpflich Strom erzeugen kann«, schreibt Meyer.

Nakasone spielte unverfroren die nationalistische Karte und sagte zu den Abgeordneten: »Japan sollte seine nationale Stärke mithilfe der Atomkraft vergrößern, um einen rechtmäßigen Platz in der internationalen Gemeinschaft zu erlangen.«

Als die erste Kernenergiekommission eingesetzt wurde, erhielt Medienmogul Shoriki den Vorsitz. Meyer schreibt: »Das Amt macht ihn auch gleich zum Staatsminister für Atomenergie. Ein Jahr später hat Japan schon Verträge für zwanzig Reaktoren unterschrieben. Shoriki preist seinen Landsleuten die Atomkraft als friedensstiftend an: Schließlich habe man doch den Zweiten Weltkrieg aus Mangel an Rohstoffen geführt.«

In den 1970er-Jahren formierte sich der erste Widerstand gegen den Bau weiterer AKW. Deshalb bauten die Energieunternehmen später die neuen Reaktoren neben bereits bestehende, weil an diesen Standorten kaum noch Opposition aufkam. Mitte der 1970er-Jahre entwickelte die Regierung zudem ein ausgeklügeltes System, um den Regionen die AKW beliebt zu machen. »Fördermittel werden beim Bau eines Kraftwerkes mindestens fünf Jahre lang an die Gemeinde ausgeschüttet«, schreibt Meyer, »1980 zahlte die Regierung etwa 500 Millionen Euro an AKW-Standorte. Von dem Geld bauen die Gemeinden Straßen, Schulen und schicke Sportplätze. Dörfer und Kleinstädte um Fukushima bekamen seit 1974 die unglaubliche Summe von fast 2,5 Milliarden Euro.« Die Werke haben 11 000 Arbeitsplätze in die Region gebracht. In jeder zweiten Familie arbeitet jemand im Kraftwerk. So schafft man Abhängigkeiten. Dagegen Widerstand zu leisten, ist schier unmöglich. Premier Naoto Kan hat es versucht und es hat ihn das Amt gekostet. Er war der erste Premier des Landes, der nicht aus einer Politikerkaste, sondern aus einer Bürgerbewegung kam. Nachdem das Drama in Fukushima seinen Lauf nahm, äußerte er sich für japanische Verhältnisse ungewöhnlich deutlich. Am Gedenktag von Hiroshima im August 2011 erinnerte Kan nicht nur an die Atombombenopfer, er sprach auch Fukushima an und sagte: »Ich bedaure zutiefst, dass ich an den Sicherheitsmythos der Atomkraft geglaubt habe.« Anfang September trat er zurück.

»Es ist nur ein Satz, aber er bricht mit einer japanischen Lebenslüge«, stellt Cordula Meyer fest, »mit einem Mantra, das die Regierung den Bürgern jahrzehntelang gepredigt hat. Danach gibt es ein böses Atom: jenes der Bombe. Und es gibt ein gutes Atom: Das liefert die Kraft für Japan als Wirtschaftsnation von Weltrang. Auch weil Kan die Lüge aussprach, musste er abtreten. Die Führungselite der beiden großen japanischen Parteien ist nicht bereit für eine solche Einsicht.«

Real lieferten die AKW vor dem Tohoku-Beben knapp dreißig Prozent des Stroms. Die Regierung war gewillt, den CO_2-Ausstoß im Land massiv zu reduzieren und wollte dies mit der Förderung von Atomstrom erreichen. Im »Grundgesetz über Gegenmaßnahmen zur globalen Erwärmung«, das die Regierung 2009 als Entwurf präsentiert hat, steht explizit, der Ausbau der Kernenergie solle vorangetrieben und das »Verständnis und Vertrauen des Volkes« in diese Technologie gefördert werden.

Die JAEA hatte einen Vorschlag ausgearbeitet, wonach der CO_2-Ausstoß (verglichen mit dem Stand im Jahr 2000) bis ins Jahr 2100 um neunzig Prozent reduziert werden sollte. Sie dachte, dies ließe sich erreichen, indem man den Atomstromanteil auf sechzig Prozent anhebt. Man sah dies gleichzeitig als Möglichkeit, sich von ausländischen Ressourcen – wie Erdöl oder Gas – unabhängiger zu machen. Diese fossilen Energieträger liefern über fünfzig Prozent des Stroms und müssen importiert werden. Uran zwar auch, doch JAEA betrachtet Atomstrom als heimische Energiequelle.

Neben den 54 bestehenden Meilern sind noch zwei im Bau und zwölf geplant. Außerdem erlaubten die Sicherheitsbehörden den ältesten Reaktoren wie zum Beispiel Mihama länger am Netz zu bleiben. Obwohl sie nur für eine Betriebsdauer von dreißig Jahren konzipiert wurden, sollen sie fünfzig oder mehr Jahre Strom produzieren.

Der erste Block von Fukushima Daiichi hätte übrigens auch vom Netz sollen, da er seine vierzig Betriebsjahre erreicht hatte. Im Februar 2011 wurde seine Betriebslizenz um zehn Jahre verlängert.

Die Mehrheit der Bevölkerung teilte den atomfreundlichen Kurs der Regierung. Eine Meinungsumfrage aus dem Jahr 2009 ergab: Zwei Drittel der Befragten befürworteten die Nutzung der Atomenergie – vor allem weil sie glaubten, damit lasse sich das Klima schützen. Nur 16 Prozent der Befragten sprachen sich für den Ausstieg Japans aus.

Im Juni 2011 sah es dann ganz anders aus: 74 Prozent unterstützten nach einer Umfrage den schrittweisen Ausstieg aus der Atomenergie. 64 Prozent waren überzeugt, der Strombedarf lasse sich in Zukunft mit erneuerbaren Energien decken.

Nach dem Super-Gau in Fukushima Daiichi spricht niemand mehr vom Bau neuer Reaktoren. Die Pläne sind aber nur sistiert, mehr nicht. Die japanische Atomwirtschaft setzt weiterhin auf die Entwicklung einer neuen Generation von Reaktoren, deren Bau weniger kosten soll, die weniger Brennstoff brauchen, gleichzeitig aber effizienter sind.* Es wären riesige Meiler mit einer Leistung von 1700 bis 1800 Megawatt, größer als alles, was heute auf dem Markt ist.

Vor allem in Asien gibt es zuhauf Pläne, neue AKW zu bauen.

Südkorea will bis 2016 sieben Reaktoren am Netz haben, in China sind 14 in Betrieb, 24 im Bau, und die Regierung will diese Zahl bis 2020 vervierfachen, Indien plant 17 zu bauen. Indonesien und Malaysia und Kuwait wollen ebenfalls ins AKW-Geschäft einsteigen. Die japanische Atomwirtschaft wirkt überall mit. Sie hat auch für das erste neue AKW, das in Europa gebaut wird – den

* In einem älteren Atomkraftwerk verpuffen zwei Drittel der eingesetzten Primärenergie ungenutzt. Bei einem modernen Reaktor sollen vierzig und nicht nur dreißig Prozent der Energie in Strom umgewandelt werden.

Europäischen Druckwasserreaktor EPR im finnischen Olkiluoto – wichtige Bestandteile geliefert. Japan ist das einzige Land, das in der Lage ist, einen so großen EPR-Reaktordruckbehälter zu schmieden.

Selbst wenn es in Japan nicht opportun ist, schon wieder über neue AKW zu reden – das Geschäft lässt man sich nicht nehmen. Im August sagte die japanische Regierung, sie wolle den Export von Nukleartechnologie weiterhin fördern. Auf die Kritik, Japan könne keine Nukleartechnologie verkaufen, solange die Ursache des Unfalls in Fukushima Daiichi nicht eindeutig geklärt sei, meinte das Kabinett: »Primär sind die importierenden Länder für die Sicherheit der Kernkraftwerke verantwortlich.« Und: »Wenn andere Länder wünschen, japanische Nukleartechnologie zu übernehmen, sollten wir diese mit dem höchsten Sicherheitsstandard liefern.«

Im Dezember wurden die entsprechenden Exportverträge im Parlament durchgeboxt. Es sieht aus, als ob die Atomindustrie mit Auslandaufträgen zu überwintern gedenkt, bis die Stimmung in Japan sich wieder aufhellt.

Der Insel geht auch nicht der Strom aus. Alles funktioniert wie üblich, sämtliche Stromrationierungen wurden nach einigen Wochen wieder aufgehoben. Das hängt mit der besonderen Stromversorgung des Landes zusammen. Auf der Hauptinsel Honshu werden zwei unabhängige Stromnetze betrieben, die kaum miteinander vernetzt sind. Der westliche Teil des Landes weist eine Netzfrequenz von 60 Hertz auf, der östliche Teil bis hinauf nach Hokkaido 50 Hertz. Die Grenze verläuft zwischen Tokyo und Kyoto; die neue Hauptstadt bezog Ende des 19. Jahrhunderts die ersten Generatoren aus Deutschland, die mit 50 Hertz liefen, westlich davon wurde ein Stromnetz mit 60-Hertz-Generatoren aus den USA aufgebaut. Die kaum miteinander verknüpften Netze können sich bei Stromknappheit nicht gegenseitig aushelfen. Anders als in Europa, wo das gesamte Stromnetz zusammengehängt ist und man den Strombedarf länderübergreifend regulieren kann, musste Japan stets große Reservekapazitäten bereithalten. Diese Gas- und Kohlekraftwerke sind jetzt auch in Betrieb. Strom ist damit verfügbar, doch versauen die fossilen Kraftwerke die CO_2-Bilanz des Landes. Japan wird seine Klimaschutzziele nicht erreichen können.

Diese Ziele wären erreichbar, wenn sich das Land jetzt den erneuerbaren Energien zuwenden würde. Das Potenzial ist groß. Schon 2006 hat eine Studie aufgezeigt, dass es sehr wohl möglich wäre, das Land mit Wind, Wasser, Sonne und Geothermie innert weniger Jahre nachhaltig zu versorgen. Greenpeace und der European Renewable Energy Council, der Dachverband für erneuerbare Energie, legten im September 2011 noch eine weitere Studie nach.* Sie zeigen darin auf, wie es machbar wäre, schon 2012 sämtliche AKW stillzulegen und trotzdem den CO_2-Ausstoß massiv zurückzuschrauben. Alte Kohle- und Gaskraftwerke müssten durch moderne Wärme-Kraft-Koppelungsanlagen ersetzt und die erneuerbaren Energien strikt gefördert werden. Allein mit erneuerbaren Energien ließen sich bis 2020 über vierzig Prozent des Strombedarfs decken und insgesamt – verglichen mit dem Stand von 1990 – ein Viertel des CO_2-Ausstoßes einsparen. Japan müsste es problemlos schaffen, denn Wind, Sonne und technisches Knowhow gibt es reichlich in diesem Land.

* Studie »Energy rich Japan«, www.energyrichjapan.de, und »The advanced energy [r]evolution – a sustainable energy outlook for Japan«, www.energyblueprint.info.

TEIL II

EIN SUPER-GAU AN DER SCHWEIZERISCH-DEUTSCHEN GRENZE?

Das Regionale Führungsorgan Aare-Rhein

Man hat ein leichtes Rauschen in den Ohren, einen feinen, lästigen Druck in den Schläfen. Das kommt vom vielen Beton rundherum, die Decken und Wände sind monströs dick. Es herrscht beklemmende Stille im Zivilschutzkeller in Leibstadt. Ein fast schon sakraler Ort, der mit Hingabe gepflegt wird und mit allem ausgestattet ist, damit man überleben kann, falls die Welt in Brüche geht.

Kim Kuhn ist der Chef des Regionalen Führungsorgans (RFO) Aare-Rhein und damit Herr über die unterirdische Kommandozentrale. Es gibt im Kanton Aargau 33 solcher RFO, die parat stehen, wenn in der Gegend etwas schiefläuft und Polizei oder Feuerwehr es allein nicht packen. Zum Beispiel bei einem großen Verkehrsunfall oder wenn die Aare über die Ufer zu treten droht.

Kim Kuhn ist auch der Mann, der gefordert wäre, wenn in einem AKW etwas passiert. Leibstadt ist ein kleines Dorf, mit 1300 Einwohnern und Einwohnerinnen. Im Rücken haben sie die letzten Juraausläufer, vorne schauen sie über Waldshut nach Deutschland hinein. In Leibstadt steht direkt neben dem Rhein das neueste AKW der Schweiz. Noch näher an die Grenze hätte man das AKW nicht bauen können. Bei einem Super-GAU bekäme Deutschland vermutlich mehr ab als die Schweiz, aber dafür ist Kim Kuhn nicht zuständig.

Das Eidgenössische Nuklearsicherheitsinspektorat (ENSI) hat bunte Karten gezeichnet, die zeigen, wo die Notfallzonen enden. Zone 1 ist rot eingefärbt und markiert den engsten Bereich um die AKW, mit einem Radius von drei bis fünf Kilometern. Um den roten Fleck ist ein gelber Kreis gezeichnet, die Zwanzig-Kilometer-Zone, auch Zone 2 genannt.

Auf der Schweizer Landkarte finden sich an drei Stellen solche Zonen: eine rund um das AKW Mühleberg, wobei die Stadt Bern mitten im gelben Kreis liegt. Eine zweite um das AKW Gösgen, die von Olten bis Brugg und hinauf bis zum Sempachersee respektive hinunter bis fast nach Basel reicht. Und dann noch die Zone von Kim Kuhn, dem Atom-Hot-Spot der Schweiz: In der roten Fünf-Kilometer-Zone finden sich neben dem AKW Leibstadt noch die beiden alten Reaktoren von Beznau, das Paul-Scherrer-Institut, das Atomforschung betreibt, und das Zwischenlager, das allen anfallenden radioaktiven Müll der Schweiz aufnimmt, bis ein Endlager zur Verfügung steht, was Jahrzehnte dauern wird. Der Zwanzig-Kilometer-Kreis reicht hier von Aarau bis in die Vororte von Zürich hinein, wobei eigenartigerweise der Kreis ins Limmattal nach knapp 16 Kilometern endet und die bevölkerungsreichen Gemeinden Spreitenbach und Dietikon ausspart. Genau genommen ist es auch nur ein Halbkreis, weil die andere Hälfte in Deutschland liegt. Müsste man, wie man das in Tschernobyl getan hat, gar eine Dreißig-Kilometer-Sperrzone einrichten, würde diese mitten in Zürich enden.

Kuhn ist Mitte vierzig und betreibt seine eigene Firma. Er berät unter anderem Firmen in Sicherheitsfragen und ist spezialisiert für Gefahrenguttransporte. Früher war Kuhn Berufsoffizier und arbeitete im ABC-Labor in Spiez als Instruktor. Das Labor nennt sich »Fachinstitut für den Schutz vor atomaren, biologischen und chemischen (ABC) Bedrohungen und Gefahren«, Kuhn weiß also genau, welche Gefahr Radioaktivität bergen kann.

Im Zivilschutzbunker lassen wir uns im Kommandoraum nieder, ein weiß gestrichener Sitzungsraum mit Neonröhren und fernab von Tageslicht. In der Ecke steht ein Drucker, in der Mitte ein schlichter großer Tisch, an dem zwanzig Leute sitzen könnten, an einer Wand hängt ein großer Flachbildschirm, an den anderen Wänden Checklisten und eine Karte vom Einsatzgebiet.

Das RFO besteht aus Profis, die sich in ihrer Freizeit darum kümmern, dass sich im Katastrophenfall das Desaster in Grenzen hält. Vertreter der Sanität, der Polizei, der Feuerwehr, einer vom Zivilschutz und ein Pensionierter von der Werkfeuerwehr von Beznau sind dabei. Alle leben in der Gegend.

Schwierig sei es, junge Leute zu finden, sagt Kuhn. Man arbeite sie ein, ein halbes Jahr später hätten sie einen neuen Job und zögen weg. Kuhn investiert einen Tag pro Woche für das RFO und bekommt 5000 Franken im Jahr. Wäre es nicht so ernst, könnte man es als zeitaufwendiges Hobby bezeichnen.

Die kleineren Katastrophen und Havarien managt das RFO selbst. Bei einem Super-GAU sähe es anders aus, dann wären sie nur noch Befehlsempfänger, sagt Kuhn: »Der Bund ordnet an, was zu tun ist, wir setzten dann vor Ort die Feinheiten um.« Sie sorgen dafür, dass auch im Chaos die Maschine läuft, dass Essen da ist für die Rettungsmannschaften, dass das Benzin nicht ausgeht. Sie wären auch für die Evakuierung zuständig.

Im Atomnotfall würden Kuhn und seine Männer ihre alltägliche Arbeit sofort fallen lassen und nach Leibstadt in den Zivilschutzbunker fahren. Binnen 45 Minuten wären sie bereit und hätten ihre Einsatzstruktur hochgefahren, sagt Kuhn.

Gilt es wirklich ernst, folgt der »allgemeine Alarm«. Die Sirenen heulen eine Minute, verstummen zwei Minuten, heulen eine Minute, verstummen, heulen. Das wäre der Moment, wo man das Radio einschalten müsste.

»Beim ersten Sirenengeheul passiert gar nichts, weil alle glauben, das sei ein Fehlalarm«, sagt Kuhn. Danach ist der Teufel los. »Dann bricht sofort das Telefonnetz zusammen«, weil alle wissen wollen, wie es ihren Liebsten geht. Deshalb kappe der Bund in einer solchen Situation die Telefonleitungen: »Wir von der RFO verfügen über privilegierte Handynummern, wir werden noch telefonieren können.«

Kuhns Gebiet erstreckt sich über rund sechzig Quadratkilometer. 15 000 Menschen wohnen darin, 5000 seien permanent hier, 10 000 pendelten nach Baden oder Zürich zur Arbeit. »Ein Teil der Leute wird sich sicher so schnell wie möglich wegbewegen«, sagt Kuhn. Er nennt sie die Selbstweggeher. »Raus lassen wir alle. Man darf und soll gehen. Aber rein sollte man nicht mehr.« Damit beginnt ein erstes Problem. Zone 1 wäre dann verbotene Zone. Es werde aber immer Leute geben, die zurückwollten, man solle den Willen der Leute, ihr Hab und Gut zu schützen, nicht unterschätzen, sagt Kuhn. Ursprünglich habe man gedacht, man werde jedes Sträßchen kontrollieren. Davon ist man abgekommen: »Wir würden noch patrouillieren, mehr nicht. Wenn jemand bewusst reinwill, wird er es ohnehin schaffen.«

Was aber, wenn bei den Leuten zu Hause das Telefon nicht mehr funktioniert, Strom gibt es vielleicht keinen mehr, die Batterien des Radios sind leer, was dann? »Wie stellen Sie sicher, dass alle mitbekommen, dass sie ihre Sachen packen und wegziehen müssen?«

»Wir würden mit Autos und Megafons durch die Gegend fahren und die Leute informieren, wo und wann sie sich für die Evakuierung bereithalten sollen.«

»Und wenn Leute nicht wegwollen?«

»Das gibt es immer wieder. Ältere Menschen, die zum Beispiel ihre Haustiere nicht im Stich lassen wollen.«

»Was wäre mit den Haustieren?«

»Wir wären nicht in der Lage, alle mitzunehmen. Sie müssten sie zurücklassen! Das ist eine ganz große Problematik. Es gibt viele Leute, denen ist ihr Haustier wichtiger als ihre Gesundheit.«

»Und das Vieh?«

»Ich bin sicher, dass die Kühe weggebracht würden. Die Bauern würden vermutlich sehr schnell den Transport selber organisieren.«

»Das dürften sie?«

»Ja. Niemand hat die Pflicht, zu uns zu kommen.«

»Was tun Sie, wenn sich jemand verschanzt und nicht öffnet? Würden Sie zwangsräumen?«

»Nein, sicher nicht. Wir brechen auch keine Türen auf. Wir klopfen und schauen, ob jemand da ist. Wenn sich jemand versteckt, dann tut er das halt.«

»Wie bringt man die Leute weg?«

»Wir haben Verträge mit Transportunternehmen und Bauunternehmen. Bei Bedarf wird man jedes verfügbare Fahrzeug nehmen, um Leute rauszubringen. Wenn es sein muss, kann man Leute auch mit einem Muldenkipper transportieren.«

In jedem Haushalt gebe es im Durchschnitt ein Auto. Viele würden vermutlich selber wegfahren.

Entsteht nicht Panik? Ein riesiges Verkehrschaos?

Für die Verkehrsregelung sei der Kanton zuständig, da gebe es ein Konzept. Schon möglich, dass es bereits an der zweiten Kreuzung zu einem Kollaps komme, sagt Kuhn: »Andererseits arbeiten viele hier in einem der AKW. Die sind täglich mit dem Thema Radioaktivität konfrontiert. Mit der Routine verliert man die Angst, die rennen nicht einfach panisch davon.«

Tagsüber sei es auch weniger ein Problem, weil ein Großteil der Leute gar nicht hier sei: »Aber nachts, wenn alle schlafen …, da wäre es verwegen zu sagen, wir hätten es im Griff«, sagt er nachdenklich. In Japan hätten sich die Leute sehr beherrscht verhalten: »Ich bin mir nicht sicher, ob das hier auch so wäre – man sieht ja, wie die Leute sich zum Teil in den Stadien benehmen.«

Im Katastrophenfall säßen also Kuhn und seine Männer unten im dichten Zivilschutzbunker und versuchten den Überblick zu behalten. Es gibt Handyempfang, dicke Datenleitungen verbinden den Kommandoraum mit allen wichtigen kantonalen und Bundesstellen. Eine Filteranlage sorgt für saubere Luft, es gibt Betten, Duschen und eine Küche. Man könnte mehrere Wochen überleben. Und wenn es zu arg käme, könnten die RFO-Leute ihren Standort verlegen. Hört man Kuhn zu, glaubt man, dass das RFO gegen jede Unbill gerüstet ist.

Was aber wäre bei einem Unfall, der das Ausmaß von Tschernobyl hätte? Dort hatte es vermutlich den größten Teil des Reaktorkerns hinauskatapultiert, Brocken der Brennstäbe lagen im Freien herum. 600 000 bis 800 000 Mann waren am Ende mit den Aufräumarbeiten beschäftigt. Wer würde das in Europa tun? Die sowjetische Regierung hat den Soldaten den Einsatz befohlen. Niemand konnte sich drücken. Das war menschenverachtend, aber hilfreich, um die Katastrophe einzudämmen. Wie wäre das bei uns?

Kuhn schaut einem bei diesen Fragen direkt an und sagt ohne zu zögern: »Würde in Leibstadt ein Unfall passieren wie in Tschernobyl, da fehlte nachher eine ganze Region. Dieses Gebiet würde es auf der Landkarte nachher nicht mehr geben – hinunter bis nach Basel und in den Schwarzwald hinein. Da darf man sich nichts vormachen.«

»Sehen Sie«, fährt er fort, »ich sag es ganz ehrlich: Wenn in Leibstadt wirklich ein Unfall mit großer Freisetzung stattfinden würde – dann würde man einen Zirkel nehmen, einen Kreis darum ziehen und sagen: Da geht niemand mehr rein! Wir gehen nicht mal mehr rein, um den Leuten zu helfen. Wir werden sie dem Schicksal überlassen. Wir können nur denen helfen, die aus eigenen Kräften herauskommen.«

Darüber hätten sie in der RFO heftig diskutiert, er sei immer der Meinung gewesen, dass man offen darüber reden müsse: »Es ist brutal, sich einzugestehen, dass man nichts mehr machen kann, aber wenn ein solches Ereignis passiert, ist man hilflos.«

»Würde man Soldaten zwangsverpflichten?«

»Das kann ich mir nicht vorstellen. Das bräuchte ja fast Kriegsrecht. Was tut man, wenn sich die Leute weigern zu gehen? Wohl kaum standrechtlich erschießen.«

Er könne sich auch vorstellen, dass fünfzig Prozent seiner Kaderleute nicht in den Einsatz kommen würden. Damit müsse man sich auseinandersetzen: »Ich bin nicht einmal sicher, ob ich selbst käme, wenn es wirklich passiert. Ich habe zwar mit meiner Frau darüber gesprochen und wir haben abgemacht, dass sie mit den Kindern geht und ich meinen Job hier mache. Aber wenn es wirklich so weit ist, weiß man nie, wie man reagiert.«

Gewisse Dinge könne man nicht üben und ein Ernstfall sei anders als eine Übung. »Übungen dauern nie länger als einen Tag. Dann sind alle müde und erschöpft – aber nach 24 Stunden wäre es nicht vorbei, im Gegenteil, dann würden die großen Probleme erst beginnen. Was tun wir mit den Leuten, was tun wir mit ihnen, wenn die Evakuierung Wochen oder Jahre dauert? Das ist alles noch nicht zu Ende gedacht.«

Wenn man fragt, wie er es denn mit den AKW halte, sagt er, man müsse sich von dieser Technologie verabschieden. »Es kann immer eine Verkettung von unglücklichen Umständen geben, die dann zu einem großen Unglück führen.« Er habe das schon nach Tschernobyl verstanden; er hätte kein zweites Unglück gebraucht, um zur Einsicht zu gelangen. Es müsse möglich sein, klügere Formen der Energiegewinnung zu finden. »Doch die Frage, ob jemand für oder gegen Kernenergie ist, halten wir konsequent aus dem RFO heraus. Wir bekämen nur Streit – und für unsere Aufgaben ist es eine irrelevante Frage.«

Dann wird Kuhn wieder ganz pragmatisch. In der Wolkenphase sei es das klügste, zu tauchen: »Fenster schließen, runter in den Keller oder den Schutzraum. Das bringt schon sehr viel. Die Schutzräume haben zwar keine Filter, wichtig wäre – und das wissen leider viele Leute nicht –, dass man den Gitterrost über dem Schutzkellerfenster mit einem Leintuch abdeckt. Das hält viele Radionuklide zurück. Ist simpel, hilft aber.« Unten im Keller sei man tipptopp geschützt – bis die Wolkenphase vorbei sei.

Wenn die Katastrophe eintritt ...

Früher sprach man von Katastrophenschutz, weil aber nicht die Katastrophe, sondern die Menschen geschützt werden sollen, ist der Begriff heute verpönt. Man spricht jetzt vom Bevölkerungsschutz. Die Bevölkerungsschützer gehen nun davon aus, dass ein schwerer Reaktorunfall zwei Phasen hat: die Wolkenphase und die Bodenphasen. Um das zu erklären, muss man ein bisschen ausholen.

In der Schweiz hat die Atomaufsichtbehörde klare Ideen, wie ein schwerer Unfall abläuft. Diese Ideen packte sie in verschiedene Szenarien, und danach richten sich die geplanten Notfallmaßnahmen.

Die Szenarien folgen einem Drehbuch: In einem AKW passiert etwas Unvorhergesehenes, ein »Ereignis«, wie die Behörden es nennen, damit beginnen die Probleme im Reaktor, er überhitzt sich, die Brennstäbe bekommen erste Schäden – an diesem Punkt informieren die AKW-Betreiber die Sicherheitsbehörden, wonach der Bund eine »Warnung« herausgibt – die erreicht aber nur die

Bevölkerungsschützer, nicht die Bevölkerung. Das wäre der Moment, in dem Kim Kuhn und seine Männer im Schutzraum in Leibstadt aktiv werden würden.

Derweil im Reaktor der Unfall seinen Verlauf nimmt, es kommt zum »Kernschaden«, kurz darauf ordnet der Bund an, die Sirenen einzuschalten. Zwischen der Warnung und dem Sirenenalarm sollten mindesten zwei Stunden liegen, sonst geht der Plan nicht auf.

Danach bräuchte man nochmals mindestens zwei Stunden, um die Leute wegzubringen. Mindestens fünfzehn Minuten später würde die »gefahrbringende Abgabe radioaktiver Stoffe an die Umwelt« stattfinden. Das wäre dann die sogenannte Wolkenphase: Strahlende Edelgase, radioaktives Jod und andere Partikel kommen aus dem Reaktor, hängen in der Luft und ziehen als Wolke übers Land. Vielleicht bleiben sie an einem Abhang hängen oder der Regen wäscht sie irgendwo aus. Damit beginnt die sogenannte Bodenphase, die strahlenden Partikel sind auf den Wiesen, in den Bäumen, auf den Hausdächern und Spielplätzen gelandet und bleiben liegen.

Die Atomaufsichtsbehörde, das Eidgenössische Nuklearsicherheitsinspektorat (ENSI), hat sich drei Szenarien ausgedacht, die es 2006 publizierte. Szenario A1 geht vom harmlosesten Verlauf aus, der Kern bleibt ganz, nichts geht raus. Szenario A2 rechnet damit, dass der Kern ein bisschen kaputtgeht. Im Containment, der Schutzhülle um den Reaktor, steigt der Druck, man muss deshalb die Gase, die sich darin angesammelt haben, irgendwann ablassen – zu diesem Zweck macht man ein Venting, wie wenn man beim Dampfkochtopf auf das Ventil drückt und der Dampf rauszischt. Dadurch gelangen größere Mengen radioaktiver Gase in die Umgebung. Weil man es menschenfreundlich machen möchte, plant man das Venting so, dass die Leute aus der betroffenen Zone weggebracht werden können, bevor man den Dampf herauslässt. Mit komplexen Computerprogrammen wird danach errechnet, wohin Wind und Wetter in der geplanten Zeit die strahlende Fracht tragen. Nieselt es, bleibt die Wolke über dem AKW hängen, bläst ein strammer Westwind, zöge die Wolke im Fall von Leibstadt und Beznau direkt nach Deutschland. Es kann aber auch sein, dass sie zuerst nach Westen zieht, nach einigen Kilometern kehrtmacht und zurück in die Schweiz zieht.

Am Tag der Katastrophe würde man aufgrund solcher Berechnungen feststellen, welcher Sektor der Zwanzig-Kilometer-Zone vorsorglich evakuiert werden müsste. Das Szenario sagt auch, dass die Freisetzung nach sechs Stunden beginnt und acht Stunden dauern wird.

Szenario A3 stellt die schlimmste Variante dar, die sich die Atombehörde vorstellen will. Es geht davon aus, dass das Venting nicht richtig funktioniert und eine größere Menge Radioaktivität nach draußen gelangt. Ansonsten bleibt alles gleich wie bei Szenario A2: Die Freisetzung beginnt sechs Stunden nach dem Ereignis und dauert ebenfalls acht Stunden. Es verlassen nur radioaktive Edelgase und Jod das AKW. Die übleren Radionuklide wie Cäsium oder Strontium, die ein Gebiet während Jahren unbewohnbar machen können, bleiben gemäß diesem Szenario tunlichst im Reaktor.

Bei allen drei Szenarien wurde fleißig gerechnet, um letztlich eine imposante Illusion aufzubauen, die neben der Realität naiv wirkt. In Fukushima fand nicht eine, sondern gleich mehrere Freisetzungen statt, die erste vermutlich am 13. Februar. Es gab sicher ein Venting, aber woher das Cäsium stammt, das in hoher Konzentration bis nach Iitate-Mura getragen wurde und sich über weite Teile des Landes verteilte, ist nicht geklärt. Die intensivste Wolkenphase fand am 15. März statt, vier Tage nach dem »Ereignis«.

Der wichtigste Punkt ist jedoch ein ganz anderer: das Durcheinander im Werk. Es ist in einem AKW nicht einfach, die Katastrophe zu erkennen, selbst wenn man mittendrin steckt. Das müsste man aber, um die richtigen Maßnahmen zu ergreifen.

In Fukushima hatte wahrscheinlich während Stunden, ja Tagen niemand den Überblick. In Tschernobyl war es auch so, und es lässt sich bis in alle Details erzählen, wie die Mannschaft in den ersten Stunden blind agierte. Es gibt nur wenige Leute, die am 26. April, am Morgen nachdem der Reaktor explodiert war, nahe dran waren. Anatoli Rasskasow war einer von ihnen, ich traf ihn 2006 mehr zufällig. Zwanzig Jahre lang hatte er geschwiegen. Er war schon sehr krank und wollte endlich erzählen, was er in jenen ersten Stunden in Tschernobyl erlebt hatte.

Rasskasow war der Werkfotograf von Tschernobyl und wohnte seit 1973 in Pripjat. Er war ein überzeugter Sowjetmensch, er liebte sein AKW, seine Arbeit und tat, was man ihm sagte. Am Morgen des 26. April ging er wie gewöhnlich zur Arbeit. Man befahl ihm, möglichst nahe ans zerstörte Gebäude heranzugehen und zu fotografieren. Er sah, da war etwas passiert, doch was genau, wusste er nicht und auch sonst keiner, der an jenem Morgen vor dem AKW stand. Er ging ums AKW herum, zusammen mit einem Dosimetristen. Er fotografierte die Trümmer, die auf dem Boden lagen. Was er fotografierte, wusste er nicht. Etwa um zwei Uhr nachmittags schickte der Notfallstab Rasskasow – zusammen mit zwei Offizieren und zwei Zivilisten – mit einem Helikopter auf einen Flug über den Reaktor. Sie mussten fliegen, weil der Notfallstab wissen wollte, was da los war. Denn wenn das Unvorstellbare passiert, braucht es seine Zeit, bis man begreift, dass es wirklich passiert ist. Und wenn man es endlich glaubt, kennt man das Ausmaß der Zerstörung noch lange nicht. Von unten sah man nur die Wand des geborstenen Reaktors. Die Leitungen, die lose herunterhingen, die

Trümmer und den Rauch. Der Notfallstab brauchte auch Fotos, um nach Moskau rapportieren zu können.

Rasskasow erzählte, wie sie im Helikopter saßen und er durch die Fenster keine guten Bilder machen konnte. Er schlug vor, das Fenster zu öffnen, der Helikopterpilot und die Offiziere hätten opponiert. Doch einer der Zivilisten sagte: »Warum fliegen wir, wenn wir nichts sehen – öffnet das Fenster!« Rasskasow beugte sich hinaus. Ein Militär hielt ihn an den Beinen, während er fotografierte. Es war unglaublich, berichtete Rasskasow: »Der Reaktor strahlte wie ein großer, heller Spot. So etwas hat außer uns noch nie jemand auf der Welt gesehen.«

Rasskasow entwickelte seine Bilder in seinem Labor in Pripjat. Von mehreren Filmen waren tatsächlich die meisten schwarz. »Mir wurde heiß und kalt«, sagt Rasskasow, »ich fürchtete schon, meinen Auftrag nicht richtig erfüllt zu haben.« Die Strahlung hatte die Bilder allerdings nicht während des Fluges zerstört, sondern als er am Boden Trümmer fotografierte. Die Trümmer waren hochradioaktive Grafitbrocken, die aus dem Reaktor katapultiert worden waren. Acht seiner Fotos waren schließlich brauchbar. Er übergab sie – inklusive Negative – den Mitarbeitern des Notfallstabes. Als diese die Bilder sahen, hätten sie beschlossen, Pripjat zu evakuieren. Das war am späten Nachmittag des 26. April. Es war nicht sowjetischer Zynismus, dass man die Stadt erst nach 48 Stunden räumte, es war nackte Überforderung – man wusste nicht, was los war.

Wenn die Katastrophe eintritt, nimmt sie immer andere Gestalt an, als man erwartet. Aber einige Dinge sollte man aus Tschernobyl und Fukushima gelernt haben: Der radioaktive Niederschlag hält sich nicht an Kreise. Die strahlende Wolke kann in vierzig, sechzig oder zweihundert Kilometer Entfernung niedergehen, wie es dem Wetter grad passt.

Tschernobyl-Fallout in Europa

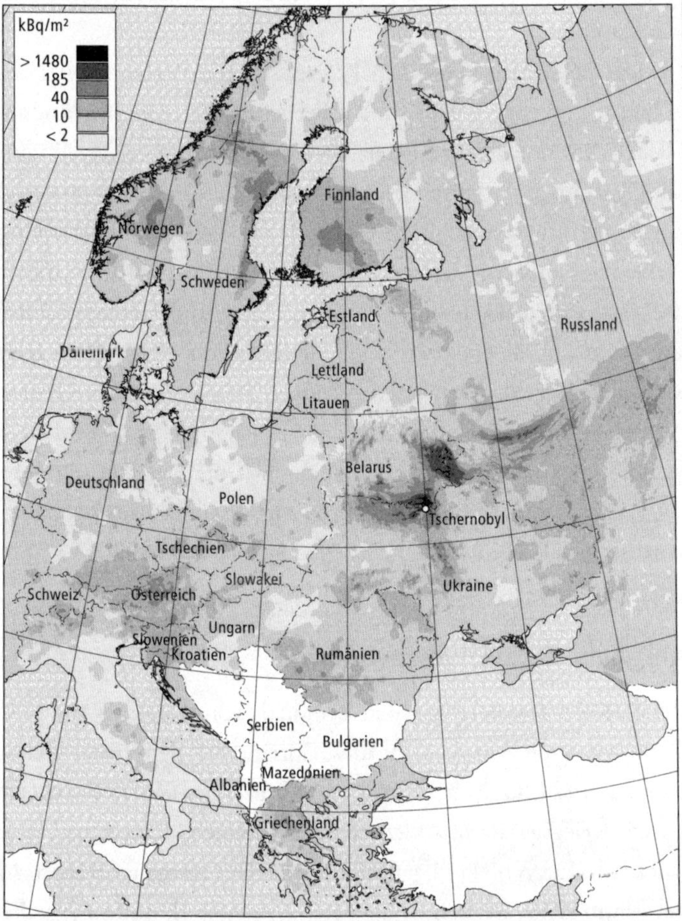

Durch die Explosion von Reaktor vier, wurden die Radionuklide hoch in die Atmosphäre geschleudert und mit dem Wind über weite Distanzen verteilt. Der Fallout, der radioaktive Niederschlag, traf neben der Ukraine, Belarus und Russland vor allem Skandinavien, aber auch Süddeutschland, große Teile Österreichs und die Südschweiz.

Quelle: UNSCEAR

Und Fukushima lehrt: Es ist oft eine Kombination verschiedener Faktoren, die zur Katastrophe führen – eben ein Erdbeben *und* ein Tsunami.

Das ENSI hielt bei seinen Referenzszenarien aber explizit fest, schwere Erdbeben würden nicht berücksichtigt. Die Begründung: »Sehr schwere Erdbeben haben Konsequenzen, deren Bewältigung die Organe des Notfallschutzes vor weit größere Probleme stellen als die zusätzliche radiologische Gefährdung. Die Rettung beziehungsweise medizinische Versorgung von Verschütteten hat in diesem Fall erste Priorität.« Terroristische Anschläge und Sabotage schließt die Atombehörde ebenfalls aus, weil »Kernkraftwerke so ausgelegt sind, dass sie entsprechenden Aktionen zu einem hohen Grad widerstehen können«. Und an Krieg will es schon gar nicht denken. Es schreibt dazu: »Auch hier gilt jedoch, dass die Bevölkerung durch die kriegerischen Aktionen größeren Auswirkungen ausgesetzt sein wird als durch die zusätzliche freigesetzte Radioaktivität.«

Aargauer Katastrophenvorsorge

René Müller residiert im alten Zeughaus von Aarau. Wäre da im Gang vor seinem Büro nicht diese Vitrine mit den vielen kleinen Panzern und Haubitzen, es sähe aus wie in irgendeinem Bürogebäude. Die Kriegsgeräte sind klein wie Marienkäfer, kleine Kunstwerke, jedes einzelne von Hand gefertigt, von einem Aargauer Bürger. Als der Mann starb, wollte niemand sein Lebenswerk und so erhielten die Kriegsgeräte im alten Zeughaus Asyl, wie Müller später erzählt.

René Müller hat eigentlich keine Zeit. Am Tag zuvor hatte die Polizei seinen Stellvertreter, einen Feuerwehrkommandanten, festgenommen. Die Geschichte schaffte es auf die Front des Boulevardblatts *Blick*. Man vermutet finanzielle Unregelmäßigkeit. Müller sagt, es habe ihn schon überrascht, er habe nichts geahnt.

Er nimmt sich an diesem Tag trotzdem Zeit, um zu erklären, wie der Kanton für Katastrophen gerüstet ist, und beginnt mit einem Vortrag, den er sorgsam vorbereitete hat.

Müller ist Leiter der Sektion Katastrophenvorsorge und Stabschef Kantonaler Führungsstab. Dieser Stab ist ein komplexes Gebilde, mit Organigrammen, die nur Eingeweihte verstehen. Zuoberst steht der Regierungsrat, darunter der Kantonale Führungsstab, daneben das Kantonale Katastropheneinsatzelement, zudem sind Polizei, Feuerwehr, Gesundheitswesen, Zivilschutz und die technischen Betriebe mit dabei.

Müller geht im Schnellzugstempo durch einen breiten Katalog von schrecklichen Unglücken, die den Kanton heimsuchen könnten und alle in einer sogenannten Gefährdungsanalyse aufgelistet sind. Das reicht von großer Trockenheit über gigantische Hochwasser bis zu Staudammbrüchen oder Brandinfernos mit vielen Verletzten. Erst kürzlich hätten sie ausrücken müssen, sagt er, weil bei einer Großbäckerei giftiges Kühlgas ausgetreten war. Fünfzig Menschen waren betroffen. Sie stellten ein Sanitätszelt auf und versorgten die harmloseren Fälle vor Ort, die anderen wurden ins Spital überwiesen.

Der Aargauer Bevölkerungsschutz ist aber auch auf »gesellschaftliche Gefahren« vorbereitet – wie Terroranschläge mit Chemie- oder Atomwaffen, eine große Flüchtlingswelle oder »innere Unruhen«, wie es in Müllers Unterlagen heißt. Müller beeilt sich zu sagen, dass sie nicht das Ereignis an sich beurteilten. Sie müssten einfach für alle Szenarien gerüstet sein.

Für alle diese vielen Unglücksszenarien hat der Kanton eine Organisation aufgebaut, die wie eine Maschine funktioniert. Die Maschine hat Grundfunktionen, weil eine Evakuierung nach einem Chemieunfall in vielen Punkten ähnlich abläuft wie die Evakuierung nach einem Atomunfall. Und wie würde das nun vonstattengehen?

Es gebe drei Chefs, sagt Müller: »Einer, der die Leute herausnimmt, einer, der für die Verschiebung der Leute sorgt, und einer, der für die Aufnahme verantwortlich ist.«

»Wohin brächte man die Leute?«

»In Schulanlagen oder Turnhallen. Damit ist es dann aber nicht getan, da braucht es Köche, Ärzte, medizinische Versorgung.«

»Wenn jemand sich nicht evakuieren lassen will, was tun Sie dann?«

»Wenn sich jemand offen weigert, lassen wir ihn ein Papier unterschreiben, dass er freiwillig bleibt und keine weiteren Dienste beanspruchen kann.«

»Man lässt ihn also?«

»Ja, das gibt es heute schon. Wenn zum Beispiel jemand bei einer Hochwasserevakuierung das Haus nicht verlassen will, dann tut er das auf eigene Verantwortung. Sollte er einen Herzinfarkt bekommen, kann er nicht erwarten, dass Sanitäter ihm zu Hilfe eilen. Wir dürfen nicht unsere Leute in Gefahr bringen, weil sich jemand nicht evakuieren ließ.«

»Wie ist das mit der vorsorglichen Evakuierung vor einem Venting?«

»Das müsste man gut planen. Man würde versuchen, kein Venting zu machen, wenn es windstill ist, da käme ja alles im Umkreis des Kernkraftwerkes runter. Wenn es die Zeit zulässt, würde man sicher vorher evakuieren. Es müsste jedoch vorher jemand entscheiden, wohin man die Leute bringt. Bei der vorsorglichen Evakuierung sollte man vorsichtig sein – das Dümmste wäre, wenn die Leute, die man evakuieren möchte, grad beim Wolkendurchzug alle draußen wären.«

»Was tun Sie, wenn etwas wie in Fukushima passiert?«

»Das war kein einzelnes Ereignis, da kam vieles gleichzeitig zusammen: Das Erdbeben war zwar der Auslöser, danach kam das

Hochwasser, Stromausfall, verunglückte Züge, Großbrände, Flüchtlingswelle, Mangellage und dann noch der Unfall im Kernkraftwerk. Das wären bei uns mindestens zehn verschiedene Szenarien, die miteinander aufgetreten sind. Darauf kann man keine Planung ausrichten, das ist unmöglich!«

Müller überreicht einen Ordner, der mit »KKW Notfallschutz« gekennzeichnet ist, darin ist alles zu finden, was der Kanton für wichtig hält. In Kapitel eins ist das Juristische abgelegt, die vielen verschiedenen Verordnungen, die es gibt, wie zum Beispiel Jodtabletten-Verordnung. Die schreibt vor, alle Bewohner in Zone 1 und 2 müssten Jodtabletten zu Hause haben, Neuzuzüger sollten sie innert vier Wochen bekommen.

Außerdem sollen für alle Bewohner des Landes genügend Tabletten bereitliegen, die man den Leuten innert zwölf Stunden zukommen lassen kann.

Ob das funktioniert? In Fukushima hat nur eine einzige Gemeinde die Leute mit Jod versorgt, alle anderen gingen leer aus, obwohl die Tabletten vielerorts auf den Gemeindeverwaltungen vorrätig waren. Die nationalen Behörden hätten die Jodabgabe anordnen müssen, taten es aber nicht. Dem einen Bürgermeister, der trotzdem Jod verteilte, wurde mit Sanktionen gedroht.

Und Tepco verheimlichte das Ausmaß der Freisetzung. Bis die Bevölkerung mitbekam, wie dramatisch die Situation wirklich war, war die Wolkenphase vorbei. Danach Jod zu schlucken wäre sinnlos gewesen.

Vermutlich würde das überall so ablaufen: Bevor die Katastrophe da ist, glaubt man, sie abwenden zu können – danach ist es für die Prophylaxe zu spät.

Im nächsten Kapitel von Müllers Ordner findet sich ein kleines, gelbes Faltblatt: »Merkblatt für das Verhalten von Angehörigen der Notfallorganisationen und der verpflichteten Personen bei Ereignissen mit erhöhter Radioaktivität«. Darin steht geschrieben, was man tun muss, um sich zu schützen: »Abstand zu den radioaktiven Quellen möglichst groß halten. Abschirmung möglichst gut ausnützen (Gebäude, Fahrzeuge).« Oder: »Im Falle einer Kontamination der Haut eine gründliche Reinigung vornehmen (duschen).«

In Kapite fünf sind die Zonenpläne eingeheftet, mit allen Gemeinden und der Anzahl Menschen, die dort leben. In der Zone 1 sind es um das AKW Mühleberg 2475, um Gösgen 28 793 und um Beznau und Leibstadt 23 058. Bezieht man die Zwanzig-Kilometer-Zone mit ein, betrifft es um Mühleberg 551 570 Menschen, weil die Bundeshauptstadt mitbetroffen wäre. Um Gösgen sind es 383 089 Menschen und um Beznau und Leibstadt 228 000, wobei aber eben die deutsche Evakuierungszone fehlt. Müsste man um Beznau in einem Radius von dreißig oder fünfzig Kilometern evakuieren, wären allein auf Schweizer Seite über eine Million Menschen betroffen.

»Je nach der Gefährdung ordnen die Behörden nur in der Zone 1 oder zusätzlich auch in einzelnen Sektoren der Zone 2 Schutzmaßnahmen an. In der Zone 3 sind während des Durchzuges der radioaktiven Wolke in der Regel keine speziellen Maßnahmen zum Schutze der Bevölkerung notwendig«, kann man lesen.

Es folgt ein Kapitel mit vielen Checklisten, in denen man eintragen kann, wer für eine Aufgabe zuständig ist und ob sie erledigt wurde. Die erste Liste betrifft »Stufe Warnung«, dazu steht in der Erläuterung: »Die Warnung wird ausgelöst, wenn sich in einem Kernkraftwerk ein Unfall ereignet hat, ohne dass eine unmittelbare Gefahr für die Bevölkerung besteht. Der Kanton (Kantonspolizei) hat die Aufgabe, die Warnung an die Regionen und Gemeinden in der Zone 1 als auch an den Leiter von kantonalen Betrieben, Schulen, Heimen, Spitalern und öffentlichen, kantonalen oder lokalen Verkehrsbetrieben weiterzugeben.«

Interessant ist die Formulierung »ohne dass eine unmittelbare

Gefahr besteht«. »Bevor eine unmittelbare Gefahr besteht« wäre vermutlich genauer, doch damit würde man einräumen, es könnte etwas passieren, was man sprachlich sorgsam vermeidet.

Es folgen sieben Punkte, dazu gehört auch die Verkehrsregelung, um »Maßnahmen von Auflösung von Staus bei Fluchtbewegungen« oder »Vorbereitung großräumiger Umleitungen für den Fall ALLGEMEINER ALARM«.

Müller nimmt das »Verkehrskonzept nach einem Kernkraftwerkunfall im Kernkraftwerk Beznau und/oder Leibstadt« hervor. Es enthält eine Karte, mit allen Straßen, die in Zone 1 gesperrt würden. Die sind rot eingezeichnet mit den Standorten, an denen die Sperrung signalisiert würde. Jede Kreuzung ist mit Fotos dokumentiert, damit die Einsatzleute genau sehen, wo und wie sie signalisieren müssten. Nach Würenlingen rein käme man beispielsweise nicht mehr, an der Kreuzung stünden orange Umleitungsschilder sowie ein großes, weißes Schild mit dem Fahrverbots- und dem Radioaktivitätszeichen und dem Schriftzug »Sperrgebiet – Zone d'interdiction – Zona d'interdizione«. Auf einem Foto sieht man, wie das in der Realität wäre. Im Hintergrund der Gasthof Löwen, der schon in der Zone wäre und dichtmachen müsste. Es ist angeführt, wer die Sperrung aufstellen müsste, konkrete Namen sind gelistet, mit Telefon- und Handynummer.

Alles bereit, alles mehrfach geübt.

Liste zwei beschäftigt sich mit dem allgemeinen Alarm, die »Planung vorsorgliche Evakuation (Verlegung)« steht an, aber auch schon die »Medizinische/Psychologische Betreuung der Bevölkerung«, Kontaktstellen würden eingerichtet, Spitäler alarmiert. Es sind viele Listen, die abgearbeitet werden müssten. Notfallplanung lebt von Checklisten, im Katastrophenfall wirken sie wie Schwimmwesten, die verhindern sollen, dass die Rettungskräfte im Chaos ertrinken.

Die Strahlenwarnung in der Schweiz

Die Nationale Alarmzentrale (NAZ) registriert den feinsten Hauch einer drohenden Gefahr. Untergebracht ist sie in einem modernen Bau auf dem Zürichberg, nicht weit vom Zürcher Zoo entfernt.

An ruhigen Tagen geht es in der NAZ gemütlich zu. Die Meldungen tröpfeln herein, ein Pikettdienst entscheidet, was damit zu tun ist. Die NAZ-Leute kümmern sich um vieles, leiten zum Beispiel auch Warnungen vor Stürmen an die Kantone weiter, aber Radioaktivität ist ihr Kerngeschäft. Selbst Waldbrände in Sibirien oder im Norden der Ukraine interessieren sie, weil man nie weiß, ob in den Gebieten um die Atomanlagen von Mayak oder rund um Tschernobyl Radioaktivität freigesetzt wird. Wenn es dort brennt, rechnen die NAZ-Leute aus, wohin sich die Luftmassen bewegen, um abschätzen zu können, ob eventuell eine strahlende Wolke Richtung Europa zieht. Oder sie tun das Umgekehrte: Sie finden radioaktive Partikel in der Luft und versuchen zu berechnen, woher die Luftmassen stammen, die die Strahlung ins Land brachten.

Wenn immer irgendwo auf der Welt ein starkes Erdbeben registriert wird, checken sie als Erstes, wie nahe das nächste Atomkraftwerk steht. Das war auch am Tag des Tohoku-Bebens so. Am Anfang schien alles unter Kontrolle zu sein. Doch dann spitzte sich die Lage zu, am nächsten Morgen erging deshalb an die Mitarbeiterinnen und Mitarbeiter der Aufruf: »NAZ alle. Sofort einrücken!«. Binnen weniger als einer Stunde standen rund 20 Personen bereit.

Danach lief die NAZ fast zwei Wochen auf Hochtouren. Man versuchte die Lage in Fukushima Daiichi zu erfassen, was nicht ganz einfach war, weil direkt aus Japan nur wenige brauchbare Informationen kamen. Also orientierten sich die NAZ-Leute an den Informationen der Internationalen Atomenergieorganisation (IAEO) und versuchten rund um die Uhr, die Anfragen von Behörden, Medien oder von besorgten Privatpersonen zu beantworten. Allein hätte es die NAZ-Belegschaft nicht geschafft, all diese Anfragen zu bewältigen und gleichzeitig noch die Messdaten aus Japan auszuwerten, sie wurde deshalb von zirka zwanzig Milizsoldaten und -offizieren unterstützt, die im Notfall aufgeboten werden können.

Die NAZ verfügt über ein breites Netz von fest installierten Messsonden, die über das Land verteilt sind und alle zehn Minuten messen, wie hoch die Strahlung ist. In Kloten bei Zürich liegt der Wert bei 0,1 Mikrosievert pro Stunde, auf dem Jungfraujoch bei 0,2, weil in der Höhe auf dreitausend Metern über Meer die Strahlung immer stärker ist. Während eines Gewitters können allerdings die Werte im Mittelland um das Doppelte oder Dreifache in die Höhe schnellen, da der Regen die natürlichen Radionuklide auswäscht, die in der Luft schweben und dadurch nahe am Boden die Konzentration steigt.

Misst eine Sonde unvermittelt über 1 Mikrosievert, geht in der NAZ ein Alarm los. Erst kürzlich passierte dies in Adelboden: Die Sonde schlug an, schwieg wieder, um nach einiger Zeit wieder loszugehen. In der NAZ hatte man keine Erklärung dafür. Von einem Atomkraftwerk konnte es nicht sein, sonst hätten andere Messstellen ebenfalls gewarnt. Die NAZ schickte einen Adelbodener Polizisten los, der extra für solche Fälle ausgebildet ist und, ausgerüstet mit einem Geigerzähler, überprüfen sollte, woher die Strahlung kam. Er fand nichts.

Die NAZ ließ nicht locker, rief bei der Gemeinde an und fand heraus: Nicht weit von der Messsonde entfernt wurden Fernwärmerohre verlegt. Die Arbeiter prüften, ob die Schweißnähte dicht waren, und zwar mit einem Gerät, das Gammastrahlen aussandte. Die Sonde hatte diese Strahlung registriert.

In der NAZ stehen mobile Messsonden parat, die an speziellen Anlässen wie der Fußballeuropameisterschaft oder an hochkarätigen internationalen Treffen zum Einsatz kommen. Sie würden reagieren, wenn jemand eine schmutzige Bombe in einem Stadion oder einem Kongresshaus zur Explosion bringen würde.

Wenn draußen vor dem NAZ-Gebäude eine »Quelle« vorbeigehen würde, schlüge das Gerät an, sagt NAZ-Mitarbeiter Franziskus Stoffel. Die »Quelle« ist wichtig für die NAZ: Wenn immer irgendwo erhöhte Radioaktivität gemessen wird, sucht die NAZ nach der Quelle, weil sich Strahlung immer von irgendwo ausbreitet, »einfach so hat man keine erhöhten Werte«, sagt Stoffel.

Brächte man eine »Quelle« in der Stadt Zürich auf dem Paradeplatz zur Explosion, würde die Sonde oben auf dem Zürichberg aber nur anschlagen, wenn der Wind die Radioaktivität in diese Richtung triebe.

Man muss also nah an der Wolke sein, um sie sehen zu können. Das sei auch ein Problem in Fukushima gewesen, sagt Stoffel. Die Messgeräte müssen teilweise ausgefallen sein, deshalb fuhren Teams mit mobilen Geräten in der Gegend umher, um sich einen Überblick zu verschaffen. Die radioaktiven Wolken wurden in unterschiedliche Richtungen getrieben. Je nach Standort konnten die Teams eine radioaktive Abgabe deutlich messen oder stellten nur eine geringe Erhöhung der Strahlenwerte fest. Die Messungen sagten aber wenig darüber aus, was wirklich aus den Reaktoren entwichen war – die Radioaktivität, die direkt aufs Meer getrieben worden war, hätte überhaupt nicht gemessen werden können.

Rund um die Schweizer Atomanlagen existiert noch ein engeres Messnetz, das die Atomaufsichtsbehörde ENSI betreibt. Käme es in einem AKW überraschend zu einer radioaktiven Freisetzung, würden diese Sonden Alarm schlagen und die NAZ bekäme das sofort mit, weil alle Daten bei ihr zusammenlaufen.

Theoretisch ist man in der Schweiz auf Katastrophen ordentlich vorbereitet. Diverse Verordnungen schreiben exakt vor, was zu tun ist, wenn etwas wie in Fukushima Daiichi passiert. Ein derartiger Unfall nennt sich übrigens in hiesiger Terminologie »Ereignis«, womit ein Unfall gemeint ist, der sich über Stunden langsam zur Katastrophe entwickelt. Daneben gibt es die Variante Tschernobyl, das nennt sich dann »schneller Störfall«: Die Kontrolle entgleitet binnen kürzester Zeit, es knallt, die Katastrophe ist da – da bleibt keine Zeit, Gegenmaßnahmen zu ergreifen, darauf kann man sich nicht vorbereiten.

Auf das Ereignis schon. Nehmen wir an, im AKW Beznau können ähnlich wie in Fukushima Daiichi die beiden Reaktor nicht ausreichend gekühlt werden und die Kerne heizen sich auf. Laut Verordnung müssen die Betreiber in diesem Fall »zeitgerecht die Atomaufsichtsbehörde ENSI und die NAZ« orientieren, wobei »zeitgerecht« nicht definiert ist. ENSI und NAZ setzen umgehend ihre Maschinerien in Bewegung. Weil alle anderen in der Schockstarre oder einfach noch nicht parat sind, nimmt die NAZ die Fäden in die Hand.

Spätestens nach zwei Tagen sollte der Bundesstab ABCN bereit sein und die Führung übernehmen; der Stab trifft sich in Bern und soll schwierige Entscheidungen schnell treffen können, weil sämtliche relevanten Departemente beteiligt sind.* Doch bis es soweit ist, entscheidet und befiehlt die NAZ.

In Beznau heizen sich in der Zwischenzeit die Reaktoren immer mehr auf. Die Betreiber müssen, um das Schlimmste zu verhindern, ein Venting vornehmen und radioaktiven Dampf in die Umgebung ablassen. Die Verordnung schreibt für diesen Moment vor: »Sie [die AKW-Betreiber] bestimmen zeitgerecht den Quellterm und übermitteln diesen an das ENSI. Als Quellterm gilt die

* ABCN steht für die unterschiedlichen Bedrohungen: A für atomare Bedrohung, durch Waffen oder Atomkraftwerke, B und C für biologische respektive chemische Bedrohung und N für Naturkatastrophen.

Menge und Art der freigesetzten Radionuklide sowie der zeitliche Verlauf der Freisetzung.«

Dahinter steckt die verwegene Vorstellung, dass die Operateure von Beznau dem ENSI mitteilen: Pardon, wir haben ein Problem, heute Abend um acht Uhr lassen wir deshalb soundso viele Millionen Becquerel radioaktives Jod, radioaktives Xenon, Tritium und sonst noch einige strahlende Elemente raus.

Kein Reaktorunfall ist je so abgelaufen. Aber angenommen, es würde so vonstattengehen, dann käme das sogenannte Dosis-Maßnahmen-Konzept (DMK) ins Spiel.

Das ENSI weiß nun also, dass aus dem AKW Beznau Radioaktivität freigesetzt werden muss. Die Behörde wird vielleicht die Betreiber bitten, dies nicht um acht Uhr, sondern erst um ein Uhr nachts zu tun, weil spätabends weniger Leute unterwegs sind. Danach beginnt die große Rechnerei. Der Wetterdienst MeteoSchweiz versucht herauszufinden, wie die Winde im Raum Beznau nachts um ein Uhr wehen und ob mit Niederschlägen zu rechnen ist. Aufgrund dieser Berechnung wird prognostiziert, wohin die radioaktive Wolke zieht, wo sie ausregnet und welche Gemeinden tüchtig Strahlung abbekommen.

Das Dosis-Maßnahmen-Konzept regelt nun, was bei welcher Strahlendosis zu tun ist. Konkret schreibt es vor, dass Kinder und Schwangere sich im Haus aufhalten sollen, wenn zu erwarten ist, dass man draußen innert zwei Tagen eine Dosis von 1 Millisievert abbekommt. Wenn man in diesem Zeitraum draußen mit einer Dosis von 10 Millisievert zu rechnen hat, müssen sich alle »im Haus, Keller oder Schutzraum« aufhalten. Ergibt die Rechnung, dass die Leute im betroffenen Gebiet innert diesen zwei Tagen gar 100 Millisievert ausgesetzt sind, muss die Gegend evakuiert werden, bevor die Wolke kommt.

Wie bitte soll das kommuniziert werden? Würde man über

Radio etwa eine Meldung wie die folgende verbreiten? »Im Kernkraftwerk Beznau sind Probleme mit der Notkühlung aufgetreten. Für die Bevölkerung besteht akut keine Gefahr. Kinder und schwangere Frauen in Döttingen und Bad Zurzach sollten sich aber nicht im Freien aufhalten.« Eine solche Mitteilung würde sogleich Panik und eine breite Fluchtbewegung auslösen, welche die Stadt Zürich, Teile der Ostschweiz und des süddeutschen Raumes erfassen würde.

Ganz praktisch gesehen: Wer übernimmt in einer solchen Situation die Verantwortung, eine vorsorgliche Evakuierung anzuordnen? Wer geht das Risiko ein, Panik auszulösen? Oder unnötig zu evakuieren und danach mit Schadenersatzklagen konfrontiert zu sein? Die NAZ könnte es theoretisch tun. Eine solche Entscheidung würde sic aber nie alleine tragen.

Abgesehen davon gibt es ein weiteres Problem, das der Aargauer Katastrophenschützer René Müller schon erwähnt hat und das NAZ-Mitarbeiter Franziskus Stoffel ebenfalls thematisiert: »Vorsorglich evakuieren kann man nur, wenn man ganz sicher ist, dass die Leute nicht draußen sind, wenn die Wolke vorüberzieht. In Fukushima ist zum Teil genau das passiert – und das ist das Schlechteste, was passieren kann. Es ist klüger, den Leuten zu sagen, sie sollten während der Wolkenphase in den Häusern oder noch besser im Keller ausharren – vorausgesetzt, die Erdbebensituation erlaubt dies. Solide Häuser aus Backstein oder Beton, wie wir sie in der Schweiz haben, bieten einen guten Schutz und reduzieren die Strahlung um den Faktor zehn. Im Keller ist die Belastung sogar um einen Faktor fünfzig geringer.«

Sicherheitsvorkehrungen in Deutschland

Auf deutscher Seite sieht man es ähnlich: »Die vorsorgliche Evakuierung eines gefährdeten Gebietes vor der Freisetzung radioaktiver

Stoffe kommt nur dann in Frage, wenn man davon ausgehen kann, dass sie rechtzeitig abgeschlossen ist. Damit soll vermieden werden, dass eine radioaktive Wolke die evakuierten Personen unterwegs überrascht«, schreibt Petra Hall. Sie steht im Landkreis Waldshut dem Amt für öffentliche Ordnung und Ausländerwesen vor und ist zuständig für den Katastrophenschutz. Wenn im AKW Beznau oder Leibstadt ein Super-GAU passiert, wäre Waldshut mittendrin.

Anders als in der Schweiz sind bei einem Super-GAU rechtlich gesehen die jeweiligen Landesregierungen für den Katastrophenschutz zuständig und nicht die Bundesregierung. Allerdings geht man in den Bundesländern davon aus, dass im Ernstfall zwangsläufig die Bundesregierung die Federführung übernehmen würde.

Die Evakuierungszonen beschränken sich auf einen Zehn-Kilometer-Radius um die Atomanlagen. Rund um Waldshut leben in dieser Zone etwa 59 000 Personen; sie alle konnten in Apotheken Jodtabletten beziehen. Wer das aber versäumte, hat keine Tabletten zu Hause. »Da in Deutschland die Jodtabletten dem Arzneimittelgesetz unterliegen, können diese nur über Apotheken ausgegeben werden, eine darüber hinausgehende gezielte Verteilung zum Beispiel per Postversand oder Ähnliches wäre aufgrund der Rechtslage nicht möglich. Für den Ereignisfall lagern zur Ausgabe an die Bewohner bei den Gemeinden Tablettenreserven«, erklärt Hall.

Für die Bevölkerung, die in einem Umkreis von 25 Kilometern um Atomanlagen lebt, sind dezentral Tabletten gelagert, für Kinder, Jugendliche und Schwangere »werden Jodtabletten auch für einen Radius von hundert Kilometern in insgesamt acht zentralen Lagern im Bundesgebiet bereitgehalten«.

Das Regierungspräsidium Freiburg hat einen »Ratgeber für die Bevölkerung in der deutschen Umgebung der schweizerischen Kernkraftwerke Beznau und Leibstadt« verfasst. Da steht über weite Strecken dasselbe drin, was der Bevölkerung auf Schweizer

Seite auch gesagt wird, die AKW sind sicher, alles wird streng kontrolliert und überwacht, es kann nichts passieren. Auf den hinteren Seiten der Broschüre geht es dann aber zur Sache. Man kann lesen, was zu tun ist, wenn einen die radioaktive Wolke erwischt hat: »Bevor Sie das Haus betreten, legen Sie Oberbekleidung und Schuhe, die außerhalb des Hauses getragen wurden, draußen ab. Nur so können Sie verhindern, dass daran haftende radioaktive Stoffe ins Haus gelangen. Anschließend sollten Sie zuerst Kopf und Hände und anschließend weitere unbedeckte Körperflächen gründlich mit fließendem Wasser waschen. Erst danach ist eine Dusche empfehlenswert.«

Via Medien werde über die »Evakuierungsrouten, Aufnahmeorte, Abfahrtzeiten an den Sammelstellen« informiert: »Eine Evakuierung erfolgt bevorzugt mit Privat-Pkws. Für die Fahrt zu den Aufnahmeorten sollten die bekanntgegebenen Evakuierungsrouten benutzt werden. Der Verkehrsablauf auf den Evakuierungsrouten wird von der Polizei geregelt. Für Personen, denen kein eigener Pkw zur Verfügung steht, werden von der Katastrophenschutzbehörde geeignete Fahrgelegenheiten (Busse, Bahn) bereitgestellt.« Am Schluss des Ratgebers folgt eine lange Liste mit Adressen, an denen man im Ernstfall das Jod abholen kann, sowie den »Sammelstellen der Evakuierung«.

Die Umweltorganisation BUND kritisiert seit Langem, es sei unzureichend, sich nur auf die Evakuierung in einem Umkreis von zehn Kilometern vorzubereiten. Die Kritik richtete sich vor allem auf die Notfallplanung rund um das französische AKW Fessenheim, das direkt am Rhein an der Grenze zu Baden-Württemberg steht. Es ist das älteste AKW Frankreichs, die beiden Druckwasserreaktoren sind seit 1977 am Netz. Die Anlage liegt nur 25 Kilometer von Freiburg im Breisgau und 35 Kilometer nördlich von Basel. Sie steht direkt auf dem Oberrheingraben, der seismisch zu den aktivsten Gebieten Mitteleuropas gehört. Im 14. Jahrhundert zerstörte ein starkes Erdbeben die Stadt Basel. Seit Jahren kritisieren Umweltorganisationen, das AKW Fessenheim werde einem so starken Beben nie standhalten, zudem sei es unzureichend gegen Hochwasser geschützt.

Nach dem Unfall in Fukushima Daiichi wurde Fessenheim wie alle 58 französischen Reaktoren einem sogenannten Stresstest unterzogen. Die französische Sicherheitsbehörde ANS entschied im Januar 2012, das AKW dürfe weiter am Netz bleiben. Electricité de France muss lediglich einige Nachrüstungen tätigen, weitere Notaggregate bereitstellen, einige Betonmauern verstärken und eine »schnelle Einsatztruppe« schaffen, die im Krisenfall in weniger als 24 Stunden aktiv werden kann.

Aufseiten von Baden-Württemberg hat der Unfall in Fukushima dazu geführt, dass die Katastrophenschutzkonzepte überdacht werden. Das Regierungspräsidium von Freiburg will nun – wie das der BUND immer gefordert hat – die Evakuierungszone von 10 auf 25 Kilometer ausdehnen. Das bedeutet, dass alle Evakuierungspläne neu entwickelt werden müssen. Die Evakuierungszone wird dann mitten in Freiburg enden und es hätte zur Folge, dass allein auf deutscher Seite 453 000 Menschen evakuiert werden müssten. Mit dem alten Evakuierungskonzept betraf es nur 49 000 Menschen.

Auch in Deutschland gedenkt man die Leute, falls möglich, wegzubringen, bevor die radioaktive Wolke kommt. Die Berechnungen sind allerdings noch komplexer als das Schweizer Dosis-Maßnahmen-Konzept. Vereinfacht gesagt geht man von einem Wert von 100 Millisievert in sieben Tagen aus: Wenn man glaubt, die Wolke würde in einem Gebiet eine höhere Belastung verursachen, müsste man die Menschen vorsorglich evakuieren.

Man will den Leuten aber nicht wirklich 100 Millisievert zumuten, sondern geht davon aus, dass sie sich in der gefährlichen

Phase, wenn die Wolke vorüberzieht, im Haus aufhalten. Das würde die Dosis auf 10 Millisievert reduzieren – was immer noch ordentlich ist, verglichen mit dem heute gültigen Grenzwert von 1 Millisievert pro Jahr.

Diese Kalkulation würde für die akute Wolkenphase gelten. Daneben existiert noch ein Wert für eine temporäre Evakuierung, wenn die Radionuklide bereits herunter gekommen sind und vom Boden aus permanent strahlen. Falls die Belastung des Bodens in einem Monat bei 30 Millisievert liegt oder in einem Jahr bei 100 Millisievert, müsste man ein Gebiet räumen. Würde man gleich rechnen wie in Japan, bedeutete dies, dass man in Deutschland ein Gebiet evakuieren würde, wenn es mit über 50 Millisievert pro Jahr belastet ist. In Japan setzt man die Grenze bei 20 Millisievert an – was schon höchst umstritten ist.

Nach Fukushima ist auch hier alles anders

Die Idee, Leute wegzubringen, bevor die radioaktive Wolke kommt, klingt sinnvoll. In Fukushima hätte man Zeit gehabt, die Menschen rechtzeitig in Sicherheit zu bringen. Das ging nicht, weil Betreiber wie Behörden nicht wahrhaben wollten, wie ernst die Lage war. Oder sie verschwiegen die Strahlenbelastung aus Furcht, Panik auszulösen. Das dürfte hierzulande nicht anders sein – doch dann kann das Dosis-Maßnahmen-Konzept niemals funktionieren.

Einer, der es wissen muss, ist Werner Zeller vom schweizerischen Bundesamt für Gesundheit. Er ist dort für den Strahlenschutz zuständig.

»Ziel des Dosis-Maßnahmen-Konzepts war, alle Maßnahmen gestützt auf eine Dosisbetrachtung anzuordnen. Voraussetzung wäre, dass man bei Störfällen abschätzen kann, wie viel Radioaktivität austritt und welche Dosis zu erwarten ist. Entweder hätte man dann vorsorglich evakuieren müssen oder eben nicht. Es war ein eindimensionales Konzept. Bei Fukushima Daiichi wurde klar, dass solche Unfälle komplexer ablaufen – jetzt muss das ganze Konzept überdacht werden«, sagt Zeller.

»Ab 100 Millisievert in zwei Tagen hätte man vorsorglich evakuiert, nehme ich an, das ist eine hohe Dosis.«

»Ja, das stimmt.«

»Bei 100 Millisievert in drei Tagen würde nicht evakuiert?«

»Nein, nach dem jetzigen Konzept nicht. Die Bevölkerung würde aber aufgefordert, zu Hause zu bleiben und die Jodtabletten einzunehmen. Je nach Entwicklung der Lage würde auch eine Evakuation notwendig. Aber eben, das muss man jetzt alles neu durchdenken. Und da ist man auch daran.«

»In Japan evakuiert man ein Gebiet langfristig, wenn die Belastung im Jahr über 20 Millisievert liegt. Ab wann würden die Behörden bei uns ein Gebiet langfristig räumen? Wo ist das festgeschrieben?«

»Die Internationale Strahlenschutzkommission ICRP empfiehlt, ein Gebiet langfristig zu räumen, falls die Belastung im Jahr einen Wert zwischen 20 und 100 Millisievert erreicht. Das ist eine Empfehlung, eine gesetzliche Grundlage gibt es nirgends. Die Schweizer Behörden würden je nach Schwere des Ereignisses handeln. Man müsste dann auch abwägen, was schlimmer wäre: wenn die Leute einen Winter in einem Fußballstadion verbringen müssen oder wenn sie in ihrer gewohnten, aber belasteten Umgebung bleiben können. Die ICRP hat versucht, mit diesem Dilemma umzugehen. Sie schlägt vor, im Ereignisfall für ›existing exposure systems‹ höhere Werte als im Normalfall zuzulassen – das betrifft Gebiete, die nach einem Atomunfall kontaminiert sind. Die Belastung ist dann vorhanden und kaum wegzubekommen. In solchen Fällen müsste man sich der Situation anpassen und überlegen, was überhaupt machbar, was vernünftig und klug ist. Da stellen sich zweifellos sehr schwierige Fragen wie: Was nehme ich in Kauf, um vielleicht etwas Unangenehmeres zu vermeiden? Nur, das ist schwer kommunizierbar.«

»In Fukushima spritzt man Häuser mit Wasser ab, um sie von strahlenden Partikeln zu reinigen. Wäre das in der Schweiz erlaubt? Gibt es Überlegungen, wie hier dekontaminiert würde?«

»Jede wirksame Maßnahme zugunsten der Gesundheit der Bevölkerung wäre erlaubt, aber es gibt keine konkrete Vorstellung, wie dekontaminiert würde. Diese Hilflosigkeit gab es schon in Tschernobyl und wir haben sie jetzt wieder in Japan. Es ist allerdings auch äußerst schwierig, sich auf so eine Situation vorzubereiten. Die Hauptmaßnahme muss ja sein, zu vermeiden, dass so etwas überhaupt passiert.«

»Das geht nur, wenn man die Meiler abstellt.«

»Na ja«, sagt Zeller und lacht, »das ist ein politischer Entscheid.«

»Sie sitzen mit Ihrem Amt in Bern. Das AKW Mühleberg liegt zwölf Kilometer von Bern entfernt. Was wäre, wenn die Zwanzig-Kilometer-Zone um Mühleberg wirklich evakuiert werden müsste? Hat man sich je überlegt, wie das ablaufen würde?«

»Nein, das hätte eine unvorstellbare Dimension. Es gibt bisher keine konkreten Kriterien für eine langfristige Evakuierung. Das fehlt alles noch. Es ist ja auch relativ neu, dass überhaupt von Evakuierung im eigentlichen Sinn gesprochen wird. Jahrzehntelang war die Rede von der ›vertikalen Evakuierung‹ – man hätte die Bevölkerung in die Luftschutzkeller geschickt. Diese Vorstellung war geprägt vom Kalten Krieg, man taucht ab, lässt die Wolke vorüberziehen und kommt wieder hoch. Jetzt sind viele anderer Meinung, man hat realisiert, dass man großflächig für eine längere Zeit evakuieren müsste.«

ICRP und die internationale Atomlobby

Werner Zeller erwähnte die International Commission on Radiation Protection, die ICRP. Niemand in Japan hatte auf unserer ersten Reise die ICRP erwähnt. Tatsächlich war es aber diese Kommission, die zehn Tage nach dem Unfall ein folgenschweres Pressecommuniqué zu Fukushima publiziert hat. Sie schreibt darin: Nach dem Unfall »dürften kontaminierte Gebiete zurückbleiben. Die Behörden werden alle notwendigen Schutzmaßnahmen ergreifen, um den Leuten zu erlauben, weiterhin dort zu leben, anstatt diese Gebiete aufzugeben. In diesem Fall empfiehlt die Kommission, die Grenze zwischen ein und zwanzig Millisievert pro Jahr festzulegen.«

Es war auch die ICRP, die vor Jahren festgelegt hat, dass der Grenzwert für AKW-Arbeiter bei 20 Millisievert pro Jahr liegen darf. Die Zwanzig-Millisievert-Grenze hat sich die japanische Regierung also nicht selbst ausgedacht, sie hält sich nur an die »Empfehlung« der ICRP. Man könnte auch sagen, sie verstecke sich dahinter, weil ein hoher Grenzwert ökonomisch vorteilhaft ist.

Nur, wer ist die ICRP? Weshalb hat sie derart Macht? Das Gremium ist in keiner Art und Weise demokratisch legitimiert, es ist ein Gremium von sogenannten Experten, das niemandem Rechenschaft ablegen muss und sich selber konstituiert. Die Leute, die darin sitzen, sind wenig bekannt. Seit 2009 hat die Britin Claire Cousins den Vorsitz. Sie kommt von der Radiologie, der medizinischen Strahlentherapie, ihr Vize ist ein alter Hase aus der Atomindustrie, der Argentinier Abel Julio González.

Das zeichnet die Kommission auch aus: Ein Teil der Mitglieder stammt von der Medizinseite, wo man Strahlung einsetzt – die anderen kommen aus der Atomwirtschaft, wo man Strahlung freisetzt. Beide Seiten wollen möglichst ungehindert ihr Geschäft betreiben, auch die Radiologen, die oft dazu neigen, ihre Patienten häufiger Strahlendosen auszusetzen, als das unbedingt nötig wäre. Weil die ICRP-Mitglieder ihre neuen Mitglieder immer selbst auswählen, hat man ihnen schon oft »Inzest« vorgeworfen. Karl Z. Morgan war Nuklearphysiker, hatte während des Zweiten Weltkrieges im US-amerikanischen Atombombenprogramm, dem Manhatten-Projekt, mitgearbeitet und gehörte viele Jahre der ICRP an. Er war ein angepasster, renommierter Nuklearforscher, wandelte sich aber im fortgeschrittenen Alter zu einem der schärfsten Kritiker der Atomwirtschaft. Er ging hart mit der ICRP ins Gericht und warf der Kommission vor, sie habe sich nie von der Atomindustrie emanzipiert, im Gremium hätten »sich die Interessenkonflikte wie eine virulente Seuche ausgebreitet«.

Die ICRP tut alles, um hohe Grenzwerte schönzurechnen. Völlig willkürlich führte sie beispielsweise einen sogenannten Niedrigdosisabzug ein. »Da man nichts weiß über langandauernde Niedrigstrahlung«, schreibt der Strahlenschutzexperte Christian Küppers in einem Gutachten, »nimmt die ICRP die Wirkungsdaten, die man von der ›höheren Kurzzeitbestrahlung‹ hat, und ›korrigiert‹ sie: Sie halbiert ihre Wirkung auf die Hälfte, um sie dann auf die langandauernde Niedrigbestrahlung anzuwenden.« Es existiere aber, so Küppers, kein »ausreichendes wissenschaftliches Verständnis der Strahlenwirkung«, um diese Korrektur zu rechtfertigen. Außerdem belegen immer mehr Untersuchungen, dass langandauernde niedrige Strahlendosen relativ gesehen gefährlicher sind als kurzfristige hohe.

Würde die ICRP alle neuen Erkenntnisse berücksichtigen und auf rechnerische Winkelzüge verzichten, dürften beruflich Strahlenexponierte – so stellt Küppers fest – in ihrem gesamten Berufsleben nicht einmal 40 Millisievert akkumulieren: »Kernkraftwerke könnten dann nicht mehr betrieben werden.« Die 20 Millisievert pro Jahr lassen sich wissenschaftlich durch nichts rechtfertigen.

Der deutsche Professor und Strahlenbiologe Wolfgang Köhnlein vergleicht die ICRP mit der »Glaubenskongregation in Rom«. Er wirft ihr vor allem vor, dass sie so tut, als ob sie ein rein wissenschaftliches Gremium wäre, dabei aber tüchtig Politik macht, weil die von ihr herausgegebenen Empfehlungen nicht bloß »die wissenschaftliche Quantifizierung einer Gefahr« berücksichtigen, sondern bereits eine gesellschaftliche respektive ökonomische Gewichtung beinhalten.

Köhnlein illustriert dies am Beispiel der ICRP-internen Diskussion über das genetische Risiko und zitiert dabei den australischen Genetiker David G. Catcheside, der auch ICRP-Mitglied war und schon 1947 festgestellt hat: »Alle quantitativen Experimente zeigen, dass selbst die kleinsten Strahlendosen genetische Effekte hervorrufen. Es gibt keine Schwellendosen, unterhalb derer keine genetischen Effekte induziert werden. [...] Selbst bei kleinen Dosisraten sind die Effekte offenbar additiv.« Das bedeutet, dass jede noch so geringe Strahlendosis Mutationen auslösen kann, die letztlich zu Krankheiten führen.

Kurze Zeit darauf hat das ICRP-Mitglied Douglas Edward Lea allen Mitgliedern des zuständigen Ausschusses als Antwort auf Catchesides Gutachten ein Memorandum zukommen lassen. Darin schreibt Lea: »Es wird keine Methoden geben, mit denen nachgewiesen werden könnte, ob die Abnormalitäten bei einem Kind eines Nuklearbeiters auf die berufliche Exposition des Vaters zurückzuführen ist; deshalb kann es auch keine Frage der Haftung und keine Ansprüche auf Kompensation geben.«

Lea betont auch an anderer Stelle: »Es wird nicht möglich sein nachzuweisen, ob der Effekt in irgendeinem bestimmten Fall strahlenbedingt ist. Fragen nach Haftung und Kompensation können also nicht auftreten.« Und er beendet sein Memorandum mit der Bemerkung: »Solange nur weniger als ein Prozent der Population strahlenexponiert ist, wird man sehr wahrscheinlich auch keine Zunahme von Erbkrankheiten feststellen.«

Wolfang Köhnleins Kommentar dazu: »In die ICRP-Empfehlungen [...] wurden die Ergebnisse des Gutachtens von Catcheside, dass es keine ungefährliche Dosis gibt, nicht aufgenommen. Die Beweise für genetische Schäden – selbst nach kleinen Dosen – wurden einfach übersehen, um die sich entwickelnden militärischen und zivilen Nuklearprogramme nicht zu behindern.« Daran hat sich bis heute nichts geändert.

Finanziert wird die Kommission vor allem durch Institutionen, die die zivile Nutzung der Atomkraft fördern, wie die IAEO oder die Nucelar Energy Agency, die innerhalb der OECD, der Organisation für wirtschaftliche Zusammenarbeit und Entwicklung, den Bau von AKW propagiert. Auch einzelne Länder unterstützen die ICRP finanziell, doch sind es vor allem Länder, die AKW betreiben, neue bauen oder mindestens verkaufen wollen, wie Argentinien, China, Finnland, Japan, Russland oder die USA.

Die ICRP hat inzwischen eine Arbeitsgruppe unter dem Namen »Erste Erkenntnis aus dem KKW-Unfall in Japan im Kontext des ICRP-Strahlenschutzsystems« ins Leben gerufen. Den Vorsitz hat der ICRP-Vizepräsident und AKW-Promotor Abel Julio González. Die japanische Atomenergieagentur und die japanische Atomaufsichtsbehörde – die als Teil der »Atomgemeinde« gelten und sich vorwerfen lassen müssen, sie hätten den Unfall mitzuverantworten – sind gleich mit drei Personen vertreten. Der umstrittene Professor Shunichi Yamashita, der den Leuten von Fukushima sagte, sie müssten nur lächeln, dann könne ihnen die Strahlung nichts anhaben, sitzt ebenfalls in der Arbeitsgruppe.

Die Weltgesundheitsorganisation (WHO), die eigentlich zuständig wäre, die gesundheitlichen Strahlenrisiken zu untersuchen, ist indes in der ICRP nicht vertreten und unterstützt sie nicht einmal finanziell. Das dürfte mit dem besonderen Verhältnis zwischen IAEO und WHO zu tun haben. In den 1950er-Jahren setzte sich die WHO noch kritisch mit dem Strahlenrisiko auseinander. Sie organisierte 1956 eine Konferenz, an der sich namhafte Genetiker beteiligten. Die anwesenden Wissenschaftler teilten die Meinung von Catcheside: Ionisierende Strahlen lösen bei Bakterien wie bei Menschen Mutationen aus, und kleine Strahlendosen sind überproportional gefährlich. In einer gemeinsamen Stellungnahme warnten die Genetiker: »Das Erbgut ist das wertvollste Eigentum der Menschen. Es bestimmt das Leben ihrer Nachkommenschaft, die gesunde und harmonische Entwicklung der künftigen Generationen. Wir als Gruppe behaupten, dass die Gesundheit der künftigen Generationen durch die zunehmende Entwicklung der Atomindustrie und Strahlungsquellen gefährdet ist. [...] Wir sind auch der Meinung, dass neue Mutationen, die bei Menschen auftreten, für sich selbst wie für ihre Nachkommen schädlich sein werden.«

Der neu gegründeten IAEO passten diese deutlichen Worte nicht. Sie intervenierte bei der WHO. Es kam zu Verhandlungen und 1959 zu einem Vertrag, der die WHO zum Schweigen verurteilte. »Das Abkommen verfügt implizit, dass Forschungsprojekte – deren Resultate potenziell die Förderung der Atomindustrie behindern könnten – entweder gar nicht oder nur noch von der IAEO gemeinsam mit der WHO durchgeführt werden«, schreibt der emeritierte Basler Medizin-Professor Michel Fernex in *Atomstrom und Strahlenrisiko,* einer Publikation von IPPNW Schweiz. Die IAEO fürchte zu Recht, fährt Fernex fort, »dass sich ein aufgeklärtes Publikum der Atomenergie entgegenstellen könnte, und legt deshalb im erwähnten Abkommen fest: ›Die IAEO und die WHO sind sich bewusst, dass es notwendig sein könnte, restriktive Maßnahmen zu treffen, um den vertraulichen Charakter gewisser ausgetauschter Informationen zu wahren.‹ Dabei geht es vor allem darum, dass als vertraulich deklarierte Daten, die zwischen den beiden Organisationen ausgetauscht werden, auch wirklich geheim bleiben.«

Bei der gesamten wissenschaftlichen Aufarbeitung der Tschernobyl-Katastrophe folgte die WHO denn auch immer der Diktion der IAEO. Die Schilddrüsenkrebsfälle bei Kindern wurden akzeptiert, aber keine anderen gesundheitlichen Schädigungen. Im April 2006 fanden in Kiew und Minsk anlässlich des 20. Jahrestages von Tschernobyl große internationale Konferenzen statt.

An beiden Konferenzen legten weißrussische und ukrainische Wissenschaftler zahlreiche Studien vor, die als Folge des Super-GAUs steigende Krebsraten belegten, aber auch andere schwere Krankheiten, Missbildungen und genetische Veränderungen. Die Vertreter von IAEO und WHO gingen nicht darauf ein. An der Abschlusspressekonferenz in Kiew meldete sich ein Mitglied der ukrainischen Akademie der Wissenschaften zu Wort und sagte, es sei für sie schon beschämend, wenn man ihre Ergebnisse einfach übergehe. Worauf ihm der WHO-Vertreter entgegnete: »Wir konnten nur qualitativ hochstehende Studien berücksichtigen. Ihre Studien erfüllen nicht die internationalen Standards.« Der Ukrainer schwieg – abgekanzelt wie ein Kind, das die Prüfung nicht bestanden hat.

Es geht um Hunderte von Studien. Alle kommen zu ähnlichen Ergebnissen, und viele basieren auf Tausenden von untersuchten Menschen, die in den verseuchten Gebieten leben oder als Aufräumarbeiter in Tschernobyl waren. Und Belarus unterhält seit den 1970er-Jahren ein vorzügliches Krebsregister, das es erlaubt, die Krebserkrankungen vor und nach dem Unfall seriös zu vergleichen. Die Schweiz könnte da zum Beispiel nicht mithalten, weil sie über kein brauchbares Krebsregister verfügt. Auch Deutschland oder Japan verfügen nicht über ein umfassendes nationales Krebs- oder Missbildungsregister. Das wäre aber nötig, um nach einem Atomunfall exakt belegen zu können, welche gesundheitlichen Auswirkungen die Strahlenbelastung hat. Offensichtlich will man es gar nicht so genau wissen, wie man es auch nach Tschernobyl nicht wirklich wissen wollte.

Denn wenn die ukrainischen oder weißrussischen Studien tatsächlich wissenschaftlich unzureichend waren, warum stand die WHO diesen Forschern nicht bei? Warum ist es in zwanzig Jahren nicht möglich, Studien zu erarbeiten, die den Standards genügen?

»Würde die Atomindustrie behandelt wie die chemische, wäre ohnehin kein AKW mehr am Netz«, konstatiert Medizin-Professor Fernex in *Atomstrom und Strahlenrisiko.* Um das zu verstehen, muss man etwas ausholen: Anfang der 1960er-Jahren kamen viele Kinder mit Missbildungen zur Welt, weil ihre Mütter während der Schwangerschaft das Schlafmittel Thalidomid (bekannt unter dem Namen Contergan) geschluckt hatten. »Medizinische Experten behaupteten jedoch in Publikationen wie vor Gericht, es sei in keinem der zirka 5000 Fälle ein kausaler Zusammenhang zwischen der Thalidomid-Einnahme und der Missbildung beweisbar«, schreibt Fernex. Die Firma wurde denn auch freigesprochen, trotzdem reagierte die US-amerikanische Arzneimittelbehörde FDA. Obgleich Contergan in den USA gar nie zugelassen war, führte die FDA sehr strenge Regeln ein, die seither weltweit gelten: Substanzen müssen vor der klinischen Prüfung getestet werden, ob sie Krebs, Missbildungen oder genetische Veränderungen auslösen. Neue Medikamente, aber auch Insektizide, die im Bakterienmodell oder Zellkulturtest diese Eigenschaften aufweisen, werden eliminiert.

»Würden dieselben Regeln, die für die chemische Industrie gelten, auch auf die Atomindustrie angewendet, ließe dies nur einen

Schluss zu: Alle Atomanlagen müssten sofort stillgelegt werden – da alle Stadien von der Uranextraktion über die Energieproduktion bis hin zur Atommülldeponie mit der Freisetzung von mutagenen Radioisotopen verbunden sind.«

Wo würden hierzulande Liquidatoren rekrutiert?

Die sowjetische Regierung hatte den Einsatz befohlen, 600 000 bis 800 000 Männer und Frauen mussten nach Tschernobyl, niemand konnte sich drücken. Das war menschenverachtend, aber hilfreich, um die Katastrophe einzudämmen.

In Japan feierten die Medien in den ersten Tagen die Feuerwehrleute, die angeblich heldenhaft und freiwillig nach Fukushima Daiichi fuhren. Später kam heraus, dass der japanische Industrie- und Wirtschaftsminister Banri Kaieda sie unter Druck gesetzt hatte. Die Nachrichtenagentur Kyodo berichtete, er habe den Männern eine Strafe angedroht, falls sie nicht ins Katastrophengebiet führen. Man kann es ihm nur beschränkt verargen. Die Eindämmung eines Super-GAUs erfordert, dass sich Leute in tödliche Strahlenfelder begeben. Solange es Freiwillige gibt, die diese Arbeit selbstlos übernehmen, mag es gehen. Doch wen schickt man in den Tod, wenn keine Freiwilligen da sind? Was tut eine Demokratie in einer solchen Situation?

Die grüne Parlamentarierin Franziska Teuscher hat diese Frage dem Schweizer Bundesrat gestellt: »Wo würde die Schweiz die Liquidatoren rekrutieren?«

Militärminister Ueli Maurer, zu dessen Departement der Bevölkerungsschutz gehört, antwortete wolkig: Gemäß Strahlenschutzverordnung seien das »alle Personen und Unternehmen, die für Arbeiten zur Verhinderung einer weiteren Kontamination der Umgebung herangezogen werden können. Zu denken ist dabei in erster Linie an die Belegschaft des betroffenen Werks, aber auch an Angehörige der Partnerorganisationen des Bevölkerungsschutzes und der Armee oder an Mitarbeiter von Baugeschäften oder Transportunternehmen.«

Teuscher reichte die Antwort nicht, und sie hakte nach: »Werden diese Leute zwangsrekrutiert, wenn sich nicht genügend Freiwillige melden?«

»Ja«, antwortete Maurer, »die Gesetzgebung sieht vor, dass man Leute dazu verpflichten kann, wobei die Schutzbestimmungen selbstverständlich eingehalten werden müssen. Es ist klar festgelegt, welcher Belastung man solche Leute aussetzen darf.«

In Tschernobyl galten am Anfang für die Aufräumarbeiter 250 Millisievert, in Japan erhöhte man die Dosen ebenfalls für alle auf 250. In der Schweiz könnte man das theoretisch nicht tun, denn die Strahlenschutzverordnung schreibt eindeutig fest: »Die [zwangs-]verpflichteten Personen dürfen nur für Arbeiten eingesetzt werden, bei denen nicht zu erwarten ist, dass sie im ersten Jahr nach dem Ereignis eine effektive Dosis von mehr als 50 Millisievert, beim Einsatz zur Rettung von Menschenleben von mehr als 250 mSv akkumulieren.«

Bei einem Grenzwert von 50 Millisievert bringt man keinen Reaktor, der am Durchschmelzen ist, unter Kontrolle. Das heißt, wenn der Bundesrat die Armee wirklich zwangsverpflichten will und sie auch einsatztauglich sein soll, müsste er zuerst den Grenzwert erhöhen. Und das ginge vermutlich nur mit Notrecht.

In Japan hat man inzwischen für die gewöhnlichen, tageweise angestellten Aufräumarbeiter den Wert gesenkt, er liegt immer noch bei 100 Millisievert. Mit 50 Millisievert bräuchte man das Doppelte an Personal.

In Deutschland sieht die Gesetzeslage leicht anders aus. Im Katastrophenfall, was in der Strahlenschutzverordnung als »unter außergewöhnlichen Umständen« beschrieben wird, können die Behörden den Grenzwert auf 100 Millisievert erhöhen. Es dürfen dann aber nur »Freiwillige, die beruflich strahlenexponierte Personen der Kategorie A sind«, zum Einsatz kommen – das sind zum Beispiel AKW-Mitarbeiter, nicht aber gewöhnliche Feuerwehrleute oder Soldaten. Wenn es darum gehe, einem Menschen das Leben zu retten, dürften diese Kategorie-A-Personen im Extremfall 250 Millisievert abbekommen. Zwangsverpflichtung ist überhaupt nicht vorgesehen.

Das Nachrichtenportal T-online hat versucht, die Frage zu recherchieren und kam zum Schluss: »Eine klare Antwort auf die Frage, wer auf welcher Rechtsbasis in einen extrem gefährlich verstrahlten Reaktor geht, erhält man von keiner Institution oder Behörde, die mit Reaktorsicherheit, Strahlen- oder Katastrophenschutz betraut ist.« Der Journalist sprach mit dem Katastrophenforscher Willi Streitz von der Universität Kiel, der es auf den Punkt brachte: »In einer Demokratie kann man niemandem befehlen, in den Strahlentod zu gehen. So etwas kann nur ein Freiwilliger machen.«

Auch wenn Polizeibeamte oder Feuerwehrleute einen Amtseid leisten, bedeutet dies nicht, dass man sie zwingen kann, sich in die Nähe einer stark strahlenden AKW-Ruine zu begeben. »Das ist ein so weitgehender Eingriff in Leben und Gesundheit, das könnte nur der Gesetzgeber regeln. Und hier gibt es bisher noch keine Grundlage, weil man an solche Fälle noch nicht gedacht hat«, konstatiert Joachim Wieland, Professor für öffentliches Recht an der Verwaltungshochschule in Speyer.

Ein Risiko einzugehen sei eine berechtigte Anforderung. Doch was zum sicheren Tod führe, das müsse auch kein Feuerwehrmann oder Polizist machen, erklärt Wieland. »Das ist mit dem Grundsatz der Menschenwürde in unserer Verfassung nicht vereinbar, und das Bundesverfassungsgericht hat hierzu auch keine Entscheidungen gefällt.«

»Zwar kann der Gesetzgeber die Grenzwerte für Ausnahmesituationen erhöhen, sobald jedoch die Strahlenbelastung so hoch wäre, wie derzeit in Japan, wo eine Gesundheitsgefahr ganz manifest ist, wäre auch in Deutschland kein Gesetz durchzusetzen«, sagt der Jurist. Das gilt offenbar auch für die Bundeswehr, die von keinem Soldaten verlangen kann, dass er bei einem Super-GAU sein Leben riskiert.

Wie rasch das passieren kann, erfuhren die drei Fukushima-Arbeiter, die am 24. März ungeschützt während drei viertel Stunden in hoch radioaktivem Wasser standen. Das war nicht vorgesehen, aber es fehlten ihnen die nötigen Dosimeter. Die Männer erhielten an den Knöcheln massive Strahlendosen, aufgrund der Verletzungen müssen es Dosen zwischen 2000 und 6000 Millisievert gewesen sein. Damit muss man in der Umgebung eines geborstenen oder geschmolzenen Reaktors jederzeit rechnen. Die offene Frage ist deshalb, »wie weit in unserer Gesellschaft die Bereitschaft reicht, in den sicheren Strahlentod zu gehen und sich für die Gemeinschaft zu opfern«, sagt Katastrophenforscher Streitz und schließt mit der Feststellung: »Hier regiert das Prinzip Hoffnung.«

Der fast vergessene Schweizer Super-GAU

Die Schweiz hat schon einen Super-GAU erlebt. Das geschah am 21. Januar 1969. Der kleine Reaktor stand in einer Felskaverne im waadtländischen Lucens, etwa auf halber Strecke zwischen dem Genfer- und dem Neuenburgersee. Als die Operateure an jenem Tag die Leistung des Reaktors erhöhten, gingen plötzlich die Alarmsysteme los. Die Operateure maßen hohe Radioaktivität, überall war Wasser, wo keines sein sollte. Die Operateure verstanden nicht, was los war. Im Reaktor stieg der Druck, dann fiel er wieder. Ein Brennelement schmolz. Glücklicherweise stellte der Reaktor sich selber ab, sonst wäre es zu einer totalen Kernschmelze gekommen.

Lucens hat zwar die Umgebung nicht sehr stark verseucht, trotzdem war es ein verheerender Unfall. Während Monaten durfte man die hoch kontaminierte Felskaverne nicht betreten, die Öffentlichkeit bekam aber nur wenig davon mit.

Der kleine Super-GAU in Lucens hätte viel mehr Schaden angerichtet, wäre der Reaktor nicht in einer Felskaverne untergebracht worden. Ursprünglich wollten die Reaktorbauer den Minimeiler, der eine thermische Leistung von 30 Megawatt hatte (Mühleberg ist über dreißigmal größer), mitten in der Stadt Zürich, unter der Eidgenössischen Technischen Hochschule (ETH) installieren.

Nach diesem Desaster beerdigte man die Idee, in der Schweiz einen eigenen Reaktortyp zu entwickeln. Die ersten kommerziellen Reaktoren, Beznau I und II, lieferte die US-Firma Westinghouse. Es waren zwei Druckwasserreaktoren, die 1969 respektive 1972 ans Netz gingen und heute zu den weltweit ältesten AKW gehören, die noch Strom produzieren.

Beides sind Oldtimer, die zwar nachgerüstet wurden, aber nach wie vor große Sicherheitsmängel aufweisen. Die Organisation Fokus Anti-Atom deckte zum Beispiel auf, dass 2007 die Notstromgeneratoren nicht einsatzbereit waren – ein Zwischenfall, »der eindringlich demonstrierte, dass im Fall eines Erdbebens eine Katastrophe nicht mehr aufzuhalten gewesen wäre«, wie die Organisation schreibt.

Die Atomaufsichtsbehörde ENSI hatte damals das Problem auch erkannt und die Betreiberin Axpo aufgefordert, ihre Anlage mit zusätzlichen Generatoren auszurüsten. Doch diese Nachrüstung muss erst bis 2014 realisiert sein. Als Umweltorganisationen und linke Parteien davon erfuhren, verlangten sie, Beznau müsse umgehend vom Netz, bis die Mängel behoben seien. Doch sie blitzten mit ihrer Forderung ab.

Die Umweltorganisationen kritisieren ferner, das AKW – das auf einer Insel in der Aare steht – sei unzureichend vor Hochwasser geschützt, was die Atomsicherheitsbehörde jedoch negiert.

Das zweitälteste und noch umstrittenere AKW Mühleberg, das wenige Kilometer außerhalb der Bundeshauptstadt liegt, nahm 1972 den Betrieb auf. Es ist fast baugleich wie die Siedewasserreaktoren von Fukushima Daiichi. Auch Mühleberg wurde von General Electric entwickelt und hat ein Mark-I-Containment. Es ist nicht nur alt, es weist im Kernmantel Risse auf. Zwei der Fukushima-Daiichi-Meiler hatten dasselbe Problem, doch hat man dort die rissigen Bestandteile ersetzt.*

In Mühleberg versucht man, die Risse mit Zugankern zu stabilisieren. Die Prüfanstalt TÜV Nord hat in einem Gutachten aber festgestellt, die Zuganker seien untauglich und könnten bei einem Unfall sogar mehr Schaden anrichten, als sie nützen. Trotzdem intervenierte die Atomsicherheitsbehörde nicht. Sie würde der Anlage sogar eine unbefristete Betriebsbewilligung erteilen, was bislang durch Einsprachen der Umweltorganisationen verhindert worden ist. Die Betreiber mussten im Sommer 2011 einräumen, dass ein starkes Hochwasser die Notkühlung beeinträchtigen würde. Mühleberg wurde kurzfristig vom Netz genommen und nachgerüstet. Danach durfte das AKW den Betrieb wieder aufnehmen.

Wie bei Beznau I und II sagt die Atomaufsichtsbehörde ENSI, sie könne das AKW nur stilllegen, wenn »akut Gefahr« drohe.

* In Block 4 von Fukushima Daiichi war man daran, den Kernmantel auszutauschen; deshalb liegen alle Brennelemente dieses Reaktors im Abklingbecken, der Reaktor selbst ist leer, sonst wäre man heute vermutlich nicht mit drei, sondern mit vier Kernschmelzen konfrontiert.

In der Schweiz gibt es keine Laufzeitbeschränkung und niemanden, der bestimmen kann, wann ein Altreaktor zu alt ist. Die Atombehörde ENSI ist theoretisch für diesen Entscheid zuständig, wird ihn aber nicht fällen können, weil sie befangen ist. Oder wie die bürgerliche Abgeordnete Maja Ingold es formuliert hat: »Das ENSI wird sich verständlicherweise immer der Optimierung der bestehenden Sicherheitskonzepte widmen, ohne diese grundsätzlich infrage zu stellen. Schließlich war es ja in den letzten Jahren an ihrer Erarbeitung beteiligt. Der Entscheid, ob ein Kernkraftwerk nach vierzig Jahren noch betrieben werden darf, muss daher in den Händen des Bundesrates liegen.«

Doch der Bundesrat drückt sich, was zur Folge hat: Solange die Betreiber etwas Geld in die musealen Meiler stecken, ist das Ritual gewahrt, und sie dürfen unbefristet am Netz bleiben. Nach den Vorstellungen der Betreiber sollen das bis zu sechzig Jahre sein, obwohl die AKW für eine Betriebsdauer von lediglich dreißig Jahren konzipiert wurden.* Die Schweiz ist also weit von einem Atomausstieg entfernt. Regierung und Parlament haben bloß entschieden, auf den Bau von neuen AKW zu verzichten.

Wohin mit drei Millionen Evakuierten?

Die Mängel des Reaktortyps, der in Fukushima und in Mühleberg steht, wurden schon vor Jahren präzise beschrieben. 1990 verfassten Michael Sailer und Christian Küppers vom Ökoinstitut Darmstadt im Auftrag von Mühleberg unter der Lupe (MuL) eine Studie, sie sich ausnimmt wie eine Vorwegnahme des Infernos von Fukushima: Der Reaktor ist von einem birnenförmigen Stahlbehälter,

* Nach der Atomkatastrophe in Japan wurde von verschiedenen Parteien und Umweltorganisationen die Initiative »Für den geordneten Ausstieg aus der Atomenergie« lanciert, die vorschreibt, dass jedes Schweizer AKW nach 45 Betriebsjahren vom Netz muss. Wann über die Initiative abgestimmt wird, lässt sich noch nicht sagen.

Atomausstieg in Deutschland, kein Ausstieg in der Schweiz

Deutschland hat nach dem Unfall in Fukushima Daiichi die ältesten Reaktoren vom Netz genommen und beschlossen, die verbliebenen neun Meiler bis 2022 schrittweise stillzulegen (in den Dampffahnen das Jahr der Stilllegung).
Die Schweiz plante, zwei bis drei neue Atomreaktoren zu bauen (bei den bestehenden Standorten von Mühleberg, Gösgen und Beznau). Nach dem Fukushima-Unfall beschlossen Regierung und Parlament, auf die Neubauten zu verzichten. Der Atomausstieg wurde aber trotzdem nicht konkret beschlossen, weil alle Reaktoren unbefristet weiter betrieben werden dürfen, solange sie angeblich sicher sind. Die Schweizer Atomsicherheitsbehörde, die den Reaktoren seit Jahren Sicherheit attestiert, wird sich schwertun, ihre Stilllegung anzuordnen. Die ältesten Anlagen (Beznau und Mühleberg) sind bereits über vierzigjährig. Die Betreiber würden sie gerne sechzig Jahr lang am Netz behalten.

dem Containment umgeben, der bei einem Störfall das kontaminierte Wasser und den Dampf zurückhalten soll. Bei einer Kernschmelze würde der Druck im Containment rapide steigen – doch ist es zu klein und zu schwach; es hält lediglich einen Druck von 4 Bar aus. Bei einer Kernschmelze könnte es förmlich aufplatzen. »Berechnungen bei Anlagen in den USA mit gleichem Containment haben denn auch ergeben, dass bei Kernschmelzen mit großer Wahrscheinlichkeit die Radioaktivität nicht zurückgehalten werden kann«, schrieben damals Sailer und Küppers.

Zudem hielten sie fest: Das Schnellabschaltsystem sei veraltet, die Notkühlung unzureichend, und wichtige Sicherheitssysteme seien nicht voneinander getrennt, was gerade im Katastrophenfall existenziell wichtig ist: Bricht zum Beispiel in einem Gebäude Feuer aus, in dem sich ein zentrales System befindet, müssen die Ersatzsysteme an einem anderen Ort untergebracht sein, damit sie nicht gleich mit zerstört werden.

MuL warnte damals: »Die ungünstige Grundkonzeption des Werks ist mit Nachrüstungen nicht wettzumachen. Der technische Stand von Neuanlagen wird nie erreicht.«

Die Atomsicherheitsbehörde bestritt die meisten der kritisierten Punkte nicht, meinte aber bezüglich des »zu kleinen und zu schwachen Containments« lapidar, andere Siedewasserreaktoren hätten auch keine größeren Containments.

Die Zürcher Soziologen Hans-Peter Meier-Dallach und Rolf Nef nutzten 1990 die Berechnungen von Sailer und Küppers, um darzustellen, was mit der Schweiz geschehen würde, wenn in Mühleberg die Schnellabschaltung versagen, der Kern schmelzen und das Containment nicht standhalten würde. Sie publizierten ihre Ergebnisse in der Broschüre *Großkatastrophe im Kleinstaat*, die nichts an Aktualität eingebüßt hat. Falls es regnet und Westwind bläst – was im Schweizer Mittelland häufig vorkommt –, treibt die radioaktive Wolke in niedriger Höhe Richtung Osten, Nordosten. »In 113 Minuten erreicht sie Burgdorf, in 286 Minuten Olten, in 493 Minuten Zürich, in 646 Minuten Frauenfeld und in 779 Minuten Güttingen am Bodensee.« Es liefe genau so ab, wie in Japan, nur dass dort der Wind in den ersten Stunden und Tagen den größten Teil der Radionuklide in den Ozean hinausgetragen hat.

Die Autoren schreiben von der »horizontalen Evakuierung«, die nötig wäre, weil die Bevölkerung in diesen Gebieten zu hohe Dosen abbekäme. Meier-Dallach und Nef schildern im Detail, wie sich die Schweiz in wenigen Monaten vollständig verändern würde: »Selbst bei larger Interpretation der geltenden Schutznormen sind innerhalb von 30 Tagen nach dem Reaktorunfall 900 000 Menschen umzusiedeln – ohne Hoffnung auf baldige Rückkehr und in einer aufs Äußerste angespannten Situation.« Wichtige Verbindungswege wie die Autobahn zwischen Zürich und Bern wären unterbrochen.

Längerfristig müssten an die drei Millionen Menschen umgesiedelt werden. Doch wohin? »Die Schweiz wäre schon Monate nach der Katastrophe nicht nur ökologisch und ökonomisch, sondern auch politisch-kulturell kaum mehr wiederzuerkennen; Jahrzehnte später überhaupt nicht mehr«, konstatieren die Autoren.

Ähnliche Szenarien wurden schon für andere Atomkraftwerke untersucht. Gäbe es im französischen AKW Fessenheim einen Super-GAU, könnte sich bei lebhaftem Südwestwind mit Regen eine 370 Kilometer lange Schadensfahne über Frankfurt, Stuttgart bis Würzburg und Nürnberg erstrecken, schreibt die Umweltorganisation BUND in einem Szenario. Greenpeace hat ebenfalls für mehrere AKW-Standorte anhand von realen Wetterkarten rechnen lassen, welche Gebiete geräumt werden müssten.

In Deutschland wurde die Gefahr inzwischen reduziert, weil die ältesten und gefährlichsten Anlagen nicht mehr in Betrieb

Kernschmelze in Mühleberg bei Bern

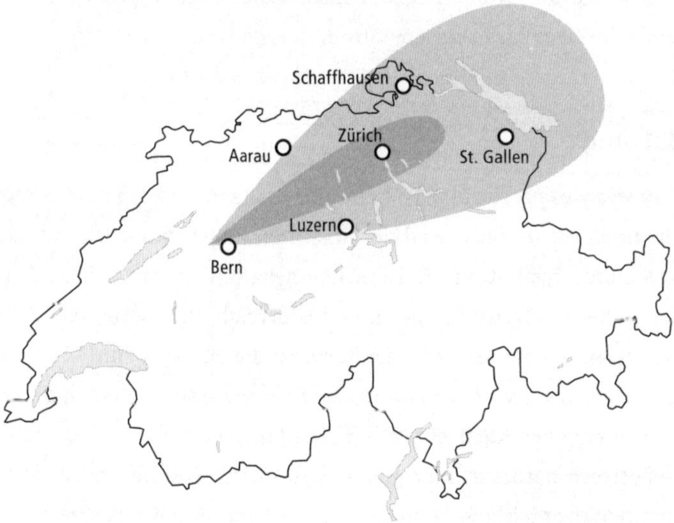

Über zweieinhalb Millionen Menschen zwischen Bern und dem Bodensee müssten langfristig umgesiedelt werden, wenn es im AKW Mühleberg zu einem großen Nuklearunfall kommen würde. Die dunkle Fläche umfasst die Gebiete, welche die Bewohnerinnen und Bewohner sofort oder innerhalb weniger Tage zu verlassen hätten. Das schraffierte Gebiet Bodensee-St. Galler Rheintal-Schaffhausen-Bern müsste einige Wochen oder Monate nach dem Unfall ebenfalls evakuiert werden, weil die Menschen eine zu hohe Strahlendosis erhalten würden, wenn sie ihr gesamtes Leben dort blieben. Die Darstellung basiert auf der Annahme, dass während und kurz nach dem Unfall Westwind herrscht und Regen fällt – das heißt, relativ viele Radionuklide auf Schweizer Gebiet niedergehen würden.

Quelle: Hans-Peter Meier-Dallach, Rolf Nef, *Großkatastrophe im Kleinstaat*, Zürich 1990

sind. Das Beispiel AKW Isar zeigt aber immer noch, dass je nach Wetterlage die Wolke bis weit nach Österreich respektive bis in den Schweizer Jura reichen würde.

Haftung

Und wenn es passiert ist, ist keiner da, der zahlt. In Japan ist Tepco nur noch nicht pleite, weil der Staat den Energiekonzern mit Milliardenbeträgen stützt. Wie in Japan haften theoretisch auch in der Schweiz, Deutschland und Österreich die Betreiber unbegrenzt, in den anderen EU-Ländern ist die Haftung limitiert. Voraussichtlich wäre aber auch in der Schweiz und Deutschland ein AKW-Betreiber nach einem Großunfall sofort zahlungsunfähig (Österreich hat keine kommerziellen AKW). Das Schweizer Kernenergiehaftpflichtgesetz sieht vor, dass pro Anlage Schäden von bis zu 1,8 Milliarden Franken (umgerechnet 1,5 Milliarden Euro) gedeckt sein müssen: Die AKW-Betreiber müssen Versicherungen über jeweils 1,1 Milliarden Franken abschließen; für den Rest steht der Bund gerade, der einen Nuklearschadenfonds unterhält, den die AKW-Industrie mit Beiträgen speist.

Als das Gesetz 2007 revidiert wurde, kritisierte die Allianz Stopp Atom, die AKW-Industrie müsse ihre Risiken nicht selber tragen, was »einer Subventionierung durch den Staat« gleichkomme. Die Allianz, der über zwei Dutzend Umweltorganisationen und Parteien angehören, forderte, dass die AKW-Betreiber mögliche Schäden vollumfänglich selber versichern sollten.

»Pro Kopf und Jahr gibt die Schweizer Bevölkerung 7000 Franken für Privatversicherungen aus«, konstatierte damals Leo Scherer, der für Greenpeace die Haftungsfrage analysiert hatte. Scherer rechnete aus, wie es aussähe, wenn man AKW-Betreiber gleich in die Pflicht nähme wie Autobesitzer: Alle 3,9 Millionen Fahrzeug-

Kernschmelze im AKW Isar bei Landshut

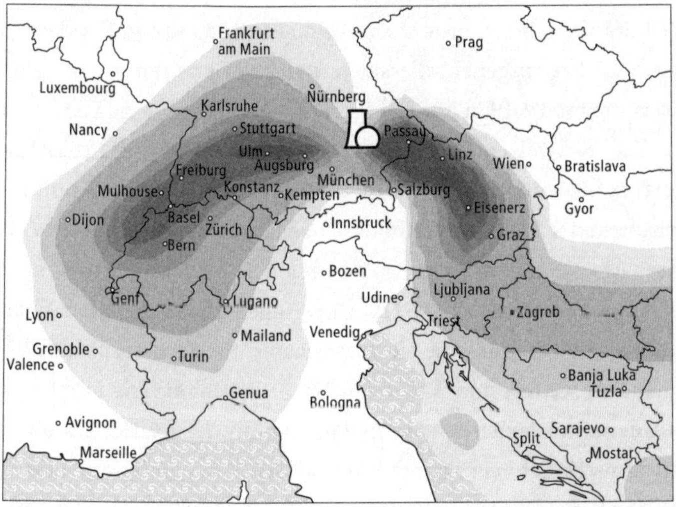

Greenpeace Deutschland ließ mit konkreten Wetterdaten eine Simulation rechnen, die zeigt, welche Folgen ein Super-GAU in Deutschland hätte. Die Grafik geht vom AKW Isar I aus, das östlich von Landshut liegt und inzwischen vom Netz genommen wurde, daneben steht aber noch Isar II, das bis 2022 am Netz sein wird und größer als Isar I ist. Bei einem sehr schweren Unfall würde der Fallout, der radioaktive Niederschlag, je nach Witterung dieselben Gegenden treffen. Der dunkle Bereich zeigt das Gebiet an, das nach den Vorgaben von Tschernobyl evakuiert werden müsste. Das Evakuierungebiet reicht – falls eine Westwindlage herrscht – weit nach Österreich hinein, westlich bis fast nach Salzburg und südlich bis fast nach Graz. Bei Nordostwind müssten große Teile des Schwarzwaldes bis weit hinunter in den Schweizer Jura evakuiert werden. Stuttgart läge am Rand der Sperrzone, Freiburg im Breisgau und Basel lägen mittendrin.
Das Szenario geht von einem schwerer Reaktorunfall mit Kernschmelze und offenem Containment bei fünfzigprozentiger Freisetzung des im Reaktor befindlichen Cäsiums aus. Als Grundlage dienten reale Wetterdaten des Jahres 1995. Das Institut für Meteorologie an der Universität für Bodenkultur in Wien hat anhand dieser Wetterdaten errechnet, wie sich die Wolke innerhalb von 10 Stunden an acht verschiedenen Tagen des Jahres ausgebreitet hätte.

Quelle: www.greenpeace.de/themen/atomkraft/atomunfaelle/ausbreitung/

policen decken zusammen Schäden in der Höhe von mehr als 20 000 Milliarden ab – die fünf bestehenden AKW gerade mal 9 Milliarden Franken. Pro Jahr müssen Autobesitzer rund 670 Franken für die Schäden ausgeben, die sie verursachen könnten – die Stromkonsumenten zahlen nur 1,50 Franken, um die AKW zu versichern.

Das Schweizer Parlament hat das Kernenergiehaftpflichtgesetzt 2008 verabschiedet, es ist allerdings noch nicht in Kraft. Das wird erst der Fall sein, wenn das sogenannte Brüsseler und das Pariser Abkommen auch in Kraft treten. Die beiden internationalen Verträge regeln die AKW-Haftungsfrage auf europäischer Ebene und sehen vor, dass die Vertragsstaaten im Katastrophenfall gemeinsam weitere 300 Millionen Euro Entschädigung aufbringen würden. Eine lächerlich Summe in Anbetracht der Kosten, die Fukushima Daiichi verursacht (siehe »Zurück in Japan«, Seite 185 ff.).

Die Schweiz hat die Verträge ratifiziert, noch fehlen die Unterschriften diverser EU-Länder. Das dürfte noch dauern. Solange gilt das neue Gesetz nicht und die Schweizer AKW-Betreiber müssen sich nur für etwas mehr als eine Milliarde Franken versichern.

In Deutschland sieht es mit der Versicherungsdeckung minim besser aus: Die AKW-Betreiber müssen dort für einen möglichen Schaden in der Höhe von 2,5 Milliarden Euro geradestehen. Die Ärzteorganisation IPPNW, die Neue Richtervereinigung, der Bund Naturschutz in Bayern und der BUND haben deshalb gemeinsam eine Petition lanciert, in der sie die Bundesregierung auffordern, »unverzüglich als Risikovorsorge für den Betrieb von Atomkraftwerken eine Betriebshaftpflichtversicherung mit ausreichender Deckung für alle Gesundheits-, Sach- und Vermögensschäden vorzuschreiben«.

Sie führen eine Studie des Bundeswirtschaftsministeriums an, die zum Ergebnis kam, dass ein schwerer Kernschmelzunfall in einem deutschen Atomkraftwerk Schäden von bis zu 5550 Milliar-

Strahlungspotenzial der Schweiz

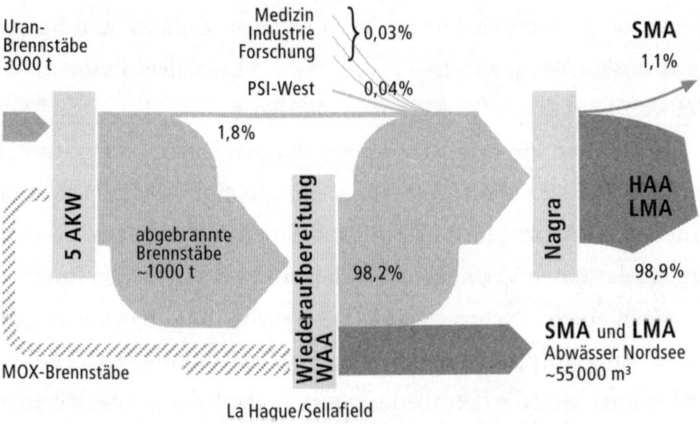

Die Grafik zeigt das gesamte Strahlungspotenzial, das nach dem Jahr 2030 – wenn alle fünf AKW abgebrochen sind – in der Schweiz entsorgt werden muss, inklusive der Abfälle aus Medizin, Industrie und Forschung. Es fallen insgesamt 31,6 × 10^{18} Becquerel an: 98,9 Prozent davon als hochaktiver (HAA) beziehungsweise als langlebiger mittelaktiver (LMA) Abfall, 1,1 Prozent als schwach- und mittelaktiver Abfall (SMA); der Anteil, der aus Medizin, Forschung oder Industrie stammt, ist mit 0,03 Prozent verschwindend klein.
Volumenmäßig zeigt sich indes ein anderes Bild: Für den SMA wird man ein Lager von rund 100 000 Kubikmetern benötigen, für den HAA jedoch nur eines von 7000 Kubikmetern.

Grafik: SES

den Euro verursachen könnte. Das Forum ökologische Sozialwirtschaft rechnet sogar in einer anderen Studie mit Schäden von mehr als 11 000 Milliarden Euro. Zum Vergleich: Deutschland hat ein Bruttoinlandsprodukt (BIP) von 2500 Milliarden Euro, in der Schweiz liegt es bei 540 Milliarden Franken.

Hätte man ein atomares Sperrgebiet von 10 000 Quadratkilometern, müssten die Landbesitzer entschädigt werden. Selbst bei einem sehr niedrigen Bodenpreis von 50 Euro pro Quadratmeter ergäbe das einen Vermögensschaden von 500 Milliarden Euro.

Nach einem solchen Atomunfall besteht allerdings nur ein Entschädigungsanspruch gegenüber dem Anlagenbetreiber. Geht dieser in Konkurs, sind die Betroffenen vom Goodwill des Staates abhängig. Zahlt er nichts, müssen sie ihre Eigentums- und Vermögensverluste selbst tragen. Man kann sich nämlich nicht privat gegen einen AKW-Unfall versichern, da Versicherungen »Schäden durch Kernenergie« von jeder Haftung und Ersatzleistung ausnehmen.

Fragt man bei Versicherungsgesellschaften nach, heißt es lapidar, dieses Risiko sei nicht versicherbar.

TEIL III

ZURÜCK IN JAPAN

Die freiwillig Evakuierten

Was sind sie? AKW-Flüchtlinge? Freiwillig Evakuierte? Auf Japanisch nennt man es Jishu-Hinan – selbstinitiierte Evakuierung, sagt Tomoyuki Takada. Einen träfen Begriff scheint es auf Deutsch nicht zu geben. Wir beschließen, sie als »freiwillig Evakuierte« zu bezeichnen. Sie wurden nicht vom Staat gezwungen, ihre Heimat zu verlassen, wie das bei den Leuten aus der Zwanzig-Kilometer-Zone der Fall ist, aus freien Stücken sind sie trotzdem nicht gegangen.

Yuko Nishiyama ist eine von ihnen. Sie bewohnt in einem Außenbezirk von Kyoto in einer Plattenbausiedlung eine Wohnung mit drei Zimmern, die mit Strohmatten ausgelegt sind. Die vierstöckigen Häuser standen zu einem großen Teil leer und hätten abgerissen werden sollen. Nach dem Tohoku-Erdbeben beschloss die Präfekturverwaltung von Kyoto, sie den freiwillig Evakuierten aus Fukushima zur Verfügung zu stellen.

75 Jishu-Hinan-Familien wohnen inzwischen in der Siedlung, sagt Nishiyama. Die meisten sind im Sommer hierher gekommen. Es sind vor allem Mütter mit ihren Kindern, nur fünf bis acht Ehemänner seien mit nach Kyoto gezogen, die anderen blieben in der Tohoku-Region. Die meisten Zugezogenen stammen aus den Städten Fukushima oder Koriyama, die beide einiges an Strahlung abbekommen haben. Insgesamt sollen, schätzt Nishiyama, etwa

vierhundert bis fünfhundert AKW-Flüchtlinge in Kyoto leben. Sie kam mit ihrer knapp dreijährigen Tochter und ihren Eltern. Ihr Mann hat sie nicht begleitet; er blieb, weil er – wie die meisten anderen Männer auch – seinen Arbeitsplatz nicht aufgeben wollte.

Die Präfektur bezahlt die Wohnung, den Lebensunterhalt müssen die Flüchtlinge selbst bestreiten. Die Unterstützung gilt voraussichtlich für zwei Jahre. Danach müssten sie sich eine andere Wohnung suchen oder zurückkehren.

Nishiyama ist Englischlehrerin, sie hat in Kanada und den USA gelebt. Sie sagt, nach Fukushima werde sie niemals zurückkehren. Vielleicht nach Sendai, wo ihr Mann arbeite. Sendai liegt nördlich von Fukushima und ist kaum kontaminiert, aber die Lebensmittel bereiten Nishiyama Sorgen. Man wisse nicht, wie stark sie belastet seien. Und sie glaubt nicht, dass seriös gemessen wird. Auf den Lebensmitteln, vor allem beim Fisch, sollte nicht die Herkunft deklariert werden, sondern die Radioaktivität in Becquerel, sagt sie.

Viele Familien würden gerne weg aus den kontaminierten Gebieten, könnten aber nicht, weil sie ein Haus gebaut oder eine Wohnung gekauft und dafür ein Darlehen aufgenommen hätten. Die Liegenschaften können nicht mehr zu einem vernünftigen Preis verkauft werden, weshalb sich die Schulden nicht tilgen lassen und den jungen Familien das Geld fehlt, um sich anderswo niederzulassen. Abgesehen davon, dass sich nicht leicht eine neue Arbeit finden lässt.

Nishiyama spricht von den gesundheitlichen Problemen, die bei diversen Kindern in Fukushima aufgetreten seien, Durchfall, Hautprobleme, Nasenbluten, erhöhte Temperatur.

Masako Kobayashi und Akiko Otsuka kennen ähnliche Geschichten über Kinder, die plötzlich heftig unter Nasenbluten litten. Beide leben in derselben Siedlung wie Nishiyama, beide sind um die vierzig. Kobayashi hat eine elfjährige Tochter, Otsuka zwei

Jungs, der eine ist fünf-, der andere achtjährig. Keine von ihnen war politisch interessiert, keine war besonders kritisch. In den ersten Tagen hatten sie den Behörden geglaubt. Bis sie realisierten, wie widersprüchlich und irreführend die offiziellen Äußerungen waren, da erst wurden sie misstrauisch.

Kobayashi holt ein Mitteilungsblatt der Stadt Koriyama hervor, in dem am 21. März versichert wurde, anders als in Tschernobyl bräuchten sich die Leute von Koriyama überhaupt keine Sorgen zu machen. Die Stadtverwaltung schreibt darin, ein Grenzwert von 3,8 Mikrosievert pro Stunde sei in Ordnung, weder Schwangere noch Kleinkinder würden gefährdet.

Die Frauen machten sich im Internet kundig. Schnell lernten sie, was es mit Becquerel und Sievert auf sich hat und dass 3,8 Mikrosievert der Dosis entspricht, die man AKW-Arbeitern zumutet. Schnell bekamen sie mit, dass in Tschernobyl strengere Grenzwerte galten als in Koriyama oder Fukushima.

Akiko Otsuka sagt, im Innern ihres Hauses hätten sie 0,1 Mikrosievert gemessen, unten an der Regentraufe* gar 10, draußen auf dem Hof noch 2 Mikrosievert, was pro Jahr eine Belastung von 10 Millisievert ergibt.

Sie berichtet, wie sie übers Internet erfuhr, dass die Präfektur Kyoto Leuten, die aus Koryiama wegwollten, gratis Unterkunft anbot. Sie wusste, dass ihr Mann nicht einfach wegkonnte, weil er als buddhistischer Mönch seinen Tempel zu betreuen hatte. In Japan dürfen Mönche seit der Meiji-Restauration heiraten und tun das auch oft. Den Tempel, dem sie vorstehen, betreiben sie wie ein Familienunternehmen, das sie später an ihre Kinder weitergeben. Akiko Otsuka fürchtete, ihr Mann würde sich deswegen gegen ei-

* Da werden stets die höchsten Werte gemessen, weil die Radionuklide mit dem Regenwasser vom Dach gewaschen werden und sich deshalb unten an der Regentraufe konzentrieren.

nen Umzug wehren. Geschickt entschied sie sich deshalb für Kyoto, weil sie wusste, dass ihr Mann enge Beziehungen zu einem Tempel in Kyoto pflegt und die beiden Knaben eine buddhistische Schule besuchen können. Ihr Mann hatte somit keine religiösen Argumente, sie am Umzug zu hindern, und ließ sie ziehen.

Sie weiß, dass sie nach zwei Jahren nach Koriyama zurück muss. Sie sagt, sie hoffe, dass man bis dahin mehr wisse und es für die Kinder dann hoffentlich sicherer sei.

Masako Kobayashi kennt die Strahlenwerte ebenfalls exakt. Auf dem Parkplatz vor ihrem Haus misst man 0,64 Mikrosievert pro Stunde, am Straßenrand 1,4 Mikrosievert und bei der Regentraufe 1,9 Mikrosievert.

Auch sie sagt, sie werde vermutlich zurückgehen müssen, wenn sie die Gratiswohnung in Kyoto nicht mehr habe. »Das schlimmste ist, dass man sich dort nicht frei bewegen kann. Man muss darauf achten, nicht zu nahe am Straßenrand zu gehen, weil dort die Strahlung stärker ist. Man sollte auch nicht mit Erde in Kontakt kommen. Das ist doch kein Leben für Kinder.«

Die Lebensmittelgrenzwerte sind immer wieder ein Thema. Zwar gibt es Stichproben, doch reicht das den Müttern nicht, sie verlangen systematische Kontrollen – insbesondere auch für die Schulverpflegung. Die Sowjetunion verpflegte die Kinder in den kontaminierten Gebieten in den Schulen mit drei Mahlzeiten, die konsequent aus sauberen Lebensmitteln zubereitet wurden. Man wollte damit erreichen, dass die Kinder zu Hause möglichst nichts aus dem eigenen Garten aßen und keine Milch von der eigenen Kuh tranken. Die Strategie ging auf, unabhängige Messungen zeigten Ende der 1980er-Jahre, dass die Kinder kaum Radionuklide im Körper hatten – Erwachsene hingegen schon. In Japan wird die Schulverpflegung bewusst aus lokalen Produkten zubereitet, was für gewöhnlich sinnvoll ist, jetzt aber nach dem Atomunfall sensibilisierte Eltern zusätzlich verunsichert. Oft lassen die Produzenten ihre Produkte selbst kontrollieren, damit sie sie noch absetzen können. Nahrungsmittel aus der Präfektur Fukushima haben es trotzdem schwer. In den Supermärkten werden sie günstiger angeboten, die Leute, die es sich leisten können und sensibel sind, bevorzugen Lebensmittel, die in entfernten, garantiert nicht belasteten Präfekturen produziert wurden.

Die Lebensmittelgrenzwerte

Nach dem Unfall hat die japanische Regierung die Grenzwerte für Lebensmittel angehoben – auf 200 Becquerel pro Liter flüssiges Lebensmittel wie zum Beispiel Milch und 500 Becquerel pro Kilogramm feste Nahrung. Und zwar für alle, für Säuglinge wie für Erwachsene. Offizielle Messstellen sagen oft, sie hätten nichts gefunden, weil sie einfach die Werte unter dem Grenzwert ignorieren. Das heißt noch lange nicht, dass wirklich keine Radionuklide zu finden sind.

Die Lebensmittelgrenzwerte sind ohnehin ein heikles Geschäft. In der Schweiz gibt es neben dem eigentlichen Grenzwert einen Toleranzwert. Der Toleranzwert ist um ein Vielfaches tiefer, für Cäsium zum Bespiel liegt er bei 10 Becquerel, während der Grenzwert für »Lebensmittel allgemein« bei 1250 Becquerel liegt, für »flüssige Lebensmittel« bei 1000 und für »Säuglingsanfangs- und Folgenahrung« bei 400 Becquerel. Überschreitet ein Lebensmittel den Toleranzwert, müssen die Behörden informiert werden. Grundsätzlich möchte man nur Lebensmittel vertreiben, die keine Radionuklide enthalten, alles, was unter den Grenzwerten liegt, darf trotzdem verkauft werden.

Die Grenzwerte sind allerdings Schönwetterwerte respektive Werte, mit denen man davon ausgeht, dass die Katastrophe weit

Cäsium-Kontaminierung nach Tschernobyl

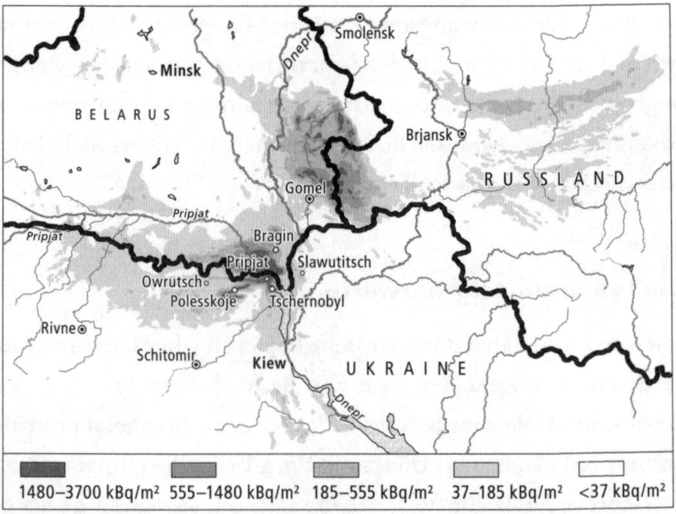

Der Super-GAU in Tschernobyl führte zu starken Cäsium-Kontaminierungen in der Ukraine, vor allem aber auch in Belarus und einigen Gebieten in Russland. Gebiete, die mit mehr als 1480 Kilobecquerel pro Quadratmeter (kBq/m^2) belastet waren, wurden zwangsevakuiert. Gebiete, die Werte zwischen 550 und 1480 kBq/m^2 aufwiesen, wurden nach Möglichkeit dekontaminiert, zudem war es untersagt, landwirtschaftliche Produkte aus diesen Gebieten zu verkaufen.

Quelle: UNSCEAR

weg passiert – sie sollen primär dafür sorgen, dass keine zu hoch belasteten Lebensmittel aus Japan oder der Ukraine den Weg in die eigenen Regale finden. Würde sich der Unfall vor der eigenen Haustüre ereignen, wäre es nicht ratsam, sich an diese Grenzwerte zu halten. Würde man Kinder mit Milch großziehen, die permanent knapp 400 Becquerel enthält, würde es für einige von ihnen tödlich enden.

Leben Menschen in kontaminierten Gebieten, müssen die Grenzwerte viel tiefer sein. Das hat man in der Ukraine und in Belarus verstanden. »Wenige Tage nach [dem Unfall in] Tschernobyl galt in der Ukraine für Trinkwasser ein Grenzwert von 3700 Becquerel pro Liter (Bq/l), einen Monat später waren es 370 Bq/l, Ende 1987 lag der Grenzwert für Cäsium-137 bei 20 Bq/l und 10 Jahre später wurden 2 Bq/l festgesetzt. Die Grenzwerte für Kartoffeln – ein in dieser Region wesentliches Grundnahrungsmittel – fielen von 3700 Bq/kg auf heute 70 Bq/kg für Cäsium-137. Für Brot von 370 Bq/kg auf 20 Bq/kg Cäsium-137. Für Babynahrung gelten heute 40 Bq/kg Cäsium-137 und 5 Bq/kg Strontium«, schreibt die deutsche Organisation Foodwatch in ihrem Report *Kalkulierter Strahlentod.* Sie hat ihn im September 2011 publiziert und untersucht darin die Grenzwerte für radioaktiv verstrahlte Lebensmittel in der EU und in Japan (siehe Tabelle mit den unterschiedlichen Grenzwerten, Seite 197).

Die japanische Regelung von 500 Becquerel pro Kilogramm respektive 200 Becquerel pro Liter ist falsch, weil sie nicht unterscheidet zwischen Grundnahrungsmitteln und selten konsumierten Lebensmitteln. Und zynisch ist sie, weil sie Kinder nicht besser schützt als Erwachsene.

Um es noch komplizierter zu machen: Die Grenzwerte sollten auch berücksichtigen, dass sich die verschiedenen Radionuklide im Körper unterschiedlich verhalten. Cäsium hat zum Beispiel

Strahlenbelastung durch Cäsium nach dem Unfall in Fukushima Daiichi

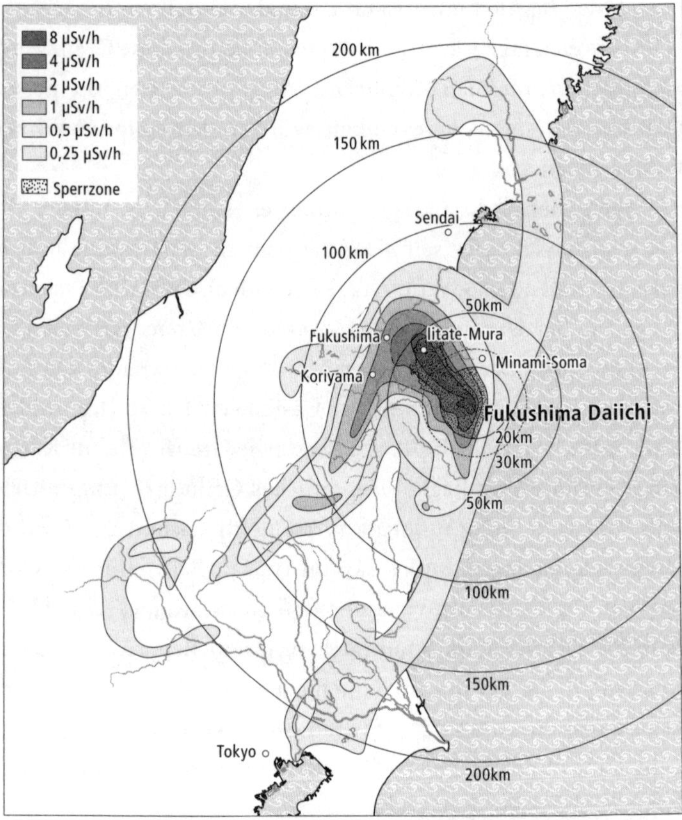

Rund um das havarierte AKW Fukushima wurde eine Zwanzig-Kilometer-Sperrzone eingerichtet. Im März hatte man auch zeitweilig die Zone zwischen 20 und 30 Kilometern um den Reaktor evakuiert, die meisten Leute dieser Zone konnten später aber wieder in ihre Häuser zurückkehren. Einige Gebiete außerhalb der Zwanzig-Kilometer-Zone wurden hingegen so stark belastet, dass sie nachträglich geräumt werden mussten, insbesondere die Gemeinde Iitate-Mura.

Quelle: Yukio Hayakawa, Gunma Universität

Farbige Karte auf der vorderen Umschlaginnenseite.

eine sogenannte biologische Halbwertszeit von drei Monaten – das Cäsium wird also relativ rasch über den Urin ausgeschieden. Nach einigen Monaten kann man das gesamte Cäsium aus dem Körper herausbringen. Strontium ist hingegen viel gefährlicher, weil es sich wie Kalzium verhält, in die Knochen eingebaut wird und deshalb ein Leben lang den Menschen von innen heraus bestrahlt. Deshalb liegt zum Beispiel der Toleranzwert für Strontium in der Schweiz bei nur 1 Becquerel.

»Nach Tschernobyl haben die Ukraine und Belarus deutlich geringere Nahrungsmittel-Grenzwerte festgelegt, als sie in der EU heute noch für die Zeit nach einer Kernkraftwerkskatastrophe gelten. Von besonderer Bedeutung sind die deutlich geringeren Grenzwerte sowohl für Trinkwasser als auch für Milch, Gemüse, Kartoffeln, Brot und Backwaren sowie für Babynahrung. Sie betragen für Cäsium-137 im Mittel lediglich ein Zehntel bis ein Sechzigstel und für Strontium-90 ein Fünfzehntel bis ein Zweihundertstel der zulässigen EU-Grenzwerte.« Bei Trinkwasser ist es sogar ein Sechzigstel bis ein Fünfhundertstel, schreiben die Autoren des Foodwatch-Reports.

Die Grenzwerte der EU und Japans sind irreführend und gaukeln eine Sicherheit vor, die nicht existiert. Die Autoren der Studie rechnen denn auch vor: »Die in der EU und in Japan geltenden Strahlenschutz-Grenzwerte setzen die Bevölkerung unnötig hohen gesundheitlichen Risiken aus. Nimmt man an, dass die Bevölkerung in Deutschland ausschließlich in Höhe der strengsten gültigen EU-Grenzwerte belastete Nahrungsmittel zu sich nimmt – also in Höhe der aktuell für Japan-Importe festgesetzten Grenzwerte –, so würden Kinder und Jugendliche mit einer effektiven Jahresdosis von 68 Millisievert und Erwachsene von 33 Millisievert belastet.« Derweil der Grenzwert eben bei 1 Millisievert für die Normalbevölkerung liegt.

Die Autoren gehen noch weiter und rechnen hoch, mit wie vielen zusätzlichen Krebstoten zu rechnen wäre, wenn wirklich die Menschen stets Nahrung verzehren müssten, die minim unter dem Grenzwert liegt. Das gäbe in Deutschland mit seinen rund 80 Millionen Einwohner jährlich 150 000 zusätzliche Krebstote.

Die Rechnung wirkt abstrakt, sie zeigt aber, dass es zum Beispiel nichts bringt, wenn man »verseuchte Lebensmittel« verdünnt. Das hat man nach Tschernobyl getan, man vermischte die Milch aus dem Tessin, die zu stark verseucht war, mit nicht belasteter Milch aus der deutschen Schweiz. Damit war der Grenzwert wieder eingehalten. Die Zahl der zu erwartenden Krebsfälle sinkt damit aber nicht. Eine bestimmte kollektive Strahlendosis löst in einer bestrahlten Gruppe eine bestimmte Anzahl tödlicher Krebserkrankung aus, das hat man aus der Forschung über die Atombombenopfer von Hiroshima und Nagasaki gelernt. Verteilt man die Dosis auf mehr Personen, ändert das nichts an der Anzahl Krebsfälle, die auftreten werden. Es ist wie beim russischen Roulette – makaber ausgedrückt: Hat man vier Kugeln im Revolver und zehn Leute, die sich am Spiel beteiligen, ist mit vier Toten zu rechnen, wen es trifft, weiß man nicht. Nun kann man das Risiko des Einzelnen senken, die Situation »verdünnen« und hundert Leute am Spiel teilhaben lassen, bei weiterhin vier Kugeln. Es wird immer noch vier Tote geben – nur fallen sie bei der großen Anzahl weniger auf. Dasselbe geschieht, wenn radioaktive Milch oder belasteter Reis »verdünnt« wird. Er wird nicht weniger gefährlich, die Zahl der zusätzlichen Krebstodesfälle bleibt gleich.

Die heutigen Grenzwerte sind also beileibe nicht Werte, auf die man sich verlassen soll. Sie dienen vor allem dem freien Handel und nicht dem Schutz der Menschen.

Vergleich von Grenzwerten für Radionuklide in Lebensmitteln in Bq/l bzw. Bq/kg								
	Ukraine 2006		Belarus 2006		Euratom 1987			
	Cäsium-137	Strontium-90	Cäsium-137	Strontium-90	Cäsium-134/137	Strontium-90	Plutonium-239, Americium-241	Jod-131
Trinkwasser	2	2	10	0,37	1000	125	20	500
Milch	100	20	100	3,7	1000	125	20	500
Kondensmilch	300	60	200	–	1000	125	20	500
Trockenmilch	500	100	100	–	–	–	–	–
Hüttenkäse	100	20	50	–	1000	125	20	500
Saure Sahne	100	20	100	–	1000	125	20	500
Käse	200	100	50	–	1000	125	20	500
Butter	200	40	100	–	1000	125	20	500
Pflanzenöl	100	30	40	–	1250	750	80	2000
Margarine	100	30	100	–	1250	750	80	2000
Tierfette	100	30	100	–	1250	750	80	2000
Fleisch, Fleischprodukte	200	20	–	–	–	–	–	–
Rindfleisch	200	20	500	–	1250	750	80	2000
Schwein Lamm	200	20	180	–	1250	750	80	2000
Geflügel	200	20	180	–	1250	750	80	2000
Eier	100	30	–	–	1250	750	80	2000
Fisch	150	35	–	–	1250	750	80	2000
Gemüse	40	20	100	–	1250	750	80	2000
Leinsamen	40	20	–	–	1250	750	80	2000
Wurzelgemüse	40	20	100	–	1250	750	80	2000
Kartoffeln	60	20	80	3,7	1250	750	80	2000
Frischobst Beeren	70	10	40,7	–	1250	750	80	2000
Wildbeeren Pilze	500	50	370	–	1250	750	80	2000
Getr. Wildbeeren, Pilze	2500	250	2500	–	1250	750	80	2000
Trockenfrüchte, Beeren	280	40	370	–	1250	750	80	2000
Marmelade	140	20	370	–	1250	750	80	2000
Getreide	50	20	370	–	1250	750	80	2000
Brot und Backwaren	20	5	40	3,7	1250	750	80	2000
Kräuter	200	100	370	–	1250	750	80	2000
Saft	70	10	–	–	1000	125	20	500
Babynahrung	40	5	37	1,85	400	75	1	150

Quelle: Foodwatch, *Kalkulierter Strahlentod. Die Grenzwerte für radioaktiv verstrahlte Lebensmittel in der EU und in Japan*, September 2011

Das Containment-Problem

Masashi Goto trägt ein dunkles Sakko und anstelle einer Krawatte an einem Lederband einen Drachenkopf. Er ist Anfang sechzig, noch vor einem Jahr hätte man ihn kaum treffen können. Jahrelang war er beim AKW-Bauer Toshiba angestellt, immer wieder hat er kritische Artikel über AKW-Sicherheit verfasst, aber immer unter Pseudonym. Er verstand sich als Whistleblower. Hätte er unter seinem Namen publiziert, hätten alle gesagt, der Goto sei verrückt, davon ist er überzeugt: »Ich wäre erledigt gewesen, wenn herausgekommen wäre, dass ich hinter den Artikeln stehe.« Im Oktober 2010 habe er einen Text publiziert, der in vielen Punkten den Unfall von Fukushima Daiichi vorwegnahm. Als es dann wirklich passierte, beschloss er, das Versteckspiel aufzugeben.

Ursprünglich hatte Goto nichts mit Nukleartechnologie zu tun. Er war Ingenieur und arbeitete bei einer Firma, die Ölbohrplattformen baute. Goto war zuständig für die Konstruktionen, die hohem Druck standhalten müssen. Dabei hat er erfahren, wie harmlose Bauten zu Todesfallen werden können. Er erzählt von der Plattform Ocean Ranger, die ins Meer gestürzt war. Der Unfall muss ihn herb mitgenommen habe, er spricht darüber, als ob es erst gestern geschehen wäre. Die Bohrinsel hatte man in Japan gebaut, sie war zu jener Zeit die größte der Welt und galt als unsinkbar. Sie stand vor der Küste Neufundland als im Februar 1982 ein schwerer Sturm aufzog. Eine große Welle schwappte in den Kontrollraum und verursachte einen Kurzschluss. Die Pumpen fielen aus, die Plattform geriet in eine bedrohliche Schieflage. Danach versuchte die Besatzung die Pumpen von Hand zu starten, doch es fehlte jegliche Betriebsanleitung zum Ballasttanksystem, die Besatzung tat genau das Verkehrte, öffnete die falschen Ventile, die Schräglage der Plattform wurde noch größer – sie kippte und riss die gesamte 84-köpfige Mannschaft in den Tod.

Geraume Zeit später sank eine Plattform, an deren Bau Goto beteiligt war, weil sie in einen Taifun geriet. Niemand kam zu Schaden, doch für Goto war fortan gewiss, dass auch eine Konstruktion, an der er selbst mitgebaut hat und an deren Sicherheit er absolut glaubte, eben doch untergehen kann.

Die Firma, bei der er arbeitete, ging Ende der 1980er-Jahre pleite. Toshiba suchte grad einen Ingenieur für die Entwicklung von Reaktor-Containments. Goto bekam den Job und entwickelte während gut zwölf Jahren Containments für verschiedene japanische Atomkraftwerke, unter anderem auch für das AKW Fukushima Daiichi.

Das Containment ist ein Schutzbehälter aus Beton und Stahl, der den Reaktordruckbehälter umschließt – der eine steckt im andern wie russische Babuschka-Puppen. Im Reaktorbehälter sind die Brennstäbe untergebracht, darin läuft die Kettenreaktion ab, die dabei entstehende Wärme bringt wie in einem Teekessel Wasser zum Kochen. Und nur darum geht es bei Atomkraftwerken: Wasser heiß machen, damit man mit Dampf Turbinen antreiben kann, die via Generatoren Strom produzieren. Ein simples System, solange alles funktioniert und der Teekessel nicht außer Kontrolle gerät. Passiert es trotzdem, kommt das Containment zum Zug: Es soll strahlenden Dampf, Wasser und was sonst noch aus dem Reaktor quillt auffangen, damit keine Radioaktivität in die Umwelt gelangt. All die Jahre argumentierten die AKW-Betreiber, das Containment erlaube, auch bei einem schweren Unfall alles im Griff zu haben. Gerne führten sie an, Tschernobyl sei so schrecklich verlaufen, weil jener Reaktortyp kein Containment hatte. Das ist wahr, der sowjetische RBMK hatte keine Schutzhülle. Aufgrund eines Konstruktionsfehlers war jener Reaktor aber förmlich explodiert, ein Containment hätte dieser gewaltigen Explosion vermutlich kaum standgehalten. Vielleicht hätte ein Containment den Unfall sogar noch verschlimmert.

Zustand der Reaktoren von Fukushima Daiichi

(Block 1–3)

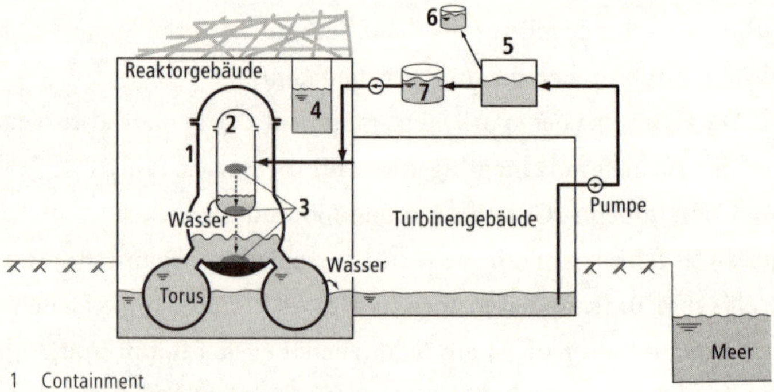

1 Containment
2 Reaktordruckbehälter (unten zum Teil offen)
3 Brennelemente (zum Teil geschmolzen und ins Containment gefallen)
4 Abklingbecken für Brennstäbe
5 Dekontaminierungsanlage
6 Lagertank für hochkontaminiertes Wasser
7 Frischwassertank

Die Brennstäbe in den Reaktoren sind zum Teil geschmolzen, vermutlich tropfte die radioaktive Schmelze unten durch den Reaktordruckbehälter ins Containment. In Block 1 dürfte ein großer Teil des Brennmaterials bereits auf dem Beton unter dem Containment liegen.

Es gelang Tepco, in den havarierten Reaktoren wieder einen Kühlkreislauf in Gang zu setzen. Allerdings funktioniert dieser rein zufällig – mit Verbindungen und Rohren, die ursprünglich nicht dafür gedacht waren. Es wird Wasser ins Containment, aber auch in den Druckbehälter gepumpt. Wie hoch der Wasserstand dort drin ist, ist nicht bekannt. Das Wasser fließt – vermutlich über den Torus – unten aus und kommt im Turbinengebäude wieder heraus. Auf welchen Pfaden es dorthin gelangt, weiß Tepco nicht. Von dort wird es abgepumpt und so weit wie möglich dekontaminiert, damit man es wieder für die Kühlung einsetzen kann. Zu hoch verseuchtes Wasser wird in Tanks eingelagert.

Quelle: Japan Atomic Industrial Forum/Tepco (Stand Januar 2012)

Goto hatte am Freitag, dem 11. März an der Universität Tokyo referiert, er musste dort übernachten, weil wegen des Erdbebens die Infrastruktur darniederlag. Dass sich in Fukushima Daiichi etwas zusammenbraute, bekam er nicht mit. Am Samstagmorgen hörte er Nachrichten und vernahm, man habe im Containment einen Druck von acht Bar gemessen. Das schreckte ihn auf. Er wusste, dass das Containment nur für einen Druck von vier Bar gebaut war – das konnte nur bedeuten, dass die Katastrophe bereits voll im Gang war.

Die Medien hätten zu jener Zeit berichtet, die Notstromaggregate seien ausgefallen, es sei zu Kühlmittelverlust gekommen, erinnert sich Goto: »Doch was das in Wirklichkeit bedeutet, wurde nicht gesagt.« Das war der Moment, wo er sich nicht mehr fürchtete, unter seinem eigenen Namen an die Öffentlichkeit zu gehen.

Noch am selben Nachmittag trat er zusammen mit dem Citizens' Nuclear Information Center (CNIC) vor die Medien und erklärte, was seiner Meinung nach in Fukushima wirklich ablief. Das schlug ein, weil man sofort merkte, da war einer, der wusste, wovon er sprach. Er sagte, wenn im Containment bereits ein solch hoher Druck herrsche, sei es sehr wahrscheinlich, dass bereits eine teilweise Kernschmelze begonnen habe.

Goto sagt, sie hätten bei Toshiba einmal darüber diskutiert, ob ein Containment einen Druck aushalte, der um das Dreifache höher ist als die vier Bar, für die es gebaut ist. Sie seien zum Schluss gekommen, das sei unmöglich. Dann würde es wie ein Schnellkochtopf explodieren, keine vergnügliche Vorstellung. Den doppelten Druck, so schätzt Goto, sollte das Containment aber aushalten, zumindest für eine gewisse Zeit.

Tepco stellte offensichtlich ähnliche Überlegungen an und nahm noch am Samstagnachmittag in Block 1 ein sogenanntes Venting vor. Dabei lässt man heißen Dampf aus dem Containment ab, eben um den Druck zu verringern und um zu verhindern, dass der Stahlbehälter birst. Technisch wäre es möglich, dies kontrolliert zu tun und den Dampf zu filtern, damit möglichst wenige Radionuklide in die Umgebung gelangen. In Fukushima Daiichi gab es keine solchen Filter, sagt Goto. Man habe einmal darüber gesprochen, erinnert sich Goto, doch Tepco sei der Meinung gewesen, es brauche keine solche Anlage, weil dies nur unnötig Geld koste. Der Einbau einer Filteranlage hätte zudem bedeutet, dass man sich technisch auf einen sehr schweren Kernschmelzunfall vorbereitete, gibt Goto zu bedenken: »Ein solcher Unfall wurde in Japan einfach nicht in Betracht gezogen. Zwar hatte man in Three Mile Island 1979 eine teilweise Kernschmelze, 1986 war dann Tschernobyl. Ich habe 1989 bei Toshiba begonnen – in der ganzen Zeit, in der ich dort war, ist man immer davon ausgegangen, dass es einen so schweren Unfall in Japan einfach nicht geben kann.«

Anfang der 1990er-Jahre habe die japanische Atomsicherheitsbehörde allerdings begonnen zu argumentieren, es könne ja vielleicht doch einmal ein schwerer Unfall eintreten, obwohl die Wahrscheinlichkeit vernachlässigbar klein sei. Sie empfahl den AKW-Betreibern, die eine oder andere Sicherheitsvorrichtung nachzurüsten – freiwillig, wohlverstanden, wer nicht wollte, musste nicht. Und Tepco wollte keine Venting-Filter einbauen, deshalb ging an jenem Samstagnachmittag der Dampf ungefiltert raus.

Laut Goto mussten für das Venting drei Ventile geöffnet werden. Die Ventile wurden mit Strom gesteuert und funktionierten wegen des Stromausfalls nicht. »Schlecht gedacht«, sagt Goto lakonisch. Die Tepco-Leute mussten zu den Ventilen hin und versuchen, sie von Hand zu öffnen. Das eine war wegen des Erdbebens so verkeilt, dass sie es überhaupt nicht aufbekamen. Das zweite ging tatsächlich auf, das dritte habe sich nur ein wenig öffnen lassen. Die Aktion dauerte Stunden, sagt Goto, was höchst gefährlich war, weil die Strahlung in diesem Bereich schon sehr hoch gewesen sein musste.

Das Venting war halbwegs erfolgreich, der Druck im Containment fiel auf vier Bar, hätte aber ganz absinken müssen, erklärt Goto. Dann holt er aus und beginnt vom Torus zu reden, der auch nicht richtig funktioniert habe. Der Torus ist ein mit Wasser gefüllter Ring, der wie ein Donut unten ums Containment gelegt ist. Der Torus ist direkt mit dem Containment verbunden, im Notfall soll der heiße Dampf aus dem Containment in den Torus strömen, wo er abgekühlt und in Wasser umgewandelt würde, wodurch der Druck automatisch absänke. Wegen des Erdbebens hat aber vermutlich der Torus seine Aufgabe nicht erfüllt. Goto nimmt eine Kaffeetasse, einen Löffel und einen Unterteller und erklärt, wie das Ventil zwischen Containment und Torus sich schloss, obwohl es eigentlich hätte aufgehen sollen. Goto geht davon aus, dass die Anlage mit Konstruktionsfehlern behaftet war, die man gewöhnlich aber eben erst realisiert, wenn das System außer Kontrolle geraten ist.

So war es auch in Tschernobyl, da hatte das Personal zwar diverse Sicherheitsvorkehrungen missachtet, letztlich führte aber ein Konstruktionsfehler zum Super-GAU: Als die Operateure die Schnellabschaltungen einleiteten, war es, wie wenn bei einem Auto das Brems- mit dem Gaspedal vertauscht worden wäre – statt runterzufahren, gab die Anlage nochmals Gas, brannte durch und explodierte.

Goto ist überzeugt, dass bereits durch das Erdbeben verschiedene Rohre und Leitungen, die in die Reaktoren führen, abgerissen worden seien. Die Containments der drei Reaktoren dürften löchrig sein. Zudem habe der gigantische Druck den Deckel des Containments angehoben. Der Silikongummi, der wie bei einem Dampfkochtopf den Deckel abdichtet, werde bei 300 Grad undicht, sagt Goto. Seiner Meinung nach muss durch die Deckelfuge und die vielen Löcher im Containment die Radioaktivität ausgetreten sein. Goto schätzt, die verschiedenen Wasserstoffexplosionen hätten danach die gasförmigen Radionuklide in die Höhe geschleudert, wo sie dann mit dem Wind in weiter entfernte Gebiete getragen wurden.

Bericht aus dem Innern

Am selben Tag, an dem wir mit Goto gesprochen haben, ist in der *Japan Times* ein Bericht über einen internen Report erschienen, in dem Tepco seine Angestellten befragte, wie sie die ersten Tage in Fukushima Daiichi erlebten.

Hier ein Auszug aus dem Zeitungsartikel:

»[…] ›Ich hatte das Gefühl, wir können nichts tun. Die anderen Operateure wirkten ängstlich und sagten: ‚Wenn wir die Reaktoren nicht kontrollieren können und hilflos sind, gibt es irgendeinen Grund für uns, noch hier zu bleiben?'‹, wird der Chef des zentralen Kontrollraums zitiert. ›Also – ich neigte meinen Kopf und bat sie, zu bleiben.‹

In dem Report wird auch beschrieben, welche Schwierigkeiten die Arbeiter hatten, als sie versuchten, den Druck des Containments zu senken, damit dieses nicht beschädigt wird. Anscheinend um den Ernst der Situation hervorzuheben, druckt Tepco in ihrem Report viele der Aussagen der Arbeiter in fetter Schrift.

Ein Arbeiter, der dabei war, als man versuchte das Venting des Containments durchzuführen, sagte: ›Ich hörte große, seltsam knallende Geräusche, […] und als ich versucht habe, meine Arbeit anzugehen, […] schmolzen meine schwarzen Gummistiefel wegen der Hitze.‹

Andere wollten nicht zulassen, dass die Arbeiter nahe an das Containment herangehen, weil sie fürchteten, sie würden massive

Strahlendosen erhalten. ›Ich habe jungen Arbeitern nicht erlaubt, dorthin zu gehen und die Ventile fürs Venting zu öffnen, weil sie sich dafür in einer Zone mit hoher Strahlung hätten aufhalten müssen‹, sagt einer der Angestellten in dem Report.

Die Regierung hat bestätigt, dass die Reaktoren eins, zwei und drei eine Kernschmelze erlitten haben, der Report zeigt aber, dass große Nachbeben die Bemühungen behindert hatten, die Reaktoren unter Kontrolle zu bekommen. ›Einige Male mussten wir (wegen der Nachbeben) wie verrückt mit den vollen Schutzmasken nach oben rennen‹, wird ein Arbeiter zitiert.«

Tepco-Kommunikation

Das Tepco-Gebäude in Tokyo. Ein nüchternes zehnstöckiges Hochhaus zwischen Hochhäusern. Der Vorplatz ist abgesperrt durch ein meterhohes Edelstahlgitter. Polizisten in edlen blauen Uniformen stehen davor, die Hände mit den weißen Handschuhen auf dem Rücken verschränkt. Als wir die gläserne Eingangstür mit dem dezenten Tepco-Logo fotografieren möchten, eilt ein beleibter Wächter aus dem Gebäude und gestikuliert, als ob er das Fotografieren verbieten wollte. Doch dann nimmt er hilfsbereit die Kameras und macht einige Bilder von uns mit der Glastür, Tepco-Logo und Takadas gelber Tasche mit der roten lachenden Sonne und dem Aufdruck »Atomkraft? Nein Danke«.

Drinnen ein Desk mit Empfangsdamen, dahinter eine große, schütter beleuchtete Eingangshalle. Tomoyuki Takada sagt, die düstere Beleuchtung sei Absicht, um zu demonstrieren, dass sie Strom sparen würden. Lächerlich, sagt Takada – wie wahr, auch wenn man das als ausländischer Gast so nicht sagen würde.

Tepco hat sich bereiterklärt, uns zu empfangen. Die Fragen wollten sie schon vorher schriftlich haben. Zu viert erwarten sie uns. Yoshimi Hitosugi, laut Visitenkarte Manager Corporate Communications Department, neben ihm Yoshikazu Nagai, sein Assistant Manager, und dann noch Mayumi Yoshida, eine junge Frau, die Englisch spricht und laut Visitenkarte bei der Kommunikationsabteilung keine besondere Funktion innehat. Der vierte ist ein sehr junger Mann ohne Visitenkarte und Name. Er wird während des Gesprächs immer wieder den Raum verlassen, um noch Detailinformationen einzuholen.

Wir setzen uns im Erdgeschoss in einen kleinen, schmucklosen Raum an einen großen hölzernen Tisch. Die drei Männer tragen dicke Ordner und Dokumentenmappen mit sich, die an diversen Stellen mit bunten Zettelchen markiert sind.

Mayumi Yoshida, die junge Frau, eröffnet das Gespräch. Sie hat sich vorbereitet auf die Fragen zu den Aufräumarbeitern.

»Die Tepco-Leute arbeiten vier bis fünf Tage in Fukushima Daiichi, danach haben sie zwei Tage frei. Sie übernachten im sogenannten J-Village«, steigt sie ohne Umschweife ein.

Das J-Village war früher eine Trainingsanlage der japanischen Fußballnationalmannschaft. Es liegt am Rand der Zwanzig-Kilometer-Zone, grad noch in der Zone drin. Täglich arbeiten 3000 Menschen in Daiichi, wobei 700 direkt von Tepco angestellt sind, der Rest von Subunternehmen. Zudem halten sich noch täglich 2000 Personen in Fukushima Daini auf, sagt Yoshida. Daini liegt einige Kilometer südlich von Daiichi und ebenfalls in der Sperrzone. Dieses AKW hat vier Blöcke und schrammte nach dem Tohoku-Erdbeben nur knapp an einem schlimmen Unfall vorbei, weil die Reaktoren eins, zwei und vier ebenfalls nicht mehr richtig gekühlt werden konnten. Auf der Internationalen Bewertungsskala für nukleare Ereignisse, der sogeannten INES-Skala, hat man Fukushima Daini auf Stufe 3 als »schweren Störfall« eingeordnet. Hätte Fukushima Daiichi nebenan nicht vollständig verrücktgespielt, hätte Daini international heftig für Aufsehen gesorgt, weil INES-3 schon als gravierend gilt. Fukushima Daiichi ist mit INES-7 zuoberst auf der Skala angesiedelt, als »katastrophaler Unfall«, auf derselben Stufe wie Tschernobyl.

Inzwischen ruht Daini ordnungsgemäß. Die Brennstäbe sind aber immer noch in den Reaktoren. Einige der 2000 Leute in Daini kümmern sich um die schlafende Anlage. »Andere erledigen von dort aus Arbeiten für Daiichi«, wirft Hitosugi, der Kommunikationsmanager, ein, da gebe es personell einiges an Überlappungen. Sie beginnen untereinander zu diskutieren, wie viele Leute tatsächlich täglich in der Zone sind. Hitosugi meint, vielleicht 4000 Leute. Dann schicken sie den namenlosen jungen Mann raus.

Hitosugi fährt fort, die Stilllegung von Fukushima Daini sei ja noch nicht beschlossen, auch nicht die Stilllegung der Blöcke fünf und sechs von Daiichi. Ob sie je wieder in Betrieb gehen würden, könne er nicht sagen. »Im Moment konzentrieren wir uns auf die Unfallbeseitigung in Daiichi.«

Der namenlose junge Mann kommt zurück und überreicht Frau Yoshida ein Papier. »Gestern waren tatsächlich 5000 in der Zone – 3000 in Daiichi, 2000 in Daini«, sagt sie.

»Wie viele Leute sind insgesamt seit März für die Aufräumarbeiten schon eingesetzt worden?«

»In den ersten neun Monaten sind es etwa 19 000 gewesen«, antwortet Hitosugi.

»Haben sie genügend Personal für die nächsten Monate und Jahre?«

»Für die nächsten Wochen ist der Personalbedarf gedeckt. Die weitere Detailplanung für die nächsten Schritte liegt noch nicht vor, deshalb können wir dazu nichts sagen.«

»Einige Leute haben bei ihrem Einsatz mehr als 250 Millisievert abbekommen. Wie geht es ihnen?«

»Es gibt regelmäßige Gesundheitskontrollen, uns liegen keine Informationen vor, dass aufgrund dieser Dosen gesundheitliche Probleme aufgetreten sind«, sagt Hitosugi.

»Und wie sieht es mit den Kosten aus, die der Unfall verursacht hat?«

Assistenzmanager Nagai holt die Halbjahresbilanz hervor. Das Fiskaljahr dauert in Japan von Anfang April bis Ende September. Der Halbjahresumsatz sank verglichen mit dem Vorjahr um sieben Prozent auf umgerechnet 25 Milliarden Euro, sagt Nagai. Dabei verzeichnete das Unternehmen »außerordentliche Verluste« in der Höhe von etwas über 10 Milliarden Euro. Davon wurden 1,8 Milliarden aufgewendet, um die Situation in Fukushima Daiichi zu stabilisieren. 8,9 Milliarden setzte Tepco ein, um die betroffene Bevölkerung zu entschädigen. Wie viel die Entsorgung der kaputten Atomanlage am Ende einmal kosten werde, lasse sich noch nicht sagen, ergänzt Kommunkationsmanager Hitosugi.

Dann versuchen die drei das Entschädigungssystem zu erläutern. Tepco unterscheidet »vorläufige Zahlungen« und »Hauptzahlungen«. Die Zwangsevakuierten haben im Sommer eine erste Zahlung erhalten, allein lebende Personen erhielten 7500 Euro, Haushalte 10 000 Euro. Die Anträge für die Hauptzahlungen müssten direkt an Tepco gestellt werden, bislang hätten 23 200 Personen Ansprüche geltend gemacht, doch es werde sicher mehr geben. Die Zahlungsrichtlinien würden von den Behörden vorgegeben. Tepco überprüfe aber alle Anträge, das sei eine höchst komplexe Aufgabe. 7600 Personen sind mit den Entschädigungszahlungen beschäftigt, inklusive externe Mitarbeitende, sagt Hitosugi. Tepco beschäftigt insgesamt 30 000 Angestellte.

Hitosugi schätzt, die Entschädigungszahlungen würde vermutlich zwanzig Prozent des Jahresumsatzes ausmachen, also gut 10 Milliarden Euro. 10 Milliarden im ersten Jahr – oder alle Zahlungen hochgerechnet? Frau Yoshida sagt, im ersten Jahr. Assistenzmanager Nagai meint bestimmt, die Zahl umfasse die gesamten Zahlungen. Sie bemühen sich redlich, in den vielen Papieren die richtige Antwort zu finden, aber sie können sich nicht einigen. Es ist ein schwer verständliches System, das Tepco entwickelt hat. Binnen wenigen Monaten ist eine riesige Entschädigungsbürokratie entstanden, die den Fukushima-Opfern maßlos Geduld abverlangt, falls sie Geld bekommen wollen. Aber darüber kann man mit den vier Kommunikationsleuten schlecht streiten, sie haben das System nicht ausgedacht.

Bleibt das nächste Thema: Der Zustand der Anlagen in Fukushima Daiichi.

»Tepco hat Ende November zugegeben, dass es schlimmer aussieht in den Reaktoren als bislang angenommen. Was genau bedeutet das?«

»Die neusten Berechnungen haben ergeben, dass in Block 1 der größte Teil der geschmolzenen Brennelemente am Boden des Druckbehälters liegt – beziehungsweise inzwischen durchgesickert ist. Achtzig Prozent dürften vermutlich unten auf auf dem Containmentboden liegen«, sagt Kommunikationsmanager Hitosugi.

»Und das Containment ist noch intakt?«

»Wir gehen davon aus, dass Teile des Brennmaterials bereits in den Beton eingedrungen sind.«

»Der Schutzbehälter aus Stahl ist also kaputt?«

»Davon muss man ausgehen. Der Beton darunter ist aber über zehn Meter dick.«

»Das heißt, der Reaktordruckbehälter ist unten offen, das Wasser fließt einfach raus?«

»Ja.«

»Und wie hoch ist der Wasserspiegel im Containment?«

Brennelemente

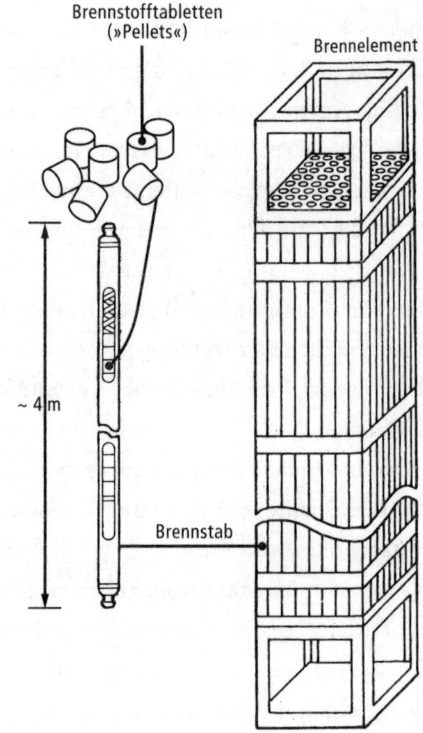

Im Reaktorkern befinden sich – je nach Größe der Anlage – eine unterschiedliche Anzahl von Brennelementen: Block 1 von Fukushima Daiichi hat zum Beispiel 400 Brennelemente, in Block 2 und 3 sind es 548, im baugleichen, aber kleineren AKW Mühleberg hingegen nur 240. Die beweglichen Steuerstäbe umhüllen, wenn sie eingefahren sind, die viereckigen Brennelemente.
Ein Brennelement besteht aus Bündeln von etwa 60 Brennstäben – feine Metallrohre mit einem Durchmesser von einem Zentimeter und einer Wandstärke von zirka 0,6 Millimetern. In diesen Metallrohren befindet sich der Uranbrennstoff in Tablettenform (sogenannte Pellets).

»Das können wir nicht sagen. Die Wassertemperatur unten am Containmentboden beträgt jedoch weniger als fünfzig Grad.«

»Und wie heiß ist die Masse unten im Beton.«

»Das wissen wir nicht genau.«

»Sie haben einen Wasserkreislauf installiert, um die Masse zu kühlen. Oben lassen sie Wasser ins Containment – wo nehmen sie es denn raus?«

»Das Wasser gelangt irgendwie zu den Turbinen. Es muss da zufällig eine Verbindung geben. Wie es aber genau dorthin kommt, wissen wir nicht. Beim Turbinengebäude holen wir das Wasser raus.«

»Sie bringen also Wasser in Rohren rein, die nicht dafür gedacht waren – und irgendwo kommt es wieder heraus und dort sammeln sie es auf.«

»So kann man es sagen.«

Hitosugi antwortet ausgesucht freundlich. Er spricht, als ob er ein durchdachtes Konzept präsentierte, obwohl alle im Raum wissen, dass es sich um eine verzweifelte Bastelei handelt.

Bleibt noch die Frage, wie viel Radioaktivität ausgetreten ist und wie die Strahlung nach draußen gelangte. Angeblich ist das Containment oben intakt.

»Da haben wir noch kein genaues Bild«, antwortet Hitosugi, »es gibt kein Modell, das die Unfallursache erklärt. Es gibt auch noch keine offizielle Darstellung, wie es zur Freisetzung gekommen ist. Wir gehen davon aus, dass der Tsunami zum Unfall geführt hat und das Erdbeben keine großen Schäden anrichtete.«

»Unabhängige Wissenschaftler sind anderer Meinung.«

»Wir können nicht mehr dazu sagen.«

»Können Journalisten in die Zwanzig-Kilometer-Zone reisen?«

»Nein, wir lassen keine Journalisten hinein. Aus Sicherheitsgründen. Nur einmal gab es eine organisierte Reise, als ein Minister die Anlage besucht hat, da hatten auch einige Journalisten die Möglichkeit, in die Zone zu fahren.«

»Waren Sie schon dort?«

Sie schauen verwundert, bis Frau Yoshida fragt: »Sie meinen in Fukushima Daiichi?«

»Ja.«

Alle vier schütteln den Kopf. Keiner von ihnen war in der Sperrzone, sie alle müssen über Dinge reden, die sie selber nie gesehen haben und nur mit knapper Not verstehen. Sie sind nicht zu beneiden.

Hitosugi sagt noch, er habe früher drei Jahre als Öffentlichkeitsbeauftragter in Daini gearbeitet.

»Und was haben Sie gedacht, als es passierte.«

Sie schauen sich verlegen an. Der Kopf sei voll gewesen, sie hätten viel zu tun gehabt, Fehler hätten sie gemacht in den ersten Tagen und Wochen und zum Teil falsche Informationen veröffentlicht. Sie hätten daraus gelernt und würden jetzt täglich auch auf Englisch informieren, manchmal sei es jetzt fast zu viel.

Die Zeit ist um. Wir stehen auf und wollen uns verabschieden. Da verneigen sich alle vier und Hitosugi sagt: »Es tut uns Leid, dass wir Ihnen mit diesem Unfall so viel Unannehmlichkeit verursacht haben.«

Tepco mag ein übler Moloch sein, aber diese vier geben sich redlich Mühe, einen unmöglichen Job mit Anstand zu erfüllen.

Das Chaos im Innern ist nicht bewältigt

Assistenzmanager Nagai hat uns vor dem Abschied ein dickes Bündel Papier in die Hand gedrückt. Eine fünfzig Seiten starke Dokumentation, die mit vielen kleinen Bildchen und Tabellen den Zustand von Fukushima Daiichi Ende 2011 illustriert. Einige Bildchen zeigen, wie um Block 1 eine Hülle installiert wird. Die Hülle soll verhindern, dass weiter Radioaktivität austritt, denn immer noch entweichen stündlich sechzig Millionen Becquerel Cäsium aus den kaputten Reaktoren – was nur ein Dreizehnmillionstel dessen sei, was während des Unfalls freigesetzt wurde, steht in der Dokumentation. Ob die Hülle nützt, ist umstritten. Manche behaupten, sie sei aus psychologischen Gründen hochgezogen worden, damit die Anlage keinen so deprimierend kaputten Eindruck mehr mache.

Auf anderen Bildern sieht man lange Reihen von Tanks, manche sind in die Erde eingelassen, weil in ihnen hochradioaktives Wasser lagert. Das radioaktive Wasser wird ein riesiges Problem werden. Zwar versucht Tepco das Wasser zu reinigen und wieder zu verwenden, das funktioniert aber nur beschränkt. Es wird unvorstellbare Mengen Wasser brauchen, um die geschmolzenen Kerne in den nächsten Jahren kühl zu halten – rätselhaft, wie und wo Tepco dieses Wasser lagern will. Als Tepco im Dezember »schwach verseuchtes Wasser« ins Meer einlassen wollte, war der Widerstand massiv, Tepco hat danach ihr Vorhaben – zumindest vorläufig – sistiert.

In der Dokumentation sieht man auch, wie Arbeiter eine türkisfarbene chemische Substanz über das Gelände versprühen, womit Radionuklide gebunden werden sollen, damit diese nicht mehr frei in der Luft herumfliegen. Man sieht riesige Schlafsäle mit doppelstöckigen Betten und die in Plastik verpackten Mahlzeiten. Und man sieht aufmunternde Vorher-nachher-Bilder: das Gelände um die Reaktoren übersät mit Trümmern, dasselbe Gelände ordentlich aufgeräumt. Die ganze Dokumentation wirkt wie der hilflose Versuch, vor der Kulisse Ordnung zu schaffen, weil hinter der Kulisse das Chaos unbewältigbar ist.

Zwar verkündete die japanische Regierung vor Jahresende, die Reaktoren seien nun erfolgreich im Zustand des »cold shutdown«.

Das Öko-Institut Darmstadt reagierte auf diese Verlautbarung mit einer klärenden Medienmitteilung: Der Begriff »cold shutdown« oder Kaltabschaltung werde im Zusammenhang mit den zerstörten Reaktoren von Fukushima irreführend verwendet. »Unter Kaltabschaltung versteht man, dass der Reaktor nach dem Abschalten (das heißt der Beendigung der nuklearen Kettenreaktion) planmäßig heruntergekühlt und drucklos ist. Auch dieser Zustand erfordert allerdings weiterhin eine Kühlung der Brennstäbe und den Betrieb einer (aktiven) Nachkühlkette. [...] ›Kaltabschaltung‹ ist der üblichen Terminologie zum Reaktorbetrieb entnommen und setzt voraus, dass ein intaktes Kühlsystem sowie ein intakter, geschlossener Kühlkreis – Reaktordruckbehälter, Rohrleitungen etc. – vorhanden sind und die zum Abfahren vorgesehenen Maßnahmen regulär durchgeführt werden.«

Davon ist man in Fukushima Daiichi Lichtjahre entfernt.

Michael Sailer vom Öko-Institut ist Diplomingenieur und gilt als einer der profiliertesten AKW-Kritiker. Er sitzt seit Jahren in der deutschen Reaktor-Sicherheitskommission (RSK) und hat sich in dieser Funktion auch intensiv mit den geschmolzenen japanischen Reaktorkernen beschäftigt. Sailer sagt: »Man hat zwar so etwas wie einen Wasserkreislauf hinbekommen – er funktioniert aber auf rein provisorischer Basis.« Nichts, was jetzt als Wasserkreislauf genutzt werde, sei ingenieurtechnisch dafür geplant oder gebaut gewesen. Es waren einfach per Zufall Rohre und Verbindungen da, die man jetzt für die Kühlung nutzen kann. Das habe aber nichts mit einem regulären, intakten, kontrollierten Kühlkreislauf zu tun. Sailer sagt, das sei aber auch nicht außergewöhnlich, das müsse man bei jeder Kernschmelze erwarten.

Unbestritten ist, dass der nukleare Brennstoff unbedingt weiter gekühlt werden muss – »das Problem ist nur, dass man nicht genau weiß, wo das Material ist, das man kühlen sollte«, sagt Sailer. Im Reaktor 1 befänden sich 69 Tonnen Schwermetall an Brennmaterial, in den Blöcken zwei und drei 94 Tonnen. Bei diesem AKW-Typ weist der Reaktordruckbehälter unten Löcher auf, weil die Steuerstäbe von unten in den Behälter geschoben werden. Diese Löcher stellen bei einem schweren Unfall eine Schwachstelle dar. Gerät der Reaktor außer Kontrolle und steigen die Temperaturen massiv an, können die Steuerstäbe schmelzen, die Löcher sind dann frei, und durch diese Löcher kann geschmolzenes Brennmaterial austreten.

Unmengen von stark strahlendem Material

Michael Sailer skizziert, wie der Vorgang hätte ablaufen können: Nach dem Beben fällt die Kühlung aus, die oberen Teile der Brennstäbe liegen frei und beginnen teilweise zu schmelzen. Das kann man sich für die ersten Tage vorstellen wie bei einer Kerze, die oben zu tropfen beginnt. Das geschmolzene Brennmaterial – das etwa 2500 bis 2800 Grad heiß ist – rutscht hinunter ins Wasser, kühlt sich ab und wird wieder fest. Aber das Wasser verdampft, und das Brennmaterial wird dann nicht mehr gekühlt, es schmilzt teilweise wieder. Wie viel nun geschmolzen ist und wie es unten aus dem Reaktordruckbehälter durchgetropft ist, weiß kein Mensch. Heute, viele Monate danach, darf man sich die »ehemalige« Schmelze aber nicht als flüssige, superheiße Masse vorstellen, weil sie mit größter Wahrscheinlichkeit schon in den ersten Tagen nach dem Unfall wieder erstarrt ist. Die Daten, die die Messgeräte noch liefern, deuten darauf hin, dass nirgendwo mehr Dampf entsteht. Das heißt, die erstarrte Schmelze ist außen weniger als hundert Grad warm – vielleicht hat sie außen dreißig Grad, innen noch zwei-, dreihundert Grad, vielleicht auch mehr. Das hängt ganz davon ab, wie die Schmelze aussieht. Ob es große dicke oder kleine dünnere Klumpen sind. Aber darüber, so Sailer, könne man nur spekulieren.

Solange der Beton unten dicht hält, droht nicht das Ärgste, weil er wie eine Schüssel wirkt, die das Wasser zurückhält. Würde jetzt aber die Schüssel unten ernsthaft lecken, flösse das Wasser unten sofort raus – die Kühlung wäre weg, die Schmelze läge auf dem Trockenen und würde rot- oder gar weißglühend. Es könnte wieder Wasserstoff entstehen und zu einer erneuten Explosion kommen. Es wäre eine entfesselte Höllenmaschine, unaufhaltsam, unrettbar. Vermutlich will sich niemand überlegen, was dann zu tun wäre.

Noch ist es nicht so weit. Sailer sagt, um eine stabile Situation zu erhalten, müsste man einen kontrollierten Wasserkreislauf herstellen. Er nennt es Einhausung – also den Versuch, wieder alles in ein abgeschlossenes, geordnetes, kontrolliertes System zu bringen. Ob das aber geht, ist fraglich, weil man an Plätzen arbeiten muss, die höllisch strahlen.

Danach müsste man die Brennelemente, die oben in den Reaktorgebäuden in den Wasserbecken liegen, herausholen. Das ist eine gigantische Herausforderung, weil die Kräne, die gebaut wurden, um die schweren Elemente zu bewegen, nicht mehr funktionieren. Man müsste die Brennelemente in Transportbehälter packen, von denen jeder um die hundert Tonnen schwer ist. Es ist aber ungewiss, ob die beschädigten Gebäude diese schweren Behälter statisch noch tragen. Allein schon die Brennelementebecken auszuräumen wird deshalb eine hoch riskante Herkulesarbeit.

Wenn das erreicht ist, könnte man sich an die Reaktoren heranwagen. Man müsste die Reaktordruckbehälter oben öffnen und Stück für Stück alle Einbauten herausholen und sich Schritt für Schritt nach unten zum stark strahlenden Brennstoff durcharbeiten. Das alles müsste fernbedient geschehen, die hohe Strahlung lässt den direkten Einsatz von Menschen auch nach Jahren nicht zu.

Sailer sagt: »Zynisch ausgedrückt kann man sagen: In Tschernobyl hatten sie Glück, dass der Reaktor wegflog und sich der größte Teil des radioaktiven Inventars über die ganze Welt verteilte. Das machte die Aufräumarbeiten überschaubar. Deshalb war der Sarkophag, die Schutzhülle, die sie über den geborstenen Reaktor gebaut haben, auch nie wirklich ein großes Problem. Die Aufräumarbeiten in Fukushima Daiichi werden aber eine ganz andere Qualität haben, weil das meiste Brennmaterial noch drinnen ist und weiter gekühlt werden muss.«

Kommt noch hinzu, dass das radioaktive Inventar, das in Fukushima Daiichi lagert, zirka zehnmal so groß ist wie damals in Block 4 von Tschernobyl, weil drei Reaktoren betroffen sind und zudem in den Abklingbecken viele gebrauchte Brennelemente liegen. Man hat es mit einer schier unvorstellbaren Menge von stark strahlendem Material zu tun.

Eine von der Regierung eingesetzte Kommission errechnete im Oktober, die Entsorgung der vier Blöcke von Fukushima Daiichi dürfte 12 Milliarden Euro kosten. Sie dürfte mit dieser Schätzung danebenliegen. Selbst wenn alles perfekt läuft, ist der Abbruch eines AKW noch aufwendiger als dessen Bau und kostet bei einem Siedewasserreaktor eine Milliarde Euro. Wenn der Reaktor ordentlich stillgelegt wird und man die Brennstäbe geordnet entfernen kann, dauert der Rückbau fünfzehn Jahre. Tepco nimmt an, dass der Rückbau ihrer havarierten Reaktoren mindestens bis 2051 dauern wird, was kaum realistisch ist.

Die Krux mit der Strahlenmessung

An der Tschernobyl-Konferenz in Berlin einen Monat nach den Kernschmelzen in Fukushima hatte die japanische Ärztin Katsumi Furitsu die ersten Kontaminierungsdaten von unabhängigen

Wissenschaftlern aus der Umgebung von Fukushima präsentiert. Tetsuji Imanaka ist einer dieser Wissenschaftler, die damals nach Iitate reisten. Imanaka gehört zur »Sechsergruppe« des Reaktorforschungsinstituts der Universität Kyoto, auch Imanaka hat wegen seiner atomkritischen Haltung nie Karriere gemacht, wie sein Institutskollege Keiji Kobayashi, der Experte in Sachen Schneller Brüter Monju. Imanaka stammt aus Hiroshima, »zweite Generation der Atombombenopfer«, sagt er. Er studierte Nukleartechnik, schloss als Ingenieur ab und beschäftigte sich viele Jahre lang mit Dosimetrie, der Kunst des Strahlenmessens. Er arbeitete bei der Radiation Effect Research Foundation (RERF) mit, als es darum ging, die Strahlendosen der Atombombenopfer neu und präziser zu berechnen. Die Neukalkulation hat dazu geführt, dass die RERF in den 1980er-Jahren ihre Ergebnisse revidieren musste: Das Strahlenrisiko war höher, als man bis dahin angenommen hatte.

Imanaka hat zudem über die Folgen der russischen Atombombenversuche in Kasachstan geforscht und sich intensiv mit Tschernobyl beschäftigt. Als der Unfall in Fukushima Daiichi begann, hatte er gerade Besuch aus der Ukraine. Wolodja Tichi sei da gewesen, deshalb habe er nicht sofort hingehen können, sagt er halb entschuldigend. Mit Tichi war er oft in den kontaminierten Tschernobyl-Gebieten unterwegs gewesen. Tichi war ein bekannter Mann in der Ukraine. Der Nuklearphyisker gehörte zu den Gründern der grünen Bewegung Selenji Swit, die sich für Tschernobyl-Opfer einsetzte und damals die Opposition in der Ukraine prägte. Diese Bewegung hat einiges dazu beigetragen, dass die Sowjetunion 1991 zerfiel und die Ukraine unabhängig wurde. Aber das ist längst vorbei, in der Ukraine lässt sich mit Tschernobyl keine Politik mehr machen. Es mussten zwar 330 000 Menschen umgesiedelt werden, Tausende sind an Schilddrüsenkrebs erkrankt, über achtzig Prozent der Einwohner in den kontaminierten Gebieten gelten offiziell als krank. Trotzdem redet man in der Ukraine und in Belarus kaum mehr über die Folgen der Katastrophe. Beide Regierungen möchten den Super-GAU in den Geschichtsbüchern entsorgen, weil sie gedenken, neue AKW zu bauen. So viel zur politischen Bewältigung von Tschernobyl.

Als Tichi abgereist war, kontaktierte Imanaka befreundete Wissenschaftler der Universität Hiroshima. Sie beschlossen, gemeinsam in die Region Fukushima zu reisen, weil von der Regierung keine brauchbaren Daten zu bekommen waren, Journalisten ihnen aber erzählten, wie ihre Messgeräte verrücktspielten, als sie in den ersten Tagen nach Fukushima Daiichi fuhren. In jener Zeit existierte noch keine Sperrzone, jeder, den die Neugier trieb, konnte hinfahren.

Die Wissenschaftler fuhren via Tokyo nach Norden. Schon in Tokyo zeigten ihre Geräte erhöhte Werte, sagt Imanaka. Am 28. März kamen sie in der Stadt Fukushima an, beim Bahnhof maßen sie 2 bis 4 Mikrosievert. Ein Mitarbeiter von Bürgermeister Norio Kanno holte sie ab und brachte sie nach Iitate-Mura. Vor der Gemeindeverwaltung maßen sie 4 bis 5 Mikrosievert. Am darauffolgenden Tag wurden sie von Bürgermeister Kanno empfangen. Er sei freundlich gewesen und sehr an ihrer Arbeit interessiert. »Er wollte genaue Daten«, sagt Imanaka.

Am nächsten Tag machten sie sich auf und reisten auch in den südlichen Teil von Iitate Richtung Atomkraftwerk. Da habe es Hotspots gegeben, an denen sie bis zu 20 Mikrosievert pro Stunde festgestellt hätten. An 140 verschiedenen Stellen brachten sie ihre Geräte in Position und maßen.

Er sagt, Laien machten gerne den Fehler, möglichst stark strahlende Flecken zu suchen. Das gebe aber kein professionelles Bild. »Wir suchen Orte, die möglichst homogen, also gleichförmig sind, zum Beispiel ein Feld oder einen Fußballplatz. Dann messen wir auf einem Meter Höhe, das ist der Standard.«

Ihre Daten zeigten eindeutig, dass Iitate stark belastet war und evakuiert werden sollte. Als sie geraume Zeit später ihren Bericht veröffentlichten, hatte Kanno keine Freude und wollte die Wissenschaftler nicht mehr treffen. Imanaka sagt, vielleicht habe er sich überfahren gefühlt, vielleicht habe es Missverständnisse gegeben.

Im April führte das US-Energiedepartement zusammen mit dem japanischen Erziehungsministerium Mext mit Helikoptern Messflüge durch. Ihre Karten bestätigten Imanakas Ergebnisse, auch sie zeigen, dass sechzig bis achtzig Kilometer von den havarierten Reaktoren entfernt gewisse Regionen stark betroffenen sind und »zum Teil höhere Dosen aufweisen, als man in den zwangsevakuierten Gebieten um Tschernobyl gemessen hat«, wie die Abteilung für Nukleartechnik der Universität Berkeley nach der Auswertung der Daten feststellte.

Imanaka wollte es noch genauer wissen. Denn aus der Luft und mit den gewöhnlichen Messgeräten lassen sich nur Gammastrahler wie Cäsium messen. Gammastrahlen verhalten sich wie Röntgenstrahlen und durchdringen fast alles außer Beton. Strontium ist hingegen ein Betastrahler, beim Betazerfall setzt das Radionuklid Elektronen frei – auch Betateilchen genannt. Diese vermögen bis zu einem Zentimeter ins Gewebe einzudringen, lassen sich aber relativ leicht abschirmen. Weil sich Strontium im Körper in Knochen anreichert, ist es vor allem gefährlich, wenn es eingeatmet oder mit der Nahrung aufgenommen wird. Es lässt sich aber nicht auf dem Feld, sondern nur im Labor nachweisen. Dasselbe gilt für Plutonium, auch dieses Element lässt sich mit einem Geigerzähler nicht messen. Plutonium ist ein Alphastrahler und lässt sich leicht abschirmen. Auf der Haut richtet Plutonium kaum Schaden an, doch ist es einmal im Körper, wirken die extrem energiereichen Alphastrahlen verheerend. Deshalb reicht ein Milligramm Plutonium, um Lungenkrebs auszulösen.

Imanaka wusste, dass in Tschernobyl einiges an Strontium und Plutonium freigesetzt worden war. Die japanischen Behörden publizierten aber in den ersten Wochen und Monaten überhaupt keine Angaben zu diesen beiden Radionukliden. Deshalb schickte Imanaka Bodenproben aus Iitate in ein unabhängiges Institut zur Analyse.

Imanaka startet seinen Computer und öffnet eine Tabelle mit den Ergebnissen: Bei einer Entfernung von dreißig bis vierzig Kilometern von Fukushima Daiichi liegen die Cäsiumwerte bei ein bis zwei Millionen Becquerel pro Quadratmeter – darunter stehen zum Vergleich die Werte aus der ukrainischen Hauptstadt Kiew aus dem Jahr 1996. Zehn Jahre nach dem Unfall hat man dort noch 25 000 Becquerel pro Quadratmeter gemessen hat. Cäsium-137 hat eine Halbwertszeit von dreißig Jahren, Cäsium-134 eine von nur zwei Jahren. Grob gerechnet ist ein Radionuklid nach zehn, elf Halbwertszeiten verschwunden. Das Cäsium-137 ist demnach erst nach dreihundert Jahren weg, das Cäsium-134 schon nach zwanzig.

Bei Strontium sind es in der Fukushima-Region bis zu 790 Becquerel, in Kiew waren es 1996 immer noch 5800 Becquerel, beim Plutonium haben Imanakas Proben 0,01 bis höchstens 0,2 Becquerel, in Kiew waren es 160 Becquerel. Strontium hat eine Halbwertszeit von knapp dreißig Jahren, Plutonium bleibt indes mit seiner Halbwertszeit von 24 000 Jahren praktisch für immer. Gemeint ist Plutonium-239, beim Super-GAU in Tschernobyl wurde jedoch auch beachtlich viel Plutonium-241 freigesetzt, das nicht so aggressiv ist wie Plutonium-239 und eine Halbwertszeit von nur vierzehn Jahren hat. Das Perfide ist, dass dieses Plutonium in Americium-241 zerfällt, ein sehr gefürchtetes Radionuklid, das sehr mobil und sehr toxisch ist und eine Halbwertszeit von 432 Jahren hat. Während alle anderen Radionuklide wie Cäsium oder Strontium langsam, aber sicher verschwinden, steigt der Americiumgehalt sukzessive an. Hundert Jahre nach dem Unfall wird es etwa den Höchststand erreichen. Und es wurde mehr Plutonium-241 als Plutonium-239 freigesetzt. Der große Albtraum steht also in der Umgebung von Tschernobyl noch bevor.

Japan scheint diesbezüglich Glück gehabt zu haben. »Um Plutonium und Strontium muss man sich hier keine großen Sorgen machen«, ist Imanaka überzeugt. Er sagt, das sei nachvollziehbar, in Fukushima Daiichi seien die Brennstäbe in den Containments geschmolzen, wobei vor allem die leicht flüchtigen Elemente wie die radioaktiven Edelgase, Jod und Cäsium entwichen seien. In Tschernobyl sei hingegen der Reaktor explodiert, deshalb seien das weniger flüchtige Plutonium und Strontium freigesetzt worden.

Am 15. März war die Strahlenbelastung am höchsten, als es in Block 2 und in Block 4 über dem Brennelementebecken zu Explosionen kam. »Die zuständige Katastrophenbehörde wusste genau, wie viel austrat und wohin es ging. Zuerst wehte der Wind nach Süden, Richtung Tokyo, dann drehte er ab und blies Richtung Nordwesten nach Iitate. Abends und nachts gab es dort an einigen Stellen Werte von 200 Mikrosievert pro Stunde. Obwohl die Behörden diese Daten hatten, gab es keine Warnung! Die Leute, die dafür zuständig waren, müssen zur Verantwortung gezogen werden!«

Imanaka spricht dabei SPEEDI an. Die Abkürzung steht für System for Prediction of Environment Emergency Dose Information, ein Computersystem, das dafür entwickelt wurde, im nuklearen Notfall die Strahlendosen zu errechnen, um kombiniert mit den Wetterdaten vorherzusagen, welche Gebiet verseucht werden, weil es dort regnen oder schneien wird, wenn die radioaktive Wolke vorbeizieht. Mit SPEEDI sollten die Leute gewarnt werden, damit sie rechtzeitig den Empfehlungen entsprechend handeln können. Das System wurde schon in den 1990er-Jahren entwickelt.

Offenbar hat SPEEDI funktioniert, die Informationen standen zur Verfügung und waren ziemlich genau. Doch weder die Katastrophenbehörden noch die Politiker nutzten sie.

Imanaka ärgert sich auch, dass man es unterlassen hat, Jod abzugeben. »Das kann ich überhaupt nicht begreifen. Leute wie Professor Yamashita hätten das wissen müssen!« Es gebe aus Tschernobyl eine einzige, wirklich unumstrittene Lehre: »Die Tausenden von Schilddrüsenkrebsfällen hätten sich – vor allem bei den Kindern – vermeiden lassen, wenn sie rechtzeitig Jod geschluckt hätten.« Dass nun in Japan genau dasselbe passierte, wie 25 Jahre früher in der Sowjetunion, will Imanaka nicht in den Kopf.

Außerdem hat man in Japan – wie damals in Tschernobyl – nicht rechtzeitig gemessen, wie hoch die Strahlendosen sind, die zum Beispiel die Kinder abbekommen haben. Das hätte man tun müssen, und vor allem hätte man es schnell tun müssen, weil Jod eine Halbwertszeit von sieben Tagen hat und nach wenigen Wochen verschwunden ist. Wüsste man exakt, welche Kinder sehr viel radioaktives Jod aufgenommen haben, könnte man sie gezielter überwachen und Schilddrüsenveränderungen rechtzeitig erkennen. Imanaka sagt, Spinat sei in jenen Frühlingstagen an manchen Orten mit 100 000 Becquerel pro Kilo belastet gewesen. Wenn ein Kind hundert Gramm davon gegessen hat, ergibt dies bereits eine Schilddrüsenbelastung von 280 Millisievert – schon ab 100 Millisievert sollte man gemäß Imanaka ein Kind danach konstant überwachen.

Nun muss man erneut die Strahlenbelastung schätzen, wie schon nach Tschernobyl. Schätzungen sind ungenau und bergen einen großen Spielraum für Manipulationen. »Wegen der Schilddrüsen muss man sich echt Sorgen machen«, konstatiert Imanaka.

Und was hält er von den geplanten Dekontaminierungen? Das werde schwierig. »Durch diverse Maßnahmen, wie zum Beispiel

Erde abtragen, kann man den Strahlenwert um fünfzig bis siebzig Prozent reduzieren, sofern man es ordentlich macht.« Wenn die Ausgangswerte so hoch liegen wie in Iitate, lohne es sich nicht. Es würde Milliarden verschlingen und sei doch nur Zeitverschwendung. »Berge, Wälder oder Felder zu dekontaminieren ist schlicht unmöglich.«

Seiner Meinung nach müsste man ein Konzept machen, das festhält, welche Strahlendosen man für welches Alter akzeptabel hält. Er persönlich hätte allen geraten, am 15. März sicher nicht in Iitate zu sein. »Ich wäre weggegangen. Aber jetzt? Wenn ich dort wohnen würde? Ich bin 61 Jahre alt, ich würde mir nicht vom Tepco-Unfall bestimmen lassen, dass ich woanders leben soll.« Ältere Menschen könnten zurückgehen, für Familien mit Kindern oder für Schwangere sei es nicht ratsam. Das bedeute aber auch, dass die Gemeinde keine Zukunft habe, denn ohne die Jungen sterbe sie aus.

Imanaka sagt, Regierung wie Tepco sollten dafür sorgen, dass die Leute selbst entscheiden könnten, ob sie bleiben oder gehen wollen. Das sollte für alle Leute gelten, die in einem Gebiet leben, das stärker als 1 Millisievert pro Jahr strahlt – und nicht erst ab 20 Millisievert. Würde man so rechnen, wären ein bis zwei Millionen Menschen berechtigt, die Gegend zu verlassen und entschädigt zu werden.

Unser Gespräch findet in einer Buchhandlung, gleich neben Tokyos Hauptbahnhof statt. Imanaka referiert im ganzen Land, ist viel unterwegs und grad auf der Durchreise. Sein Dosimeter liegt vor ihm auf dem Tisch und zeigt 0,042 Mikrosievert pro Stunde an. Ein normaler Wert, ein sauberer Ort. Imanaka hält Tokyo nicht für gefährdet. Er glaubt auch nicht, dass die Hauptstadt bedroht würde, selbst wenn es in Fukushima nochmals rumpeln sollte. Das Brennelementebecken in Block 4 sei noch gefährlich, aber Tepco arbeite daran, das zu stabilisieren.

Doch wie viel ging überhaupt raus? Es kursieren diverse Daten, zahlreiche Hochrechnungen berücksichtigen nur die Freisetzungen von Block 1 bis 3, nicht aber mögliche Freisetzungen aus den Brennelementebecken. Imanaka sagt, die Regierung gehe davon aus, verglichen mit Tschernobyl seien sieben bis zehn Prozent der Cäsium-Menge freigesetzt worden. Er teilt indes die Einschätzung eines internationalen Forscherteams aus Norwegen, Österreich, Spanien und den USA, das CTBTO-Daten ausgewertet hat, und zum Schluss gekommen ist, es seien bezüglich Cäsium 47 Prozent der Tschernobyl-Menge entwichen. CTBTO ist die Comprehensive Nuclear-Test-Ban Treaty Organization, eine Organisation, die überwacht, dass niemand heimlich Atomwaffen testet. Die Organisation basiert auf dem Atomwaffenteststopp-Vertrag, der aber nicht in Kraft ist, weil gerade die Staaten, die Atomwaffen besitzen – wie die USA, China, Indien, Nordkorea oder Pakistan – ihn noch nicht ratifiziert haben. Solange der Vertrag nicht in Kraft ist, kann die Überwachungsorganisation CTBTO genau genommen nicht agieren. Eine Vorbereitungskommission hat aber schon begonnen, das Überwachungsnetz aufzubauen. Unter anderem sind sechzig Messstellen in Betrieb, die die Radioaktivität weltweit überwachen. Sie haben registriert, wie die radioaktiven Wolken von Fukushima binnen einer Woche rund um die Welt gezogen sind.

Das Forscherteam schreibt, es sei in Fukushima zweieinhalbmal so viel radioaktives Xenon freigesetzt worden wie in Tschernobyl. Sie schließen ihren Beitrag mit der Feststellung: »Wir schätzen, dass 6,4 Terabecquerel Cäsium-137 oder 19 Prozent des gesamten Fallouts bis am 20. April über Japan selbst niederging, während der große Rest über dem Nordpazifik herunter kam.« Andere Länder hätten höchstens zwei Prozent abbekommen.

Die deutsche Bundesanstalt für Geowissenschaften und Rohstoffe (BGR) hat all die Daten in eine Simulation verpackt. Von

Fukushima züngeln in den ersten Tagen rot-gelbe Wolken, die langsam über dem Pazifik ausfransen, bis weit in den Norden ziehen, nach einigen Tagen die Küste der USA erreichen und sich über den ganzen Erdball ausbreiten.

Dekontaminieren heißt waschen, putzen, schrubben

Dekontaminierung klingt wie ein großes Versprechen. Japan ist ein sauberes Land, die Gehsteige sind geputzt, nirgends liegt Müll herum. Mit derselben Hingabe, mit der man zügig die Trümmer des Tsunamis weggeräumt hat, macht man sich daran, den radioaktiven Schleier, der über dem Land liegt, wegzuputzen. Manchmal kommen Leute aus Tokyo in die Präfektur Fukushima, um beim großen Reinemachen zu helfen. Die Präfekturverwaltung hat eine achtseitige Anleitung herausgegeben, in der beschrieben ist, was man tun soll. Auf der ersten Seite findet man eine Instruktion über die Kleidung, die man tragen soll: lange Ärmel, Gummihandschuhe, eine Papiermaske, eine Kopfbedeckung, eventuell auch eine Schutzbrille, lange Hosen, Gummistiefel, die Hosen in die Stiefel gesteckt. Es folgen Anweisungen über die Verwendung des Dosimeters und wie man es in eine Plastikhülle verpackt, damit es nicht selber kontaminiert wird.

Bilder zeigen die heikelsten Stellen, an denen sich die Radionuklide für gewöhnlich ansammeln: in Aberwasserrinnen, in Spalten, in Regentraufen und vor allem unten am Abflussrohr der Regentraufen. Es wird gezeigt, wie man die gepflasterten Plätze schrubben muss, wie die Fugen zwischen den Steinen ausgebürstet werden und wie man am Ende alles mit einem Hochdruckreiniger abspritzt. Das Wasser geht in die Kanalisation, die festen Überreste werden zusammengekehrt und in Plastiktüten verstaut. Ein letztes Bild zeigt, wie in einer Ecke des Gartens ein Loch ausgehoben, eine große Plastikplane reinlegt, die Tüten mit dem kontaminierten Material hineingepackt und die Plastikplane darübergeschlagen wird. Aufs Ganze kommt noch Erde, und fertig ist das hausgemachte Zwischenlager für radioaktiven Abfall.

Die Präfektur ermuntert alle, in gemeinsamen Aktionen die eigene Umgebung zu fegen. Die Quartiere erhalten 5000 Euro, damit sie einen Hochdruckreiniger anschaffen können. Das ist es in etwa, was man unter Dekontaminierung zu verstehen hat: waschen, putzen, schrubben.

Die meisten Leute machen klaglos mit. Vielleicht hat es mit dem Shintoismus zu tun, der dem Wasser große Bedeutung einräumt. Wasser ist heilig, Wasser ist Reinigung. Vielleicht entspringt es auch bloß dem Bedürfnis, der unsichtbaren Bedrohung etwas Konkretes entgegenzusetzen. Die radioaktiven Partikel werden zwar lediglich verschoben, vom Parkplatz in die Kanalisation, vom Garten in Plastikbeutel. Aber man kann etwas tun, und nachher sieht es sauber aus.

Syunji Miura ist in der Verwaltung der Präfektur Fukushima zuständig für die Dekontaminierung. Er trägt ein weißes Hemd mit Krawatte und einen beigen Arbeitskittel wie Bürgermeister Sakurai von Minami-Soma. Den Gesamtplan für die Dekontaminierung hat das Umweltministerium entworfen, sagt er, sie von der Präfektur würden den Gemeinden bei der Umsetzung helfen. Er erklärt die Logik der Dekontaminierungspläne: Eine Gegend, die mit 0,23 Mikrosievert pro Stunde strahlt, muss nicht dekontaminiert werden, weil das umgerechnet pro Jahr nicht mehr als 1 Millisievert ergibt (siehe Karte Seite 228). Sie rechneten mit dem Faktor 4,5, sagt Miura. Das überrascht, denn die Umweltorganisationen, aber auch die Leute, die in den belasteten Gebieten leben, gehen von einem Faktor 5 aus. Gibt das Dosimeter beispielsweise 1 Mikrosievert in der Stunde an und man möchte errechnen, wie hoch die

Dekontaminierungsplan der Präfektur Fukushima

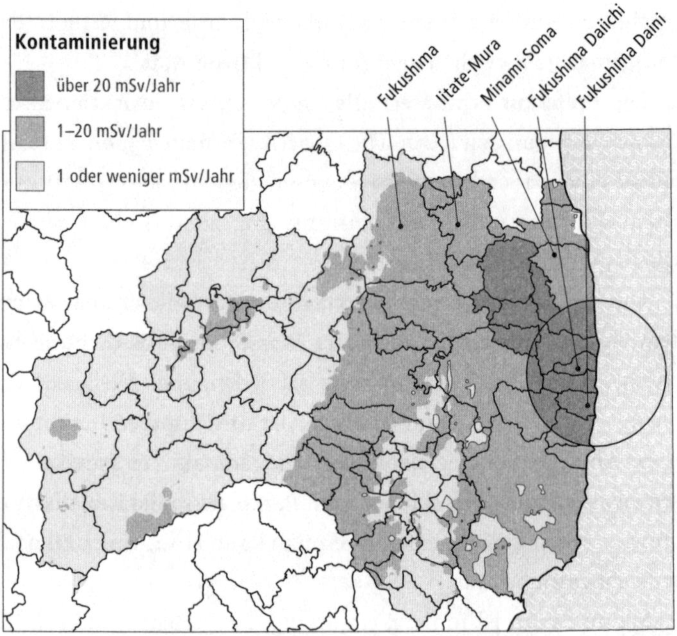

Für die Dekontaminierung der zwangsevakuierten Zonen (über 20 mSv/Jahr) ist die nationale Regierung zuständig. Die Hälfte des Gebiets der Präfektur Fukushima ist mit über 1 bis 20 mSv/Jahr kontaminiert, hier sind die Gemeinden für die Dekontaminierung verantwortlich. Es leben etwa 1,5 Millionen Menschen respektive drei Viertel der Bevölkerung der Präfektur in diesem Gebiet.

Bei Orten, die mit 1 oder weniger mSv/Jahr belastet sind, wird nichts unternommen.

Quelle: Verwaltung der Präfektur Fukushima

Farbige Karte auf der hinteren Umschlaginnenseite.

Jahresdosis ist, muss man 24 Stunden mit 365 Tagen multiplizieren, das ergibt 8760 Mikrosievert oder rund 9 Millisievert – also könnte man vereinfacht einen Faktor 9 einsetzen, um von Mikrosievert auf den Jahreswert in Millisievert zu kommen. Nun leben die Menschen aber nicht ununterbrochen im Freien, deshalb gingen die Umweltorganisationen davon aus, die Regierung rechne mit dem Faktor 5, was bedeuten würde, dass die Menschen sich etwas weniger als die Hälfte des Tages im Haus aufhalten, wo sie besser geschützt sind. Nun rechnen die Behörden aber nur mit dem Faktor 4,5 – sie gehen also davon aus, dass die Menschen exakt die Hälfte des Tages drinnen verbringen. Mit diesem Rechenfaktor lässt sich der Zwanzig-Millisievert-Grenzwert elegant zurechtbiegen. Es ist kein objektiver Wert, sondern eine politische Größe, die es erlaubt, möglichst wenig Gebiete räumen zu müssen. Oder anders ausgedrückt: Geht man davon aus, dass die Leute immer draußen leben, müsste man ein Gebiet evakuieren, wenn das Dosimeter 2,2 Mikrosievert pro Stunde misst; nimmt man aber an, dass die Leute sich immer im Haus aufhalten, bräuchte man erst ab gemessenen 54 Mikrosievert pro Stunde zu evakuieren. Beide Male wäre der gerechnete Grenzwert von 20 Millisievert im Jahr eingehalten. So viel zum manipulativen Charakter von Grenzwerten.

Syunji Miura zeigt die Karte, an der sich die Präfektur orientiert. Sie hat drei Farben: Orange, Gelb, Grün. Orange ist die Zwanzig-Kilometer-Zone und Iitate, also die zwangsevakuierten Gebiete mit einer Belastung von über 20 Millisievert pro Jahr. Grün sind die sauberen Gebiete, die Regionen bis zu 1 Millisievert, wo man nichts unternehmen muss. Gelb sind die Zonen, in denen die Gemeinden und ihre Bewohner sich selber um die Dekontaminierung kümmern müssen (siehe Karte Seite 228). Etwa die Hälfte der Präfektur ist gelb und drei Viertel der Bevölkerung lebt darin, das sind 1,5 Millionen Menschen.

In einer Tabelle ist aufgelistet, was wo und wie getan werden muss. Bei Wohnhäusern müssen die Wände und das Dach mit Hochdruck abgespritzt, im Garten die Erde um fünf Zentimeter abtragen werden. Neben dem Bürsten und Abspritzen muss man sich in den Städten und Dörfern auch um die Bäume kümmern. Die Laubbäume sind weniger ein Problem, die verlieren ihre Blätter. Fichten und Föhren behalten hingegen die kontaminierten Nadeln, da will man die untersten Äste radikal zurückschneiden. Was an Laub zusammengekehrt wird, geht in die Kehrrichtverbrennungsanlagen. Das sei kein Problem, sagt Miura, man habe keine erhöhten Werte gemessen, die Filter würden das Cäsium zurückhalten.

Auf den Reis- und Gemüsefeldern muss ebenfalls die oberste Erdschicht abgetragen werden, danach sollen die Bauern die Felder tief umpflügen. Obstbäume müssen stark zurückgeschnitten und die Stämme gewaschen werden.

Für die Berge von verseuchtem Humus sucht man ein provisorisches Zwischenlager, doch das wolle keiner, sagt Miura. Bis 2014 möchten sie eines finden. Vielleicht in Iitate. »Sicher sind die orangen Gebiete die ersten Kandidaten für ein Zwischenlager«, meint Miura. Bis 2040 soll ein Endlager stehen.

Miura sagt, man wisse noch nicht, wie teuer das Ganze werde, weil man noch nicht richtig angefangen habe, »es wird sicher sehr viel Geld kosten«. Die Regierung zahlt im Moment, aber man wird versuchen, das Geld von Tepco zurückzufordern.

In der orangen Zone werde es sicher wahnsinnig teuer, alles zu dekontaminieren, gut möglich, dass man nicht dorthin zurückkehren könne, sagt Miura nachdenklich.

Er hat eine sechzehnjährige Tochter und lebt in Watari. Dieser Stadtbezirk von Fukushima liegt gleich neben der Präfekturverwaltung, auf der anderen Seite des Flusses. Watari hat es böse erwischt, als die radioaktive Wolke vorüberzog, was die Bewohner aber lange nicht wussten. Die Umweltorganisation Friends of the Earth (FoE) ließ Erdproben untersuchen. Die Ergebnisse zeigten zum Teil erschreckend hohe Werte – zwischen 2000 und 6000 Kilobecquerel pro Quadratmeter. Kanna Mitsuda von FoE verlangte daraufhin, Watari und zwei andere Quartiere müssten evakuiert werden, schließlich habe man in Tschernobyl schon ab 1480 Kilobecquerel die Leute umgesiedelt. FoE machte zudem eine beunruhigende Feststellung: »Wir haben eine Bodenprobe genommen von derselben Stelle, die wir schon im Juni untersucht hatten. Bei der Analyse stellten wir fest, dass die zweite Probe stärker belastet war als die erste vom Juni. Wir gehen davon aus, dass die Radioaktivität durch den Regen von den umliegenden Hügeln verfrachtet wurde. Wir nehmen an, dass dieser Mechanismus auch in anderen Gebieten spielt und das Strahlenniveau noch ansteigen kann.«

Tatsächlich kann man in bereits dekontaminierten Abwasserkanälen in Watari an gewissen Stellen wieder Werte von 100 Mikrosievert pro Stunde messen. Waschen und Schrubben hilft offenbar nur befristet.

Miura sagt, er habe davon gehört. Es ist ihm sichtlich unangenehm, über Watari zu reden. Etwas verlegen sagt er, in seinem Garten messe er 2 Mikrosievert pro Stunde, im Haus seien es 0,8. Aber nein, wegziehen werde er nicht.

Modellbezirk für Dekontaminierung

Am selben Nachmittag in Iitate-Mura. Die Männer sehen unheimlich aus. Sie tragen weiße Overalls mit Kapuzen, große Atemschutzgeräte, die ihnen das Aussehen riesiger Wespen verleihen, Brillen, blaue Handschuhe. Es ist ihre Montur, die signalisiert: Hier ist es gefährlich! Es ist derselbe Ort, den wir einige Wochen zuvor mit Bärbel Höhn besucht hatten, das Zentrum von Iitate-Mura mit dem großen Gemeindehaus. Damals zeigte das Messgerät im kleinen Park 2,41 Mikrosievert pro Stunde. Jetzt ist die Strahlung auf 2,31 gesunken.

Eine Gruppe der Wespenmänner sticht sorgfältig eine dünne Schicht des Rasens ab. Andere bürsten mit Stahlbesen den Dreck aus den Fugen zwischen den Pflastersteinen und versuchen das Gras heraus zu bekommen. Am Ende geht einer mit einem Hochdruckreiniger darüber. Das saubere Wasser steht in orangen Tanks herum, das schmutzige wird in einen improvisierten schwarzen Pool gepumpt, damit sich die kontaminierte Schlacke darin absetzen kann.

Ein Teil des Parks ist bereits gesäubert und wirkt wie gehäutet. Auf den Gehwegen stehen in langen Reihen riesige braune Plastiktüten, in denen Gras, Erde und Blätter verpackt wurden. Man wird die Säcke hinter dem Verwaltungsgebäude auf eine flache Wiese stellen. Tausende von Säcken geordnet nach Strahlendosen. Einige Soldaten in Kampfanzügen stehen herum und rauchen. Sie schauen schweigend zu, wie wir ihre grünen Jeeps und Lastwagen fotografieren, bis einer auf uns zukommt. Auf seinem Revers prangen drei Sterne, das Schildchen auf der Brust sagt, dass er Takahashi heißt. In der Tasche am linken Oberarm stecken viele Stifte und ein kleines Dosimeter. Wir erwarten eine Rüge und dass er sagt, man dürfe nicht fotografieren. Aber Takahashi ist gesprächig. Er erzählt, die Armee sei mit dreihundert Mann zwei Wochen lang in Iitate mit der Dekontaminierung beschäftigt, sie würden aber nicht hier übernachten, sondern außerhalb der Zone, irgendwo in der Nähe der Stadt Fukushima.

Auf der anderen Seite des Hauses hantiert ein Mann in blauer Jacke mit einem Messgerät über einem nackten Beet. Auf seiner Jacke ist das Tepco-Logo aufgestickt. Er nimmt seine Atemschutzmaske ab, als er merkt, dass wir uns für seine Arbeit interessieren.

Er sagt, was schon Imanaka gesagt hat: Sie könnten die Strahlung um die Hälfte bis zu zwei Drittel reduzieren. Der Tepco-Mann misst knapp über dem Beet, dem sie das Gras abgenommen haben, »noch 500 cpm«, sagt er. Cpm stehe für »counts per minute«, für Atomzerfälle pro Minute.

Ein Meter über dem Beet strahlt die Luft mit 800 cpm, über dem Gras auf der anderen Seite des Weges gibt das Gerät 2000 an. Die Arbeit scheint zu fruchten.

Er sei von der Umweltabteilung von Tepco, sagt er. Iitate werde ein Modellbezirk für die Dekontaminierungsmaßnahmen. Aber um in diesem Gebiet arbeiten zu können, brauchten sie ein Einsatzzentrum mit Büro, das nicht zu stark belastet sei. Das wollten sie nun hier einrichten, deshalb die vielen Soldaten und die große Dekontaminierungsaktion. Neben ihm stehen viele, viele schwarze Plastiksäcke. Auch der Tepco-Mann spricht vom vorläufigen Zwischenlager und vom Endlager, das man braucht, um die unendlich vielen Säcke loszuwerden.

Eine gigantische Aufgabe, die sie sich da vorgenommen haben. Sie geben sich entwaffnend offen und freundlich; in Tschernobyl hätte man niemals dem Militär unangemeldet bei der Arbeit zusehen können. Soldaten dürfen dort nicht fotografiert werden und sind für gewöhnlich ruppig. Aber sie haben Radioaktivitäts-Warnschilder aufgestellt. Das tut man in Japan nicht. Nicht ein einziges haben wir gesehen, nicht einmal am Rand der Zwanzig-Kilometer-Zone.

Wer trägt die Kosten?

Takashi Kumada arbeitet auch bei der Präfektur. Er ist zuständig für die Entschädigungszahlungen, er kommt aber nicht im beigen Arbeitskittel wie sein Kollege Miura von der Dekontaminierungsabteilung, sondern trägt einen Maßanzug. Eigentlich wären die Entschädigungszahlungen allein Sache von Tepco. Weil Tepco das Antragsverfahren dermaßen kompliziert gestaltet, bietet die Präfektur Unterstützung an. Fünfzehn Personen sitzen von morgens bis abends um neun Uhr am Telefon, sieben Tage die Woche, um den Fukushima-Daiichi-Opfern zu helfen, zu ihrem Geld zu kommen.

Wenn Kumada über das Prozedere spricht, versteht man endlich, worum es geht. Neun Monate nach Beginn der Katastrophe haben 60 000 Haushalte von Tepco eine erste vorläufige Zahlung erhalten, das betrifft etwa 160 000 Menschen, die aus der Zwanzig-Kilometer-Zone, aus der Sperrzone von Iitate stammen oder die befristet aus der Zwanzig-dreißig-Kilometer-Zone weg mussten. 2300 Haushalte haben schon eine erste Hauptzahlung erhalten, die bei nochmals durchschnittlich 10 000 Euro liegt.

Die Leute müssen jede einzelne Position belegen, zum Beispiel die Reise zu ihrem Wohnhaus, Übernachtungen, Arbeitsausfall und so weiter, sonst bekommen sie die Auslagen oder Verluste nicht erstattet.

In der ersten Variante hatte der Entschädigungs-Leitfaden von Tepco hundert Seiten. Die Leute kapitulierten. Inzwischen ist er dünner und verständlicher. Es wird von den Leuten erwartet, dass sie das gesamte Prozedere alle drei Monate wiederholen, sämtliche Belege einreichen, viele Formulare ausfüllen – deshalb braucht es auf Tepco-Seite 7600 Personen, die sich mit den Entschädigungszahlungen beschäftigten.

Der entscheidende Punkt ist aber: Die Entschädigungszahlungen, die das Vermögen betreffen, wurden noch nicht angegangen. Kumada sagt, sie forderten von Tepco, endlich damit anzufangen. Maschinen, die in der Sperrzone stünden, müssten abgeschrieben werden, Autos vermutlich auch, weil die Dekontaminierung viel zu teuer käme. Da müsse Tepco nun vorwärts machen und endlich zahlen.

Der größte Brocken liegt noch unangetastet: Die Entschädigung von Land und Liegenschaften. Tepco schiebt dies bewusst vor sich hin. Die japanische Regierung hat in den Medien verlauten lassen, sie werde die Dekontaminierung vorantreiben, damit die Zwanzig-Kilometer-Zone 2013 aufgehoben werden könne.

Wäre dies zu schaffen, müsste Tepco viel weniger Entschädigung entrichten. Und solange nicht bewiesen ist, dass die Dekontaminierung in den zwangsevakuierten Gebieten nicht möglich ist, kann sich Tepco drücken. »Das wird noch ein großes Thema«, sagt Kumada vieldeutig, genauer will er sich dazu nicht äußern.

Im Dezember entschied eine von der Regierung eingesetzte Kommission, die Entschädigungszahlungen müssten ausgeweitet werden. Alle Bewohner kontaminierter Gebiete hätten Anspruch, sowohl die Jishu-Hinan-Familien, die freiwillig Evakuierten, wie auch die, die geblieben sind. Nur zwei Gemeinden in der Präfektur Fukushima, die überhaupt keine Radioaktivität abbekommen haben, gehen leer aus, was einigen Ärger auslöste. In allen anderen Gemeinden erhalten Schwangere und Minderjährige 4000 Euro, die Erwachsenen 800 Euro. Die freiwillig Evakuierten kriegen dieselbe Summe. Die Kommission begründet dies damit, die Zahlungen stellten eine Art Wiedergutmachung für die erlittene psychische Belastung dar. Kumada erklärt die Argumentation der Kommission: Die Leute, die weg gegangen sind, seien einer geringeren Belastung ausgesetzt gewesen, weil sie sich ja – durch den Wegzug – weniger vor der Strahlung fürchten mussten, dafür seien ihre real entstanden Kosten größer. Die, die geblieben sind, seien einer höheren psychischen Belastung ausgesetzt, da die Angst vor der Radioaktivität stets da sei, dafür fielen bei ihnen keine zusätzlichen Kosten an. Wenn man dies gegeneinander abwäge, lasse sich rechtfertigen, dass beide Gruppen dieselben Entschädigungssummen erhielten. Die Argumentation klingt schräg. Viele sind trotzdem zufrieden mit den Zahlungen. Andere klagen, die Leute würden damit ruhiggestellt, man wolle nur verhindern, dass noch mehr Familien wegzögen. Insgesamt wird diese Entschädigungsaktion Tepco etwa 1,5 Milliarden Euro kosten. Experten gehen davon aus, dass die Entschädigungszahlungen sich am Ende etwa auf 45 Milliarden Euro belaufen werden.

Tepco kann diese Summe niemals aufbringen und wäre schon lange bankrott, wenn nicht das Parlament beschlossen hätte, Staatsanleihen herauszugeben und einen Fonds einzurichten, den Tepco nutzen kann. Die Regierung beschloss, den Fonds in einem ersten Schritt mit 18 Milliarden Euro auszustatten, zudem sind die anderen AKW-Betreiber verpflichtet, Gelder einzuschießen. Im November 2011 wurde eine erste Tranche von 8,4 Milliarden freigegeben. Tepco beantragte Ende 2011 weitere Hilfe in der Höhe von 7 Milliarden.

Regelmäßig wird die Verstaatlichung von Tepco verlangt, weil die Firma faktisch vollständig vom Staat abhängig ist. Welche Vorteile dies bringen würde, ist unklar. Das Tepco-Management würde aus der Verantwortung entlassen und der Staat müsste sämtliche Kosten übernehmen. Aber letztlich kommt es vermutlich auf dasselbe heraus.

Gesundheitsmonitoring

In der Präfekturverwaltung herrscht auf der Etage der Abteilung für Katastrophenschutz ein Durcheinander. Der Gang ist dicht mit Tischen und Stühlen besetzt. Dicke Stränge von Kabeln verlaufen kreuz und quer über den Flur. Die Medien halten dieses Territorium seit Monaten besetzt. Journalistinnen und Journalisten sind da, von den wichtigsten Fernsehstationen, aber auch von großen und kleineren Zeitungen, von Agenturen oder Radiostationen. Ein junger Mann schläft in seinem Stuhl, andere schreiben oder spielen am Computer. Es ist an diesem Vormittag nicht viel los, man langweilt sich und wartet auf die nächsten News.

Wir hätten gerne mit dem Mann gesprochen, der in der Präfektur im Zusammenhang mit dem Nuklearunfall für die Gesundheitsfragen zuständig ist. Es hätte einige Fragen zum geplanten Gesundheitsmonitoring und zu Professor Yamashita gegeben, der als Chef des Monitorings amtet. Das Gesundheitsmonitoring hat schon begonnen. Die Leute sollten Fragebogen ausfüllen. Der Rücklauf war jedoch schlecht, hört man sagen, die Leute hatten keine Lust, dabei mitzumachen. Der Gesundheitsverantwortliche will aber partout und nach mehrmaligen Anfragen keine Zeit für ein Interview haben.

Wataru Iwata nimmt sich Zeit, obwohl er erschöpft aussieht. Fukushima Daiichi hat sein Leben verändert. Er war weit weg, als es passierte. Nichts verband ihn mit der Region, er ist in Kyoto geboren, in Tokyo aufgewachsen, hatte mehrere Jahre in den USA gelebt, machte Musik, komponierte, das war sein Leben. Er brachte seine ausländischen Freunde zum Flughafen, als die Nachrichten aus Fukushima Daiichi immer ungemütlicher wurden. Er selbst ging ins Tsunami-Gebiet, um bei den Aufräumarbeiten zu helfen. Er erinnert sich, wie sie in einem Restaurant saßen, ein Physiker war dabei, der ein Dosimeter hatte. »Das Dosimeter zeigte drei bis vier Mikrosievert pro Stunde an. Rundherum benahmen sich die Leute, als ob alles normal wäre. Nur wir wussten: Nichts war normal! Die anderen hatten keine Ahnung. Sie sollten doch alle Dosimeter haben!«, stellt er ruhig fest. Er redet ohne Zorn, wie jemand, der sich wundert, dass man Leute draußen stehen lässt, obwohl ein Taifun aufzieht.

Er sagt, am Anfang sei es schwierig gewesen, Dosimeter zu bekommen. Sie kosteten 100 bis 200 Euro, auf Ricardo seien sie gar für 1000 Euro versteigert worden. Iwata gründete mit Freunden das »Projekt 47«*, und sie versuchten Dosimeter zu organisieren. Letztlich vermittelten Freunde aus Frankreich einen Kontakt zu CRIIRAD – die französische Organisation ist auf unabhängige Radioaktivitätsmessungen und -analysen spezialisiert. CRIIRAD schickte ihnen Dosimeter, zusammen mit einem Video, in dem erläutert wurde, wie man die Geräte professionell nutzt. Das war der Anfang der Citizens' Radioactivity Measurement Station (CRMS) in Fukuhsima.

Iwata ist 36 Jahre alt und wirkt im ersten Moment etwas eitel und arrogant. Er hat aber in den letzten Monaten Unglaubliches geleistet und die CRMS zu einem stattlichen Messzentrum ausgebaut. Es ist in einem kleinen Einkaufszentrum untergebracht, zwischen Kleiderläden und Restaurants. Das Zentrum verfügt unter anderem über ein weißrussisches Ganzkörpermessgerät. Es gleicht einem gewöhnlichen Sessel und erlaubt festzustellen, wie viel Cäsium die Leute im Körper haben. Kinder werden gratis gemessen, Erwachsene zahlen 30 Euro.

Im Oktober 2011 untersuchten sie 1339 Personen, der Ansturm war riesig, manchmal kamen über fünfzig pro Tag. Die gemessenen Daten ließen sie von einem Epidemiologen auswerten: Im Durchschnitt fand man in einer Person 20 Becquerel Cäsium** pro Kilo Körpergewicht (Bq/kg), es gab keinen Unterschied zwischen Frauen und Männern, die Durchschnittswerte der Kinder lagen bei 19,2 Bq/kg. Die höchsten Werte lagen bei einem Erwachsenen bei 42, bei einem Kind bei 34 Bq/kg. Iwata erwähnt die Ganzkörpermessung von Tschernobyl, da habe man viel besser auf die Kinder geachtet, selten hätten sie mehr als 5 oder 10 Bq/kg gemessen.

* 47 steht für die 47 Präfekturen Japans.

** Gemeint sind Cäsium-137 und Cäsium-134.

Die CRMS ist auch ausgerüstet, um Lebensmittel zu testen. Die Leute bringen ihre Produkte aus dem Garten. Immer mal wieder fänden sie Kontaminiertes, zum Beispiel in belasteten Kiwis oder Yuzus, einer japanischen Zitrusfrucht. Am Schlimmsten sind – wie immer und überall – die Pilze, da fanden sie schon 8000 Becquerel Cäsium bei getrockneten und 3000 bis 4000 bei frischen. Man habe auch schon Reis gefunden, der aus Watari stammte und 600 bis 700 Bq/kg aufwies. »Seither darf man aus der Stadt Fukushima keinen Reis mehr in andere Präfekturen verschicken«, sagt Iwata, »man sollte aber den Reisexport aus der ganzen Fukushima-Präfektur stoppen.«

Wenn man Iwata fragt, warum er das alles tut, sagt er: Es habe ihn erschüttert, »dass wir nicht die Fantasie besessen haben, uns diese Katastrophe vorzustellen«. Jetzt müssten sie Verantwortung übernehmen, selber handeln und sich nicht weiter abhängig machen lassen.

In der Präfektur Fukushima gibt es nur noch ein weiteres Ganzkörpermessgerät, es steht im Spital von Minami-Soma. Man hat es kurz nach dem Unfall besorgt. Es stand vorher in der Zwanzig-Kilometer-Zone und war selbst kontaminiert. Ein anderes Gerät stand einfach nicht zur Verfügung. Die Leute ließen sich messen, das Gerät zeigte stets null an. Nicht, weil die Leute keine Radionuklide in sich aufgenommen hatten, sondern weil das Gerät ungeeignet war: Es war für den nuklearen Notfall geeicht und sollte Arbeiter messen, die höhere Kontaminierung abbekommen haben – geringe Belastungen konnte es nicht messen.

Bürgermeister Katsunobu Sakurai hat inzwischen auf Kosten der Stadt für 500 000 Dollar in den USA ein topmodernes neues Messgerät gekauft. Das liefert jetzt Ergebnisse, die vergleichbar sind mit den Daten der CRMS. Auch in Minami-Soma stehen die Leute Schlange, sie wollen es wirklich wissen.

Das wäre auch eine der Fragen gewesen, die wir dem Gesundheitsverantwortlichen der Präfektur gerne gestellt hätten: Warum gibt es nicht mehr Ganzkörpermessgeräte? Weshalb lehnte man die Angebote der spezialisierten Labors ab, die ihre mobilen Geräte zur Verfügung stellen wollten? Europa wollte solche Geräte schicken, aber auch japanische Institute. Ganzkörpermessungen können den Betroffenen Sicherheit vermitteln. Wenn nichts gefunden wird, kommt das Vertrauen zurück. Wenn etwas gefunden wird, wissen die Menschen wenigstens, woran sie sind. Sie können andere Lebensmittel beschaffen oder sie ziehen weg.

Heimatlose Menschen und Tiere

Katuyoshi Satos Heimat existiert zwar noch, aber sie liegt in einer abgetrennten Parallelwelt. Sein Hof befindet sich in Namie, mitten in der Zwanzig-Kilometer-Sperrzone. Wir treffen Sato und seine Frau zusammen mit Tadanori Tadano in einem lärmigen Fast-Food-Restaurant im Bahnhof von Koriyama. Neben dem großen Sato wirkt Tadano schmächtig. Er steht einer der drei Milchbauernvereinigungen vor, die es in der Präfektur Fukushima gibt. In dieser Vereinigung sind vor allem die Bauern aus der Umgebung des havarierten AKW organisiert. Tadanos Hof liegt in der Gemeinde Minami-Soma, gleich außerhalb der Sperrzone. In dieser Region dürfte man schon wieder Landwirtschaft betreiben, doch ging über Tadanos Land so viel strahlendes Material nieder, dass sein Hof zur Sonderevakuierungsstelle erklärt wurde.

Er sagt, Fukushima sei die drittgrößte Präfektur des Landes, bezüglich Milchproduktion liege sie landesweit auf Platz acht und liefere zudem viel Reis und Obst. 2,5 Milliarden Euro bringe die Landwirtschaft der Präfektur jedes Jahr ein, ein Viertel stamme aus der Fleisch- und Milchproduktion.

Tadano leitet auch die Milchverarbeitungsfirma, die den Bauern der Vereinigung gehört. Einen großen Teil der Milch würden sie nach Tokyo liefern, sagt er. Seit dem Atomunfall sei der Absatz dorthin stark eingebrochen. Die Laster müssten oft halb leer fahren. Außerdem seien 10 000 Kinder aus der Präfektur weggezogen, die bislang in der Schule täglich eine Flasche Milch erhalten hatten, auch das spürten sie. Wie hoch die Einbußen konkret sind, will Tadano nicht sagen.

Durch die Sperrzonen haben sie zwanzig Prozent ihrer Produktion verloren. Im gesamten evakuierten Gebiet gab es 48 Milchbauern, allein in der Zwanzig-Kilometer-Zone waren es 26, die zusammen an die Tausend Kühe hielten.

Die Familie Sato gehört zu ihnen. Was sie durchzumachen hat, wünscht man keinem Bauern. Auf dem Hof lebten drei Generationen, Sato, seine Frau, der Sohn mit Schwiegertochter und ihre Kinder. In der Nacht nach dem großen Erdbeben schliefen sie alle in ihren Autos, wegen des Stromausfalls und wegen der Nachbeben. Am nächsten Tag hörten sie von den Problemen im Atomkraftwerk. Die Großfamilie beschloss, sich in Minami-Soma in Sicherheit zu bringen, bloß Katuyoshi Sato blieb bei seinen drei Dutzend Tieren. Bis am 15. März molk er die Kühe und schüttete die Milch weg. An diesem Tag hörte er im Radio, das AKW werde wirklich gefährlich. Da beschloss er, auch zu gehen. Am Abend kam er in einer Notunterkunft von Minami-Soma wieder mit seiner Familie zusammen.

»Als ich wegging, hatte ich keine Ahnung, wie lange das dauern würde«, sagt Sato.

»Was taten Sie mit den Tieren?«

»Ich ließ sie im Stall, angebunden.«

»Warum?«

»Wir haben uns dafür entschieden, weil wir wussten, dass es gefährlich werden könnte, wenn man sie einfach freilässt. In unserer Umgebung waren wir einige Milchbauern. Wir haben alle unsere Kühe angebunden zurückgelassen. Daneben hatte noch ein Fleischproduzent dreihundert Masttiere. Er ließ die Hälfte der Rinder frei. Sie sind inzwischen verwildert, haben sich zu Herden von etwa zwanzig Tieren zusammengeschlossen, richten Schäden an und sind wirklich gefährlich. Erst vor Kurzem kollidierte ein Mann, der zum AKW Daini zur Arbeit fuhr, mit einer Kuh. Sein Auto wurde ziemlich beschädigt.«

»Was ist mit Ihren Kühen passiert.«

Sato zögert: »Ich bin erst am 26. März zurückgekehrt, vorher durfte man nicht.«

»Und was war mit den Kühen?«

»Die Hälfte war bereits tot, verhungert …, die andern …«, er streicht mit der Hand über die Wangen zum Kinn, um zu zeigen, wie sie aussahen, »… ganz abgemagert.«

»Was haben Sie getan?«

»Nichts.«, sagt er knapp. »Ich konnte nichts tun. Ich hatte nicht die Möglichkeit, sie zu töten.«

»Stimmt es, dass Schweine zum Teil die toten Kühe gefressen haben?«

Er nickt: »Tierschützer sind um den 20. März in die Zone gefahren, sie haben versucht, Kühe und Schweine freizulassen. Die Schweine haben dann zum Teil die Kühe gefressen … Kabinettssekretär Yukio Edano hat erst am 20. Mai im Parlament gesagt, jetzt werde man alle Tiere töten, die noch in der Zwanzig-Kilometer-Zone sind …, erst am 20. Mai.«

»Und die Hunde und Katzen?«

»Die blieben auch zurück, die Leute konnten sie ja nicht in die Notunterkünfte mitnehmen.«

»Hatten Sie Hunde oder Katzen?«

Sato schüttelt verneinend den Kopf.

Nach Schätzungen von Tierschutzorganisationen blieben bis zu 6000 Hunde in den Sperrzonen zurück. Viele verhungerten und verdursteten, weil sie angebunden waren. Andere liefen herum, bildeten Rudel, zum Teil wurden sie eingefangen und in Tierheimen untergebracht.

Tadano und Sato sagen, sie hofften, dass sie zurück können. Die Regierung habe bekannt gegeben, die Sperrzone solle bis 2013 aufgehoben werden. Man müsse unbedingt dekontaminieren, sonst seien alle Bauern um ihre Existenz gebracht.

Tepco hat zugesichert, pro verlorene Kuh eine Entschädigung von umgerechnet 9000 Euro zu zahlen. Ein anständiger Preis, kostet doch eine gute Kuh laut Sato um die 6000 Euro. Mit diesem Geld ließe sich neu starten.

»Wenn aber bis 2013 keine klare Entscheidung gefällt wird, ob wir wirklich zurück können, werden wir aufgeben«, fügt Sato zögernd an. Er sei jetzt 63 Jahre alt, sein Sohn hätte den Hof gerne übernommen. »2013 wäre ich 65 und könnte helfen, den Hof aufzubauen. Das braucht bestimmt zwei Jahre. Wenn es aber länger dauert, bis wir zurück können, kann ich nicht mehr helfen, dann geht das nicht mehr.« Sein Sohn lebt inzwischen in einer anderen Präfektur und hat einen temporären Job angenommen. Die Sato leben in einer kleinen Mietwohnung in der Stadt Nihonmatsu, zwischen Fukushima und Koriyama gelegen. Sie sind schon ein-, zweimal für wenige Stunden zu ihrem Hof gefahren, es dauere aber eine Woche, bis sie die nötige Bewilligung bekämen. Und es zieht sie nichts dorthin: »Im Haus messen wir 2 Mikrosievert pro Stunde. Die Sachen sind kontaminiert, da wollen wir auch nichts mitnehmen.«

Der Staat habe versprochen, bald die toten Kühe aus dem Stall wegzuräumen, sagt Sato. Und dann beginnt er nochmals von den Tieren zu reden, wie schlimm es war, zurückzukommen und die verhungernden Kühe zu sehen. Tränen stehen ihm in den Augen.

Es ist der einzige Moment, in dem sich seine Frau, die bislang schweigend daneben saß, ins Gespräch einmischt. »Ich habe ihn überredet, die Kühe nicht loszulassen. Drei Tage lang habe ich auf ihn eingeredet. Es war aber richtig«, sagt sie bestimmt, aber traurig.

Ihr Mann nickt und lächelt.

Dann fügt er leise hinzu, er finde auch ganz schlimm, dass sie diese absolute Sicherheit propagiert hätten: »Als es dann passierte, gab es keinen Notfallplan, die Bevölkerung wurde nicht vor der Strahlung geschützt, es gab keine richtigen Evakuierungspläne, keinen Plan für die Dekontaminierung. Neun Monate nach dem Unfall haben sie keine Ahnung, wie man mit den geschmolzenen Reaktoren umgehen soll. Sie wissen nicht mehr als im März.« Zehn Tage vor dem Unfall habe es noch eine große Katastrophenübung gegeben. Auf allen Ebenen, bis hinauf zum Premier, habe man geprobt, was bei einem AKW-Unfall zu tun wäre: »Was hat es gebracht? Nichts, gar nichts«, sagt Sato.

In der Sperrzone

Wir fahren hinein, einfach so. Hinter uns die Straßensperre mit den Bussen und den Polizisten. Vor uns das Paralleluniversum, die Welt ohne Alltag, die Zwanzig-Kilometer-Zone. Tomoyuki Takada hat uns den Zugang verschafft. Ich will nicht genau wissen wie, und der Mann, der es möglich macht, sitzt vorne am Steuer. Er erzählt während unserer Reise durch die Zone seine Geschichte, aber man darf sie nicht weitererzählen, sonst bekomme er Ärger. Nur so viel: Er arbeitet in der Zone, er besitzt einen gültigen Passierschein und entsprechende Arbeitskleidung und er hat seine Motive, uns hereinzubringen, Motive, die nichts mit Geld zu tun haben, das würde zu den Leuten hier auch nicht passen. Den Polizisten, die den Eingang der Zone bewachen, reichte ein Blick auf den Passierschein und sie ließen uns ziehen. Das Auto hat hinten abgedunkelte Scheiben, vermutlich haben sie uns kaum wahrgenommen.

So leicht kam man um 1990 herum nicht in die Sperrzone von Tschernobyl. Soldaten bewachten mit scharf geladenen Waffen den Schlagbaum, der die Straße in die Dreißig-Kilometer-Zone versperrte. Man fühlte sich wie im Krieg, wenn man am Checkpoint ankam, und hatte den Eindruck, in feindliches Territorium vorzudringen. Ohne offiziellen Passierschein kam man nicht rein, der Schein war aber mit einigem Aufwand, den richtigen Kontakten und dem nötigen Geld zu bekommen. Die Fahrzeuge, die in der sauberen Welt verkehrten, musste man beim Checkpoint stehen lassen, kein Auto sollte die Zone verlassen, um keine radioaktiven Partikel nach draußen zu verschleppen. Um das geborstene AKW und die gleich daneben liegende Stadt Pripjat hatten die Sowjets noch eine zweite, die Zehn-Kilometer-Zone errichtet. Da standen nochmals bewaffnete Soldaten, da brauchte man nochmals einen Passierschein, da wurden erneut die Fahrzeuge gewechselt. Anfang der 1990er-Jahren galten noch diese Regeln, inzwischen ist aus der Destination Tschernobyl ein ordinäres Tourismusgeschäft geworden. Man erhält für hundert Dollar eine Führung, mit Stopp vor dem explodierten Block 4 und Mittagessen im Städtchen Tschernobyl, das dreißig Kilometer vom AKW entfernt liegt. Junge Leute toben übermütig durch Pripjat, stülpen sich vergnügt Gasmasken übers Gesicht und stellen das Computerspiel *In the Shadow of Chernobyl* nach. Gelangweilte Menschen holen sich in der Zone einen exklusiven Kick, sie wollen nicht wirklich wissen, was hier geschehen ist und wie viel Plutonium fein verteilt für ewig über der Stadt liegt.

Die Sperrzone von Fukushima hat ihre Metamorphose noch vor sich. Noch ist sie frisch in ihrem Schrecken. Aber es stehen hier keine grimmigen Soldaten mit Waffen im Anschlag, die Leute werden nicht scharf geprüft, kein Auto wird gewechselt. Die Sperrzone beginnt mit einer Sperre, die einer harmlosen Verkehrskontrolle gleicht. Das Tor zum Inferno stellt man sich martialischer vor.

Rechts zieht eine Tankstelle vorbei, links ein Einkaufszentrum mit einem riesigen leeren Parkplatz, noch eine Tankstelle, ein Möbelhaus mit Möbeln in den Schaufenster, ein Autohaus mit Occasionswagen, an denen noch die Preisschilder kleben.

Und wieder steigt dieses Gefühl von Sonntagmorgen hoch, das Gefühl, durch friedlich schlafende Dörfer zu fahren, man braucht nur zu warten, dann tauchen die Menschen auf und das Leben beginnt von Neuem.

In der Hektik hatte ich am Morgen vergessen, das Messgerät einzupacken, wir sind also unterwegs wie Blinde ohne Führhund und Stock.

Ein Militärlaster kommt uns entgegen, der Fahrer wie der Mann auf dem Beifahrersitz tragen weiße Schutzanzüge und Atemschutzmasken, sie sind gekleidet wie die Wespenmänner von Iitate-Mura und sehen martialisch aus. Zum Glück sind sie da, sonst wäre man geneigt, die unsichtbare Gefahr, die draußen lauert, als Hirngespinst abzutun.

Unser Guide zeigt nach rechts, das sei die Einfahrt zum AKW Daini. Ein dichter Wald versperrt die Sicht, man sieht nur den Stummel eines weißen Abluftkamins hinter Tannenwipfeln vorbeigleiten.

Der Wegweiser zeigt an, dass es geradeaus nach Minami-Soma geht. Wir fahren in diese Richtung, die Küste hoch nach Fukushima Daiichi. Ein prächtiger, kalter Tag begleitet uns. Die hohen Berge rund um Fukushima trugen am Morgen weiße Spitzen und der steife Wind roch nach Schnee. Jetzt ziehen dunkle Wolken von den Bergen gegen das Meer und wandern in einen klaren, türkisfarbenen Himmel hinein. Borstig wiegt sich verblühtes Unkraut auf verwilderten Feldern. Neben alten Holzhäusern stehen noch die Gerippe von Gewächshäusern.

Auch der Guide erzählt von den wilden Viehherden und der besagten Kuh, die vor Kurzem ein Auto angegriffen hat. Das Auto habe Feuer gefangen, »da«, sagt er plötzlich und zeigt auf die Fahrbahn, »da sieht man noch den Brandflecken auf dem Asphalt«. Dem Fahrer sei glücklicherweise nichts passiert.

Einige Kilometer später deutet unser Guide erneut nach rechts. »Daiichi«, sagt er nur. Am Horizont sind einige Kamine und drei riesige, weiß-rote Kräne aufgetaucht. Der Wald verdeckt wieder die Sicht. Der Guide sagt, er versuche, näher heranzufahren. Er biegt rechts in eine schmale Straße ein, auf der man zu den Reaktoren fünf und sechs fahren kann. Doch dann geht es nicht weiter, das Erdbeben hat die Straße aufgerissen, ein tiefer Spalt läuft quer durch die Fahrbahn, es ist unmöglich, durchzukommen. »Die haben die Straße immer noch nicht repariert«, stellt unser Guide verwundert fest.

Er wendet, fährt zurück, weiter der Küste entlang Richtung Minami-Soma. An manchen Stellen ist die Straße abgesackt und provisorisch ausgebessert. Das Meer taucht auf, dunkelblau und wunderschön. Ein Wegweiser kündet »Futaba Seaside Beach« an. Die Sonne scheint auf das blasse Schilf und taucht die Küste in ein goldenes Licht. Ein prächtiger Ort muss das gewesen sein.

Vor einigen Tag hatten wir Yoshihiko Monma getroffen, einen jungen Musiker, der genau aus dieser Gegend stammt und mit seiner Familie nicht weit vom Ufer gewohnt hat, nur sieben Kilometer vom AKW entfernt. Er selbst war am Tag des großen Bebens nicht zu Hause. Er erzählt, wie seine gehbehinderte Großmutter allein zu Hause war und beschlossen hatte, nicht vor dem Tsunami zu fliehen.

Ihr Schwiegersohn hörte davon, eilte herbei und rettete sie. Als er kam, habe sie ruhig gestrickt und verwundert gefragt, was er hier tue, sie habe abgeschlossen mit dem Leben und warte jetzt. Er nahm sie mit. Heute lebt Monma mit ihr in einer kleinen Wohnung in Fukushima.

Nur zweimal sei er zurückgekehrt. Ihr Haus sei weg, alles fortgetragen von der großen Welle. Bei seinem ersten Besuch sei er einen Tag lang in der Gegend herumgeirrt und habe nach Leuten gesucht. Er habe gerufen und geschrien, aber niemanden gefunden, sagt er und versucht, seine Tränen zu unterdrücken.

Ihn treibt um, was viele beschäftigt, die aus der Sperrzone fliehen mussten: Das Erdbeben hat Leute verschüttet, die noch lebten, der Tsunami hat Menschen mitgerissen, die man hätte bergen können – wenn man hätte suchen dürfen, wenn man hätte helfen können. Das ging aber nicht. Und deswegen sind wegen des AKW-Unfalls Menschen gestorben, die nicht hätten sterben müssen.

Am Ufer steht noch ein einziges Haus. Rundherum deuten nur noch Betonfundamente darauf hin, dass da einmal eine Siedlung stand. Ein weißer Reiher geht im Brackwasser herum. Unser Guide zeigt auf eine hohe, einsame Fichte. So hoch wie die Baumspitze sei die Welle gekommen und habe ganze Küstenwälder abrasiert.

Die Sonne scheint in die schwarzen Wolken, das gelbe Schilf leuchtet. Dahinter öffnet sich ein breites Trümmerfeld mit den Überresten von Häusern. Dazwischen steht noch ein halbes Bad, eine Treppe, ein zerquetschtes Auto. Die Schiffe sind an Orten, wo sie nicht hingehören.

Im Süden, am Ende eines langen, weißen Sandstrandes reckt Fukushima Daiichi seine Kräne und Kamine in die Höhe. Mehr ist nicht zu sehen. Die Anlage ist keine zehn Kilometer entfernt, aber es war vermutlich ein Leichtes, sie zu ignorieren, wenn man hier gewohnt hat.

Wir wandern durch Trümmer, sammeln Muscheln, das Meer tänzelt leise, Möwen ziehen ihre Kreise, die Welt ist still.

Unser Guide drängt zur Weiterfahrt. Er fürchte sich ein bisschen vor der Polizei, die rege patrouilliert. Er weiß nicht, was passieren würde, wenn sie uns erwischten, aber unangenehm wäre es sicher, vor allem für ihn.

Wir fahren zurück, an Haufen von zusammengeräumtem Schutt vorbei. An einer Wegkreuzung haben Leute einen kleinen Schrein errichtet. Einige Buddhas wachen über die Toten, die nie gefunden werden konnten, daneben stehen Getränke, frische Blumen und einige Kerze.

Die Sonne verschwindet bald hinter den Bergen und wirft ein atemberaubendes Licht auf diesen unglücklichen Fleck.

Auf der Höhe von Fukushima Daiichi sagt der Guide, hier würden etwa achtzig Mikrosievert pro Stunde gemessen, es sei nicht ratsam, hier lange zu verharren. Dann biegt er links ab, nimmt die Einfahrt zum Tor von Daiichi. Wir fahren durch eine Siedlung, in den Gärten hängen die Bäume voller oranger Kakis. Wir haben unseren Guide nicht gebeten, so nahe an die Anlage heranzufahren, aber es scheint ihn zu drängen, uns dem schaurigen Ort so nahe wie möglich zu bringen.

Kurz vor dem Haupttor biegt er links ab, fährt den Zaun entlang und hält vor einem Nebentor. Hinter dem Tor, nur wenige Hundert Meter entfernt stehen die havarierten Reaktoren. Man sieht nicht viel, einige Kräne auf der anderen Seite des Zauns, auf unserer Seite Lastwagen, Container, ein Parkplatz. Ein Ort, den man für gewöhnlich nicht beachten würde. Dass er so gefährlich ist, kann man nicht sehen oder spüren, man muss es wissen und vor allem glauben.

Unser Guide wendet und fährt Richtung Zonengrenze zurück. Die Sonne ist verschwunden, die Gegend scheint plötzlich grau und ungastlich. Es beginnt zu dämmern, da müsse man besonders vorsichtig sein, in dieser Phase seien die Kühe am aggressivsten. Kaum hat er es gesagt, tauchen sie auf. Rechts zwischen den Häusern und Gärten, vielleicht zehn Stück. Schwarze Kühe, jede von ihnen hat ein Kalb an der Seite. Die Kleinen sind vielleicht vier, fünf Monate alt. Sie stehen gebannt da. Der Fahrer hält an, wir öffnen die Fenster.

Sie stehen und starren uns vorsichtig wartend an, bereit, auf uns loszugehen, falls wir es wagen, näher zu kommen. Dann wendet die Leitkuh, die Truppe zieht sich in die Gärten zurück, die nun ihnen gehören. Wir sehen noch mehrere kleine Herden und einzeln weidende Tiere. Sie gebärden sich scheu wie Wildtiere, die sich erst bei Dämmerung auf die offenen Flächen wagen. Sie fürchten die Menschen nicht, aber sie haben aufgehört, mit ihnen zu leben.

Der Guide sagt, es sei beschlossen, die Kühe demnächst alle abzuschießen. Sie seien zu gefährlich.

Die Fukushima 50

Ein Regierungsausschuss publiziert einen Untersuchungsbericht, in dem er unter anderem die apokalyptischen Stunden in der Nacht vom 14. auf den 15. März zu rekonstruieren versucht. Es war der Moment, als Tepco im Sinn hatte, sich vollkommen aus Fukushima Daiichi zurückzuziehen. Dies war zumindest die offizielle Version von Premierminister Naoto Kan. Die *Japan Times* hat den Bericht des Ausschusses zusammengefasst, hier einige Auszüge:

»Masao Yoshida, der Leiter von Fukushima Daiichi, glaubte, das Worst-Case-Szenario – das ›China-Syndrom‹ – könnte demnächst eintreten, und er bereitete sich in den späten Stunden des 14. März auf den Tod vor, drei Tage nachdem die Krise begonnen hatte. Der Druck im Reaktor 2 war alarmierend angestiegen, das verunmöglichte es den Arbeitern, Wasser in den Reaktor einzuspeisen, was nötig war, um ihn zu kühlen und zu verhindern, dass die Brennstäbe schmelzen.

Um Panik unter den Angestellten zu verhindern, ordnete Yoshida heimlich an, einen Bus bereitzustellen, um alle – außer wenigen wichtigen Operateuren – zu evakuieren. Das war der dunkelste Moment in der Kernschmelz-Krise von Fukushima Daiichi, wie der Zwischenbericht des Regierungsausschusses darlegt. Yoshida dachte, das gefürchtete ›China-Syndrom‹ könnte demnächst im Reaktor 2 eintreten – dabei frisst sich der geschmolzene Brennstoff durch das Containment hindurch, und es werden große Mengen radioaktives Material in die Umgebung freigesetzt. Yoshida nahm an, falls dies einträte, würden die Arbeiter fliehen und die Katastrophe könnte sich in den Reaktoren eins und drei wiederholen.«

Der Report zeige, wie mangelhaft das Wissen und die Kommunikation unter den Arbeitern in der Anlage, aber auch mit den zuständigen Regierungsstellen gewesen sei, was die Krise verschärft habe, konstatiert die *Japan Times.* Der Report lasse aber verschiedene zentrale Fragen unbeantwortet, insbesondere die Frage, ob Tepco tatsächlich im Sinn gehabt habe, die Anlage im Stich zu lassen.

Die *Japan Times* fährt fort: »In früheren Interviews hatten sowohl Premierminister Naoto Kan wie der Leiter des Kabinettssekretariats, Yukio Edano, erklärt, der Tepco-CEO Masataka Shimizu habe am Morgen des 15. März zur Regierung gesagt, Tepco wolle alle Arbeiter von der Anlage abziehen – das war aber Stunden, nachdem Yoshida angeordnet hatte, den Bus bereitzustellen.

Kan hatte nach eigenen Angaben Shimizu früh am Morgen des 15. März getroffen, damals habe Shimizu immer noch ›nicht klar [entschieden gehabt], ob alle Arbeiter abgezogen werden oder nicht‹. Kan hatte das Gefühl, Tepco könnte eventuell die Anlage sich selbst überlassen. Um das zu verhindern, entschied er, die

Kontrolle über die Notfallplanung zu übernehmen, und bildete einen gemeinsamen Führungsstab mit Regierungsvertretern und Tepco-Kadern, der vom Tepco-Hauptsitz in Tokyo aus agierte. Gemäß dem Bericht des Untersuchungsausschusses hat Shimizu gegenüber Kan jedoch ›klar von sich gewiesen‹, dass er daran denke, alle Arbeiter abzuziehen und die Anlage zu verlassen.«

Die Chefs kommunizierten so verwirrt miteinander, dass sowohl Kan wie Edano überzeugt waren, Tepco wolle mitten in der Krise die Anlage sich selbst überlassen.

Das wäre fatal gewesen, wie die *Japan Times* schreibt: »Zu jener Zeit hatte in drei der sechs Reaktoren die Kernschmelze schon begonnen und die Temperatur im Abklingbecken von Block 4 stieg gefährlich an. Hätte man die Anlage verlassen, hätte dies zu einer Katastrophe mit immensem Ausmaß geführt, Ostjapan wäre schwer mit hochradioaktivem Material kontaminiert worden – möglicherweise sogar Tokyo und die umliegenden Gebiet.«

Ob Tepco die Anlage aufgeben wollte oder ob es tatsächlich nur ein Missverständnis war, lässt sich vielleicht nie mehr klären. Die *Japan Times* schreibt weiter: »Nachts um ein Uhr, am 15. März, fiel der Druck in Reaktor 2 leicht, das erlaubte Tepco, Kühlwasser in den Reaktordruckbehälter einzuspeisen. Yoshida befahl deshalb nicht, die Arbeiter zu evakuieren, das tat er erst, als die nächste Krise ihren Anfang nahm und es um sechs Uhr morgens im Gebäude von Reaktor 2 zu einer Explosion kam. Als Yoshida die Detonation hörte, ließ er 650 Arbeiter von Fukushima Daiichi in das nahe gelegene AKW Fukushima Daini evakuieren. Fünfzig Arbeiter, die dringend gebraucht wurden, um die havarierten Reaktoren zu überwachen und zu reparieren, blieben unter Yoshidas Kommando vor Ort.«

Vielleicht werden sie als die »Fukushima 50« in die Geschichtsbücher eingehen, die die Apokalypse verhindert haben. Vielleicht werden sie aber auch einfach vergessen.

Nachwort

Es gibt ein Japan vor und ein Japan nach Fukushima

Von Tomoyuki Takada

Susan Boos, die Autorin des vorliegenden Buches, und ich, von Beruf Übersetzer und Vater von drei Kindern, ein Anti-AKW-Aktivist japanischer Herkunft in Deutschland – wir lernten uns auf der 25-Jahre-Tschernobyl-Konferenz der Internationalen Ärzte für die Verhütung des Atomkrieges (IPPNW) Anfang April 2011 in Berlin kennen. Ich flog direkt danach nach Japan, um die Möglichkeiten für die Unterstützung der strahlengefährdeten Kinder von Fukushima sowie für die Anti-AKW-Bewegung in Japan aus Deutschland auszuloten.

Im Spätsommer 2011 – das Interesse an Fukushima hatte in Europa deutlich und auch in großen Teilen der japanischen Bevölkerung weiter nachgelassen, und wir japanischen Anti-AKWler und Alternativen wurden immer besorgter über das wirkliche Ausmaß der Unfallfolgen von Fukushima Daiichi – meldete sich Susan und erzählte mir von ihrem Buchprojekt.

Nach meinem spontanen Ja zur Mitarbeit kam sie bald zu uns nach Mitteldeutschland, und wir beschlossen nach einem langen

Abend- und Nachtgespräch eine gemeinsame Vorbereitung und Durchführung der Rechercherreise in Japan. Das bedeutete einiges für uns beide, was wir an dem Abend noch nicht so richtig gesehen hatten:

Zwei intensive Japanreisen im Oktober und Dezember 2011 mit insgesamt über sechzig Terminen, Interviews und Fachgesprächen, drei separate Aufenthalte in der Region Fukushima, mehrmalige Besuche der erst spät zwangsevakuierten Gemeinde Iitate-Mura mit den Besuchen der umgesiedelten Grundschulen und Notunterkünften, die verbotene Fahrt in die Zwanzig-Kilometer-Sperrzone bis fast einen Kilometer vor Fukushima Daiichi, Begegnungen mit den alten Kämpen der Anti-AKW-Bewegung in Japan und Gegnern des Schnellen Brüters Monju sowie den Old-Boys der japanischen 68er-Bewegung, die sich vielleicht zum letzten Mal gegen die Obrigkeit aufzulehnen versuchen.

Unsere Themen waren entsprechend umfangreich: Unfallursachen des Fukushima-AKW, Reichweite und Routen der radioaktiven Wolken, das nicht vorhandene Risikomanagement, interne und externe Strahlungsexpositionen, Strontium- und Plutoniumgefahren, Grenzwertsetzungen und ihre Manipulationsmöglichkeiten, Intransparenz der Informationspolitik auf allen Verwaltungsebenen und Sinn und Unsinn der Dekontaminierung verbunden mit der Frage einer späteren Bewohnbarkeit der verstrahlten Gebiete, die Frage der Entschädigungen usw.

Entstanden ist nun die außergewöhnliche, intensiv recherchierte, authentische Fukushima-Reportage einer europäischen Fachjournalistin. Nach meinem Wissen gibt es noch kein Japan-Buch dieser Art nach Fukushima, ein Buch, das nicht nur verschiedene Facetten dieser menschgemachten Katastrophe in Japan, sondern auch die bisher in Europa kaum bekannten japanischen Bürgerinitiativen und die dortige Anti-AKW-Bewegung darstellt. Ich denke, dieses Buch ermöglicht es der Leserschaft, den Fukushima-Unfall in Japan und dessen vielschichtige Folgen für sich selbst nachzuvollziehen.

Eigentlich sollte ich auch meinen kleinen Beitrag zu diesem Buch schreiben. Genau genommen habe ich mir das angemaßt und Susan hat mich auf der letzten Japanreise darum gebeten, um meinen Blick als Japaner in seiner Betroffenheit einbringen zu können.

Und dies ist mein Beitrag:

Fukushima-Katastrophe und Entwurzelung im japanischen Alltag, aber auch anderswo

26. Dezember 2011. Meine Frau und ich sitzen an diesem zweiten Weihnachtstag bereits über einige Zeit an dem vorliegenden Text, der nun zu Ende geschrieben werden sollte.

Fukushima, Iitate-Mura, verlorene Landschaften, verstrahlte Kinder, zerrissene Familien, Selbstmorde, Identitäts- und Werteverlust, Perspektiv- und Hoffnungslosigkeit …

Lose Wörter, aus denen, obwohl man die Ortschaften und die Menschen besucht und mit ihnen gesprochen hat, kein geschlossenes Bild entsteht. Ein skurriles Bild, in dem der Alltag in der Region Fukushima sowie in Japan weitergeht, als ob nichts geschehen wäre.

Seit Tagen schweben mir einzelne Sätze und Gedanken durch den Kopf, die mich so oft seit dem 11. März beschäftigen, worüber ich mich mit meiner Frau immer wieder austauschte:

Es gibt ein Japan *vor*, und es gibt ein Japan *nach* Fukushima …

Der notwendige Wertewandel in Japan: Daran glauben wollen und es nicht können, Hoffnung und Verzweiflung …

Evakuierung bedeutet Entwurzelung: Diese hat aber überall längst begonnen – Entwurzeltsein unserer Existenz, in den menschlichen Grundwerten wie »Achtung vor dem Leben«, in der »Wahrnehmung der Natur«, in der »Fürsorge füreinander« …

Mythos der Atomkraft – die Irrationalität unserer Zeit, das Symptom eines Systems gegen die Natur, gegen das Leben und die Freiheit des einzelnen Menschen …

Die Betroffenheit, die uns nicht mehr loslässt, die nach dem Fukushima-Geschehen uns in der Doppelbesetzung von Opfer und Täter gefangen nimmt, uns in ihrer Intensität und Tiefe von anderen unterscheidet, aber auch wiederum die Verbindung miteinander schafft. Dies gilt auch für meine Frau und mich oft im alltäglichen Leben nach dem 11. März – in unterschiedlichen Formen von Irritationen, Enttäuschungen, Diskrepanzen und aber auch von gemeinsamem Fühlen und Miteinander-Austauschen.

Wir haben uns als Studenten kurz nach dem Tschernobyl-Unfall kennengelernt. Wir waren immer gegen die Kernenergienutzung – aber mehr oder weniger passiv, bis ich vor zwei Jahren wegen des unmöglichen AKW-Projektes in Kaminoseki in Westjapan aktiv wurde. Fukushima lag noch weit weg.

Ich kam vor knapp dreißig Jahren als junger japanischer Germanistikstudent nach Deutschland und machte mir damals noch kaum Gedanken über die eigene Vergangenheit, auch nicht bezüglich der Tatsache, dass die Großmutter und ein Onkel bei der atomaren Zerstörung von Hiroshima zusammen mit hunderttausend Menschen ums Leben kamen.

Mein Vater erzählte nicht so gerne davon oder ich hörte nicht so genau hin – darin unterschieden wir uns kaum von vielen Vätern und Kindern unserer Generation. Ein Kapitel der Vergangenheitsbewältigung Japans, das bis heute offengeblieben ist und womöglich auch mit eine Ursache für die Entwicklung der AKW-Geschichte Japans bis hin zum Fukushima-Unfall sein könnte.

Auf jeden Fall soll die Großmutter bis zu ihrem Tod zehn Tage lang unter unsäglichen Schmerzen gelitten haben. Ein Fall von Tausenden Menschenleiden, die wir mit unseren Kindern im Hiroshima-Memorial-Museum mit entsetzlicher Deutlichkeit nachempfunden haben.

Man wusste aber damals, im Jahre 1945, nicht genau, woran die vielen Menschen in Hiroshima eigentlich gestorben waren. Aus heutiger Sicht würde man ihre Todesursache als Direkt- oder Spätfolge einer akuten externen Strahlungsexposition bezeichnen.

Die amerikanische und die japanische Regierung schwiegen jahrelang über das eigentliche Ausmaß der atomaren Folgen und Leiden in Hiroshima. Insbesondere über die wirklich kritische Langzeitwirkung der internen Strahlenexposition bei den Hiroshima-Opfern fiel der Mantel des Schweigens. Über diese substanzielle Gefahr der Strahlenexposition im Inneren des menschlichen Körpers wird auch im Falle Fukushima seit Monaten viel verschwiegen und es werden Grenzwerte manipuliert.

Das Verschweigen und Leiden gehörten auch zu Tschernobyl. Und genauso wie dort werden auch die Kinder und Kindeskinder in Fukushima darunter leiden.

Die Entwicklung und der Einsatz der Atomkraft, ob in militärischer oder in »friedlicher« Nutzung, geschahen von Anfang an bis heute stets im Dienste und Interesse der Machtinhaber der nationalen und internationalen politischen und wirtschaftlichen Klasse. Es wird auch in Zukunft so sein.

Fukushima zeigte jedoch unausweichlich, dass wir als einzelne Menschen, ob in der Schweiz, Deutschland oder in Japan, konkret dagegen handeln müssen. Ich denke, dass wir alle in diesem atomaren Zeitalter, trotz der geografischen Entfernungen, nicht mehr voneinander getrennt leben und nur *eine* positive oder negative gemeinsame Zukunft haben.

Die Fukushima-Katastrophe ist nicht allein eine Folge der fehlgeleiteten Energiepolitik, sondern die Konsequenz der einseitigen Entwicklung der japanischen Gesellschaft.

Eine ausgeprägte Wirtschafts- und Wachstumsideologie mit einem zentralstaatlich geführten Gesellschaftssystem hat in den letzten fünfzig Jahren unser Land und den Alltag beherrscht. Am Ende ist nicht nur ein hoch technisiertes, hoch entwickeltes Land entstanden, sondern auch eine repressive Gesellschaft mit jährlich 30 000 Selbstmorden und mit einem verkrusteten Machtgefüge von Politik, Industrie, Wissenschaft und Staatsbürokratie, welches auch noch nach Fukushima an der Atompolitik festhält und ein neues AKW-Exportgesetz verabschiedet.

In diesem Zusammenhang möchte ich einige Sätze aus meiner eigenen Rede vom August 2011 vor dem AKW Tihange in Belgien zitieren:

»Wenn wir daran denken, dass wir Hiroshima erlebt haben, aber es so weit haben kommen lassen, dass der Fukushima-Unfall passieren musste … Der Fukushima-Unfall – das möchte ich betonen, auch wenn es für uns bitter ist – ist nicht die Folge einer Naturkatastrophe, nicht die Folge von Tsunami oder Erdbeben. Er ist vielmehr die Folge eines politischen und gesellschaftlichen Versagens, das wir alle, als Japaner, als Mitläufer im staatlichen System über Jahrzehnte geduldet und zugelassen haben.

Von daher ist es wichtig, klarzumachen: Atomkraft, das ist keine Frage der Energiesicherheit, keine Frage der Sicherheit des Industriestandortes, keine Frage der wirtschaftlichen Notwendigkeit. AKW- beziehungsweise Atompolitik ist ein System – egal ob in Japan oder in Belgien, Frankreich oder China –, das unter dem Primat des Staats die Menschen unterdrückt. Es ist ein System gegen das Lebenswerte des menschlichen Lebens und die Freiheit der einzelnen Menschen.

Wir sind heute gerade in unserer Lebensweise Opfer und Täter zugleich, aber unser Widerstand gegen die Atomkraft ist trotz aller Widersprüche, die wir in uns tragen, auch ein Versuch, über das Hier und Heute hinaus zu den verloren gegangenen Wurzeln unserer Existenz und unserer Freiheit zurückzufinden.«

Die Freiheit des Menschen ist von der Verantwortung nicht losgelöst. Unsere Freiheit besteht auch im bewussten Entscheiden für Mitmenschlichkeit und das Leben der nächsten Generationen. Das Leben zu wahren, in Achtung vor Mensch und Natur zu leben und auch mit der Liebe für Familie und Freunde in der Gemeinschaft zu leben, das sind die menschlichen Grundwerte und Bedürfnisse, die uns über Kultur und Geschichte hinaus immer verbinden.

Fälle wie Fukushima, Tschernobyl oder Hiroshima, die dies alles zerstören, dürfen nicht wieder geschehen. Dafür werden wir immer wieder aufstehen. Dazu ist jeder Einzelne von uns aufgerufen.

Dezember 2011

Anhang

Uranerzgewinnung

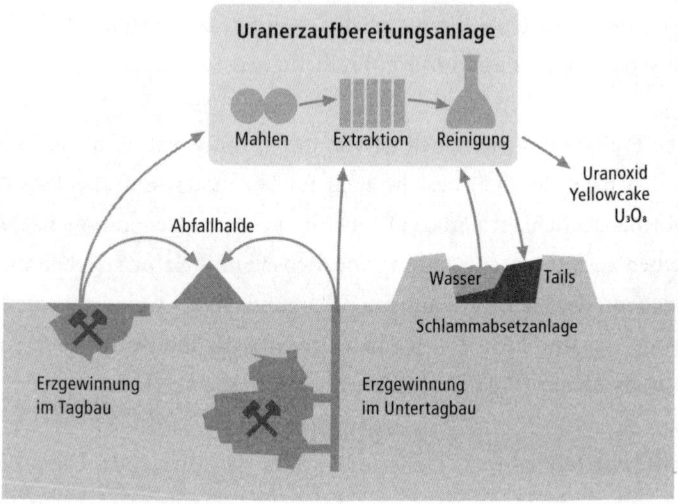

Das gewonnene Erz kommt in die Uranerzaufbereitungsanlage, auch Uranmühle genannt, wo es chemisch gereinigt wird. Die Schlämme (tailings), die dabei anfallen, lagert man in offenen, künstlich angelegten Becken, den Schlammabsetzanlagen, die über Jahrmillionen strahlen.

Quelle: Öko-Institut Darmstadt

Natürlicher Kernzerfall

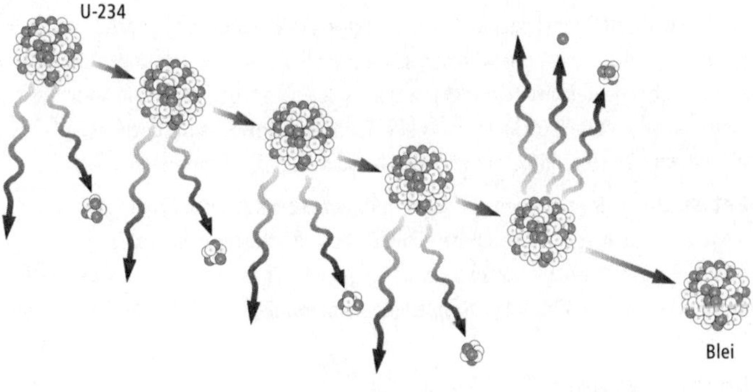

Das Isotop Uran-234 kommt natürlich vor und zerfällt ohne äußere Einwirkung in andere Atome (zuerst in Thorium, danach Radium etc.), dabei entsteht radioaktive Strahlung. Alle Nachfolgeprodukte von Uran-234 sind ebenfalls radioaktiv – bis letztlich Blei entsteht, das stabil ist und nicht weiter zerfällt.

Künstliche Kernspaltung

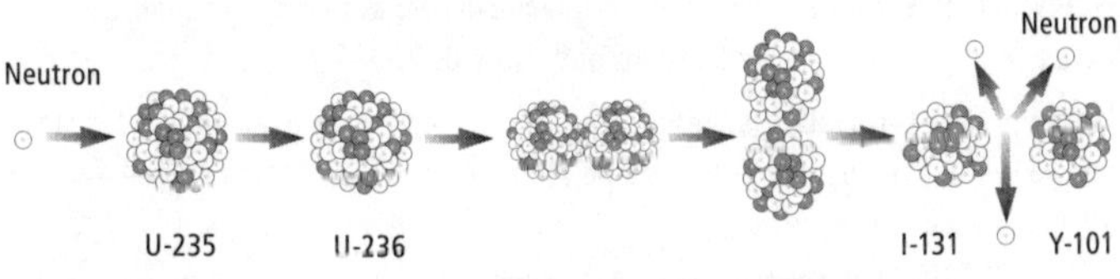

Beschießt man Uran-235 mit einem Neutron, entsteht das Isotop Uran-236. Dieses teilt sich in die beiden neuen Atome Iod-131 und Yttrium-101. Durch die Spaltung werden drei Neutronen freigesetzt. Die beiden neuen Atome sind zusammen leichter als das gespaltene Uranatom: Ein Teil seiner Masse wurde in Energie umgesetzt.

Ausgewählte Begriffe der Atomtechnologie

Alphastrahlen: Manche radioaktive Substanzen (z. B. Plutonium) geben beim Zerfall Alphastrahlen ab. Diese bestehen aus je zwei Protonen und Neutronen. Sie haben nur eine geringe Reichweite respektive Durchschlagskraft und können in Körpergewebe lediglich etwa 0,05 Millimeter tief eindringen – entwickeln jedoch inkorporiert ein enormes Zerstörungspotenzial und gelten als die gefährlichste Strahlenart.

Betastrahlen: Sie bestehen nur aus Elektronen, die bis zu einem Zentimeter ins Gewebe eindringen. Ein einziges Betateilchen, das sich annähernd mit Lichtgeschwindigkeit bewegt, hat zum Beispiel genügend Energie, um im Gewebe Tausende von chemischen Bindungen zu sprengen und unzählige biochemische Reaktionen hervorzurufen.

Druckwasserreaktor: Siehe Reaktortypen

Gammastrahlen: Energiereiche Röntgenstrahlen, die bis zu einem Meter ins Gewebe eindringen.

GAU, Super-GAU: GAU stand früher für Größter Anzunehmender Unfall. Nach der Gesetzgebung musste ein Atomkraftwerk in der Lage sein, einen GAU zu beherrschen; es sollte dabei keine oder wenig Radioaktivität in die Umwelt gelangen.
In Tschernobyl wie in Fukushima konnte der Unfallverlauf nicht beherrscht werden, deshalb spricht man von einem Super-GAU.

Halbwertszeit, biologische: Die Zeitspanne, die der Körper braucht, um die Hälfte einer aufgenommenen Substanz auszuscheiden.

Halbwertszeit, physikalische: Die Zeit, die vergeht, bis eine radioaktive Substanz um die Hälfte ihrer ursprünglichen Masse zerfallen ist, wobei ständig radioaktive Strahlen abgegeben werden.

Einige der wichtigsten Halbwertszeiten:

Americium-241: 432 Jahre

Cäsium-137: 30,2 Jahre

Iod-129: 15,7 Millionen Jahre

Iod-131: 8 Tage

Kohlenstoff-14: 5730 Jahre

Plutonium-239: 24 131 Jahre

Strontium-90: 28,8 Jahre

Tritium: 12,3 Jahre

Uran 235: 700 Millionen Jahre

Uran 238: 4,5 Milliarden Jahre (nicht spaltbar)

Inkorporation: Aufnahme von Stoffen in den Körper, meistens über die Atemwege oder die Nahrung. Inkorporierte radioaktive Substanzen lagern sich meist an bestimmten Organen ab und schädigen sie direkt (siehe Grafik Seite 263).

Isotop: Die Anzahl Neutronen kann sich in einem Atomkern ändern, ohne dass sich die chemischen Eigenschaften des Atoms (Elementes) ändern – im Gegensatz zu den Elektronen und Protonen, von denen es in einem Atom immer gleich viele gibt. Deshalb kann es von einem Element unterschiedliche Isotope geben, je nachdem wie viele Neutronen der Atomkern enthält (z. B. Iod-131 und Iod-129).

Kernfusion (Verschmelzung): Bei der Fusion werden leichte Atomkerne (z. B. Deuterium, Tritium) zu einem schwereren Kern (z. B. Helium) verschmolzen. Die Kernfusion ist die Energiequelle der Sonne. Dazu benötigt es jedoch Millionen Grad Celsius.

Kernspaltung (Fission): Bei der Energieerzeugung durch Kernspaltung werden – im Fall von Leichtwasserreaktoren – Uran-235-Kerne mit Neutronen »beschossen«. Die Uranatome teilen sich in Spaltprodukte, wobei zusätzlich drei Neutronen freigesetzt werden, die ihrerseits wieder Uranatome spalten. Zudem wird Energie freigesetzt, die man in Wärme respektive Elektrizität umsetzt.

Leichtwasserreaktor: Siehe Reaktortypen

Neutronenstrahlen: Sie bestehen aus Neutronen und können mehrere Zentimeter ins Gewebe eindringen.

Radioisotop: Atome, die spontan zerfallen und dabei Strahlung abgeben.

Radionuklid: Siehe Radioisotop

Reaktortypen: Die meisten Leistungsreaktoren in Europa sind sogenannte Leichtwasserreaktoren, weil sie mit gewöhnlichem Wasser betrieben werden (der Versuchsreaktor in Lucens lief hingegen mit schwerem Wasser). Es gibt in der Schweiz zwei Leichtwasser-Typen: Druckwasserreaktoren (Beznau I/II und Gösgen) sowie Siedewasserreaktoren (Mühleberg und Leibstadt). Beim Druckwasserreaktor steht der Reaktorbehälter unter Druck, es entsteht darin kein Dampf; dieser Typ hat zwei getrennte Wasserkreisläufe. Im Siedewasserreaktor verdampft das Wasser im Reaktorbehälter; er verfügt über nur einen Wasserkreislauf. Deshalb gelangt beim Siedewasser-Typ auch im Normalbetrieb eine größere Menge Radioaktivität in die Umwelt, weil er eine Barriere weniger hat als der Druckwasserreaktor. Ferner gibt es die Schnellen Brüter, auch Brutreaktoren genannt. Sie sollten mehr spaltbares Material erzeugen, als sie für die Energieverwendung benötigen. Sie werden mit Natrium gekühlt; Natrium entzündet sich selbst, wenn es mit Luft in Berührung kommt.

Schneller Brüter: Siehe Reaktortypen

Siedewasserreaktor: Siehe Reaktortypen

Strahlenarten

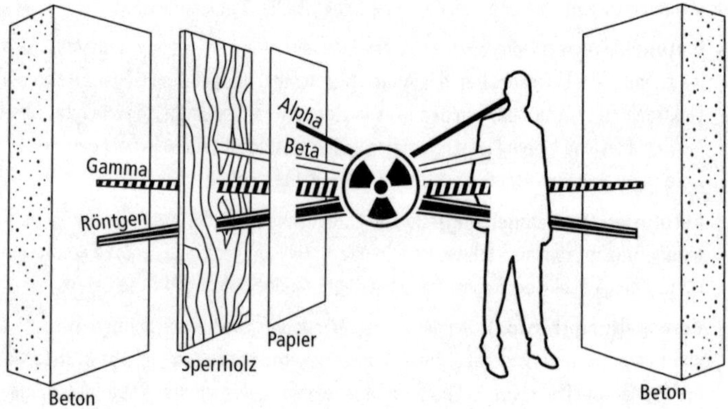

Alpha (α): Beim Alphazerfall gibt ein Radionuklid je zwei Protonen und Neutronen ab. Dieses sogenannte Alphateilchen kann nur 0,05 Millimeter tief ins Gewebe eindringen. Schon ein Blatt Papier reicht für die Abschirmung. Auf der Haut richten Alphateilchen kaum Schaden an. Nimmt man sie aber über die Atemwege oder die Nahrung auf, haben sie verheerende Auswirkungen, weil sie sehr energiereich sind. Plutonium ist ein Alphastrahler, ein Milligramm davon reicht, um zum Beispiel Lungenkrebs zu verursachen.

Beta (β): Beim Betazerfall setzt das Radionuklid Elektronen frei – auch Betateilchen genannt. Diese Betastrahlen vermögen bis zu einem Zentimeter tief ins Gewebe vorzustoßen; eine Sperrholzplatte genügt indes, um sie aufzuhalten. Die Teilchen bewegen sich fast mit Lichtgeschwindigkeit und vermögen im Gewebe Tausende von chemischen Bindungen zu sprengen und unzählige biochemische Reaktionen hervorzurufen.

Gamma (γ): Man spricht zwar von einem Gammazerfall, doch zerfällt das Radionuklid, wenn es Gammastrahlen aussendet, nicht – vielmehr gibt der Atomkern in Form von Photonen Energie ab. Die Gammastrahlen wirken wie die extrem kurzwelligen, energiereichen elektromagnetischen Röntgenstrahlen, vermögen den Körper zu durchdringen und lassen sich nur durch dicke Betonmauern abschirmen.

Quelle: PSR/IPPNW Schweiz

Radioaktive Stoffe im Körper

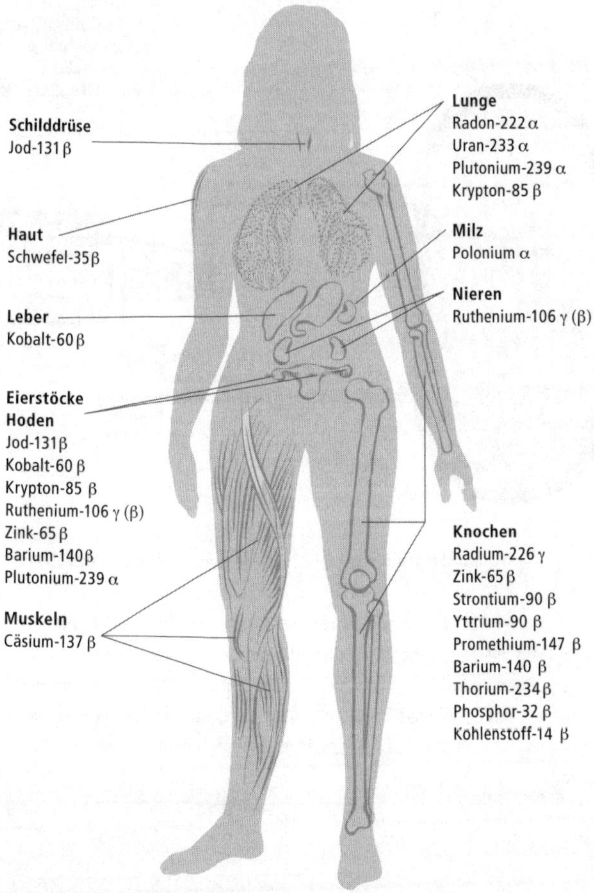

Atmet ein Mensch radioaktive Stoffe ein oder nimmt sie über Nahrungsmittel zu sich – man bezeichnet dies als inkorporieren –, lagern sich die Radionuklide an verschiedenen Orten im Körper ab. Nicht alle Radionuklide verweilen gleich lang im Körper; dabei spricht man von der »biologischen Halbwertszeit«, von der Zeitspanne, die der Organismus benötigt, um die Hälfte eines inkorporierten Stoffes über Stuhl, Schweiß oder Harn auszuscheiden. Cäsium-137 verweilt etwa drei Monate im Körper, Strontium-90 hingegen ein Leben lang, weil die Substanz in den Knochen und den Zähnen eingebaut wird.

Siedewasserreaktor

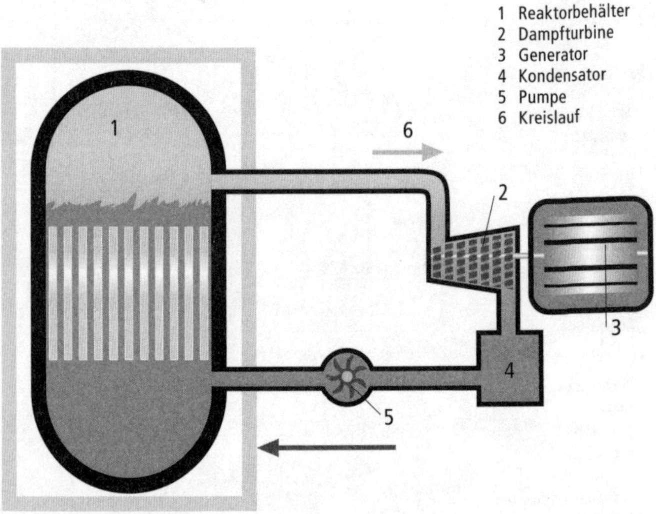

Mühleberg und Leibstadt (CH), Philippsburg I, Grundremmingen und Isar (D)

Dieser Reaktor verfügt über nur einen Wasserkreislauf. Der Reaktorbehälter ist zu zwei Dritteln mit Wasser gefüllt und steht unter deutlich geringerem Druck (ca. 75 bar). Oben im Behälter bildet sich Dampf, der direkt die Turbine antreibt. Die Turbine wie der Kondensator – wo ebenfalls der Dampf kondensiert, damit das Wasser wieder unten in den Reaktor eingespeist werden kann – sind hochkontaminiert.

Druckwasserreaktor

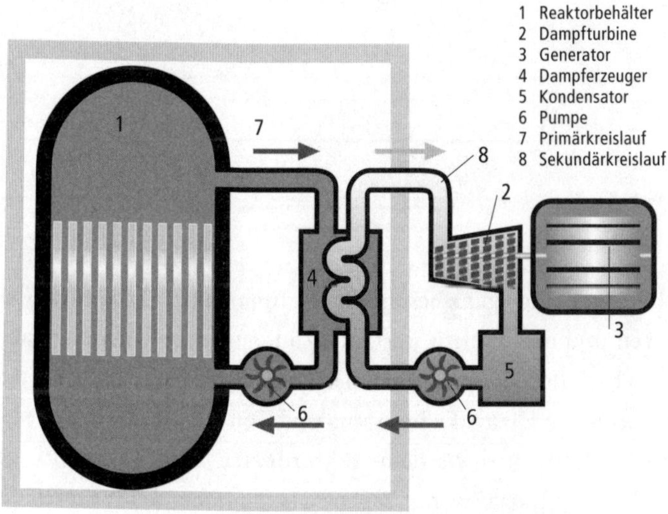

Beznau I/II und Gösgen (CH), Grafenrheinfeld, Philippsburg II und Brokdorf (D)

Der Reaktorbehälter steht unter hohem Druck (ca. 150 bar), das Wasser weist eine Temperatur von 300 Grad Celsius auf und füllt den Behälter vollständig – es dürfen darin keine Dampfblasen entstehen. Das Wasser zirkuliert aus dem Reaktor in den Dampferzeuger, gibt dort seine Wärme an einen zweiten Wasserkreislauf ab und wird danach durch eine Pumpe wieder in den Reaktor befördert. Dieser Wasserkreislauf ist hochradioaktiv – man nennt ihn Primärkreislauf. Der sogenannte Sekundärkreislauf, der im Dampferzeuger die Wärme aufnimmt, kommt mit dem kontaminierten Wasser nicht in Kontakt. Dieser Kreislauf treibt die Turbine an, mit der via Generator Strom erzeugt wird. Im Kondensator kühlt der restliche Dampf ab und gelangt als Wasser wieder in den Dampferzeuger, wo es erneut Wärme aufnimmt und verdampft.

Dank

Ich möchte mich ganz besonders bei Tomoyuki Takada fürs Übersetzen und die fachlich wertvolle Unterstützung bedanken, aber auch bei allen Gesprächspartnerinnen und -partnern in Japan, insbesondere Hiroyuki Sugiyama und Koji Sugihara von den japanischen Grünen sowie dem Abgeordneten Ryoichi Hattori, der uns half, ein Interview mit Tepco zu bekommen; des Weiteren den beiden Journalisten Tetsuya Mori und Hiroko Aihara sowie unserem großen Helfer, Herrn Monma.

Bedanken möchte ich mich außerdem ganz besonders bei Martin Walter und Leo Scherer für ihre fachliche Unterstützung, und bei allen Gesprächspartnern in der Schweiz und in Deutschland, insbesondere bei Mario Burger vom Labor Spiez, André Herrmann von der Eidgenössischen Kommission für Strahlenschutz (KSR) sowie Gerrit Niehaus vom Ministerium für Umwelt, Klima und Energiewirtschaft von Baden-Württemberg.

Zudem möchte ich mich bei den Organisationen Greenpeace, Gewaltfreie Aktion Kaiseraugst / EnergieExpress, den Ärztinnen und Ärzten für soziale Verantwortung/zur Verhütung eines Atomkrieges (PSR/IPPNW Schweiz), bei der Schweizerischen Energie-Stiftung (SES) und dem Förderverein ProWOZ für die finanzielle Unterstützung bedanken.

Susan Boos

Literaturauswahl

Caufield, Catherine, *Das strahlende Zeitalter. Von der Entdeckung der Röntgenstrahlen bis Tschernobyl*, C. H. Beck, München 1994.

Cooke, Stephanie, *Atom: Die Geschichte des nuklearen Zeitalters*, Kiepenheuer & Witsch, Köln 2010.

Boos, Susan, *Beherrschtes Entsetzen. Das Leben in der Ukraine zehn Jahre nach Tschernobyl*, Rotpunktverlag, Zürich 1996.

Boos, Susan, *Strahlende Schweiz. Handbuch der Schweizer Atomwirtschaft*, Rotpunktverlag, Zürich 1999.

Foodwatch-Report, *Kalkulierter Strahlentod. Die Grenzwerte für radioaktiv verstrahlte Lebensmittel in der EU und in Japan*, Berlin 2011 (pdf unter http://foodwatch.de/kampagnen__themen).

Köhnlein, Wolfgang / Nussbaum, Rudi H. (Hrsg.), *Die Wirkung niedriger Strahlendosen*, GSS-Verlag, Berlin 2001.

IPPNW und Gesellschaft für Strahlenschutz, *Gesundheitliche Folgen von Tschernobyl*, Berlin 2011.

Jaeggi, Peter, *Tschernobyl für immer. Von den Atombombenversuchen im Pazifik bis zum Super-GAU in Fukushima. Ein nukleares Lesebuch*, Lenos, Basel 2011.

Jaenecke, Heinrich, *Mein Gott, was haben wir getan! Von Hiroshima nach Tschernobyl – der Weg in das atomare Verhängnis*, Bertelsmann, München 1987.

Kerr, Alex: *Dogs and Demons. The Fall of Modern Japan*, Penguin, London 2001.

Meier-Dallach, Hans-Peter / Nef, Rolf, *Grosskatastrophe im Kleinstaat. Zur Früherkennung sozialer, politischer und kultureller Auswirkungen eines AKW-Unfalls in der Schweiz,* cultur prospectiv, Zürich 1990.

PSR/IPPNW Schweiz, *Atomstrom und Strahlenschutz,* Band 1 bis 3, 1999, 2000, 2001, www.ippnw.ch.

Rosenkranz, Gerd, *Mythen der Atomkraft. Wie uns die Energielobby hinters Licht führt,* oekom, München 2011.

Salewski, Michael (Hrsg.), *Das Zeitalter der Bombe. Die Geschichte der atomaren Bedrohung von Hiroshima bis heute,* C.H. Beck, München 1995.

Spaemann, Robert, *Nach uns die Kernschmelze. Hybris im atomaren Zeitalter,* Klett-Cotta, Hamburg 2011.

Yablokov, Alexey V. u. a., »Chernobyl – Consequences of the Catastrophe for People and the Environment«, in: *Annals of the New York Academy of Sciences,* Volume 1181/2009.

Websites zu Fukushima Daiichi

Citizens' Nuclear Information Center, Tokyo: www.cnic.jp/english

Fukushima-Blog der Schweizerischen Energie-Stiftung: www.energiestiftung.ch/aktuell/fukushima/

Fukushima-Blog der Umweltorganisation Greenaction, Kyoto: http://fukushima.greenaction-japan.org/

Gesellschaft für Anlagen- und Reaktorsicherheit, Köln: http://fukushima.grs.de/

Greenpeace International: www.greenpeace.org/international/en/campaigns/nuclear/safety/accidents/Fukushima-nuclear-disaster/

IPPNW Deutschland – Internationale Ärzte für die Verhütung des Atomkrieges / Ärzte in sozialer Verantwortung: www.ippnw.de/presse/fukushima.html

AKW-Widerstand/Energiefragen

Organisationen in der Schweiz

Allianz »Nein zu neuen AKW«: http://nein-zu-neuen-akw.ch/
(Der Allianz gehören 37 AKW-kritische Organisationen und Parteien an.)

Fokus Anti-Atom: www.fokusantiatom.ch
(konzentriert sich vor allem auf das AKW Mühleberg)

Gewaltfreie Aktion Kaiseraugst, publiziert den *EnergieExpress*
(zu beziehen bei Heidi Portamann, Nullenweg 31, 4144 Arlesheim)

Greenpeace Schweiz: www.greenpeace.ch

PSR/IPPNW Schweiz – Ärztinnen und Ärzte für soziale Verantwortung / zur Verhütung eines Atomkrieges: www.ippnw.ch

Schweizerische Energie-Stiftung (SES): www.energiestiftung.ch

WWF Schweiz: www.wwf.ch

Organisationen in Deutschland

ausgestrahlt, gemeinsam gegen atomenergie: http://ausgestrahlt.de/

BUND, Freunde der Erde: www.bund.net

Deutsche Umwelthilfe: www.duh.de

Greenpeace Deutschland: www.greenpeace.de

IPPNW Deutschland – Internationale Ärzte für die Verhütung des Atomkrieges / Ärzte in sozialer Verantwortung: www.ippnw.de

Öko-Institut, Freiburg, Darmstadt, Berlin: www.oeko.de/

Robin Wood: www.robinwood.de

WWF Deutschland: www.wwf.de

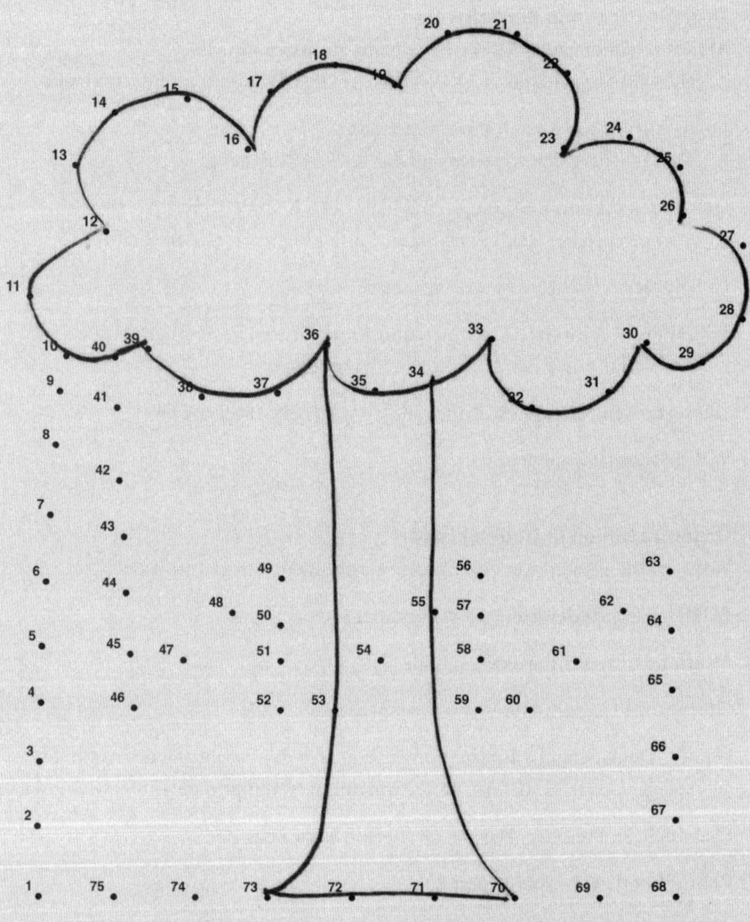

Leisten Sie sich eine eigene Meinung.